Elle était chouette, ma France

DU MÊME AUTEUR
(chez le même éditeur)

Elle est chouette, ma gueule, prix Scarron.
Pour l'humour de Dieu (Roman).
Elles sont chouettes, mes femmes, prix Alphonse Allais.
Le président Balta (Roman).
Ma médecine hilarante.

SIM

Elle était chouette, ma France

FLAMMARION

ISBN : 2-08-066787-4
Imprimé en France

Le roi des cons

Depuis ma plus tendre enfance, j'ai toujours été en admiration devant toutes les choses qui font la royauté : les couronnes, les sceptres, les trônes, les carrosses, les châteaux. Le pouvoir monarchique me fascine par son unicité et la déférence qu'il fait naître dans le comportement des sujets dont il a la charge. Lorsque j'étais petit, je voulais être roi d'Angleterre car, en France, l'emploi était déjà supprimé depuis longtemps. Vers l'âge de sept ans, j'ai appris, tout à fait fortuitement, qu'il existait néanmoins des postes royaux plus discrets, et ceci par la bouche de mon père qui se glorifiait d'être socialiste.

Un soir, alors que je m'étais relevé pour aller faire pipi, je suis passé devant la porte de la salle à manger. Mes parents terminaient un dîner en compagnie de quelques amis. Par l'entrebâillement de la porte donnant sur le couloir, la voix de mon père passa pour entrer dans mes oreilles neuves. L'information était de taille. Je l'entendis dire : « Chaufourier est le roi des cons ! »

Quoi ? Comment ? Qu'est-ce ? Il y avait un roi dans l'immeuble et je n'étais pas au courant ! Je connaissais bien M. Chaufourier, notre voisin du troisième étage, contrôleur au métro, grand, gros, père de deux enfants de mon âge qui reliaient leurs narines à leurs tabliers noirs par des chandelles de morve translucide qui m'ont à jamais dégoûté de la galantine. Je connaissais bien M. Chaufourier mais je ne savais pas du tout ce que pouvait être un con. En 1933, ce mot n'était employé que dans les cas d'extrême urgence et les gosses n'avaient pas le droit de s'en servir sous peine de fessée magistrale. Aujourd'hui, c'est tout juste si les bébés ne l'apprennent pas en même temps que « papa » et « maman ». Ce mot que l'on qualifiait de « gros » a terriblement maigri par la faute d'une regrettable vulgarisation. On s'en sert tellement dans n'importe quelle occasion qu'il a perdu tout son sens.

Donc, ignorant l'existence des cons, j'ai tout de suite pensé qu'il s'agissait d'une peuplade inconnue sur laquelle régnait M. Chaufourier. Comme notre voisin possédait une casquette à visière, je voyais les Cons en tant que sujets dévoués à ses ordres, affublés du même couvre-chef dépourvu de galons et de toute fioriture.

Le lendemain, je suis descendu au troisième étage pour vérifier la plaque apposée sur la porte du monarque. Bien entendu, je ne savais pas encore lire couramment et je fus très déçu de ne voir aucune fleur de lys orner le rectangle de cuivre. Pendant un certain temps, par la fenêtre de ma chambre, j'ai épié le départ du roi qui, chaque jour de la semaine, enfourchait son vélo pour disparaître au coin de la rue Mouffetard. Ce mode de transport décevant aiguisait ma curiosité. Je me demandais où pouvaient bien vivre les Cons. Mon sens de la géographie n'étant pas encore bien développé, j'ai demandé à mon père : « Où est-ce qu'ils sont, les Cons, Papa ? » Son regard est devenu fixe, comme tétanisé par la découverte d'un secret qu'il était le seul à détenir. Je le revois, l'index menaçant, baissant la tête vers moi : « Qui t'a appris ce mot ? » J'ai bégayé, conscient d'avoir fait quelque chose de mal : « Je... je ne sais pas... C'est toi... l'autre jour... » Je le répète, ce mot incongru n'était jamais prononcé dans notre famille et mon père s'en est tiré avec une pirouette verbale qui ne fit qu'ajouter à ma curiosité : « Y en a partout et nulle part, dit-il, je ne veux plus t'entendre prononcer ce mot. »

Et voilà ! Ce malentendu fut à l'origine d'un drame imprévisible. Il m'a toujours conforté dans l'idée qu'il fallait répondre franchement aux questions enfantines car, le lendemain, j'ai rencontré M. Chaufourier dans l'escalier. Pensant lui faire plaisir en reconnaissant son importance, je lui ai demandé : « Mon père dit que vous êtes le roi des Cons, est-ce que je pourrais savoir ?... »

Je n'ai jamais su ! Une claque est venue s'abattre sur ma joue, mettant un terme momentané à mon attirance pour la monarchie. Deux mois plus tard, la cohabitation étant devenue infernale, nous avons déménagé. Ce qui prouve que le socialisme ne peut jamais faire bon ménage avec la royauté.

LE ROI DES CONS

Attila

Je me suis renseigné auprès de ma concierge, du coiffeur de ma femme, d'un ami de ma fille, de mon beau-frère, j'ai ouvert le Petit Larousse illustré, j'ai relu l'œuvre de Corneille, la tragédie de Zacharias Werner, la compilation de Barbiéri, j'ai réécouté la chanson des Niebelungen, impossible de connaître le nom de la maman d'Attila ! Même à la « Hune » de France-Dimanche ou d'Ici Paris, on n'a jamais parlé des Huns. Et c'était qui, son papa ? Je vous le demande. C'est à croire qu'après avoir donné le jour à un tel salopard, ces deux givrés ont été atteints de prémonition. Sans doute en voyant la tronche du nouveau-né se sont-ils suicidés.

Eh oui ! Quelle calamité de donner naissance à celui qui allait devenir le sinistre roi des Huns ! Quand on pense que si le bidet avait été inventé à l'époque, le Fléau de Dieu aurait peut-être terminé les premières secondes de sa carrière dans un siphon de plombier ! Grâce à la précoce invention des sanitaires, la France et l'Italie n'auraient jamais été pillées. Comme quoi les petites inventions peuvent éviter les grandes invasions. Qu'on se le dise !

Donc, mettant en pratique ma méthode d'usurpation d'identité, j'enfile le costard d'Attila. Si j'avais été lui, j'aurais tout d'abord dévié le cours de l'Histoire en perfectionnant l'autocuiseur. Puisque entre ses fesses et la peau de son cheval il pouvait — paraît-il — faire cuire une bavette à l'échalote, j'aurais poussé la recette jusqu'à inventer celle du bœuf à l'oignon. L'endroit était rêvé. Bien entendu les fesses de Sim (ne pas confondre avec les fils de Sem !), vu leur petite surface, n'auraient pas permis de nourrir un régiment car elles ressemblent beaucoup plus à une gamelle d'ouvrier qu'à un fait-tout de collectivité, mais, grâce à moi, la cuisine moderne aurait fait un pas en avant au rythme du galop de mon bourrin.

Au lieu d'envahir bêtement les Balkans et la Gaule, je me serais employé à créer une autoroute entre Metz et Orléans. Là où mon cheval serait passé, l'herbe n'aurait jamais repoussé et mes hordes suivantes se seraient transformées en rouleaux compresseurs. Chacun de mes soldats préparant, en même temps, des plats cuisinés sous leur postérieur, des Restoroute mobiles auraient déjà pu être à la disposition des usagers.

Dans la peau du Hun de mes deux et, bien que ce ne soit pas vraiment mon caractère, je suis obligé de jouer le jeu du tyran. Comme je pressens une carrière intéressante et que je ne veux pas être gêné par des empêcheurs de piller en rond, je fais tout d'abord assassiner mon frère Bléda avec qui je ne me suis jamais vraiment bien entendu.

C'était un gosse mal élevé, passant son temps à moucharder. Il a failli tuer dans l'œuf l'une des plus belles inventions du ve siècle : le poil à gratter, dont j'ai eu le plaisir de découvrir les avantages en le mettant dans le lit de ma grand-mère. A l'époque, il n'était pas encore affiné et se composait uniquement de pointes de fer non ébarbé et rouillé, si possible. Mon crétin de frangin m'a dénoncé avant la partie de rigolade. Une autre fois, alors que j'avais mis un tisonnier dans l'arrière-train de ma fiancée pour la tenir au chaud, il a donné l'alerte à ses parents, m'obligeant ainsi à tuer ma belle-famille. A mon grand désespoir, le mariage fut annulé par la faute de mon frère.

D'autres gêneurs lui ont succédé. Par exemple ce Théodose, empereur d'Orient. Beaucoup de gens croient que je lui ai imposé un tribut pour des raisons politiques. Ceux-là, si je les tenais sous la main, je leur écraserais la gueule à coup de pierres, je leur passerais les doigts à la moulinette en silex, je leur arrangerais la mâchoire à coups de latte, pour leur montrer que je ne suis pas si méchant qu'on le dit.

Non, Théodose n'était qu'un pauvre type qui se laissait gouverner par sa sœur, Pulchérie, dont je fus amoureux pendant trois semaines. La vérité, c'est qu'il m'avait demandé une somme énorme pour m'arranger une partie de jambes en l'air avec cette minable, même pas capable de vous faire une gâterie à cheval. L'amende que je lui ai infligée à mon tour a servi uniquement au remboursement des frais médicaux dus à un mauvais coup de dent de sa frangine, au cours d'une chevauchée érotique complètement ratée.

On ne peut savoir à quel point il est difficile de se faire une place au soleil quand la plupart des gens vous font de l'ombre. Par exemple, si je n'écrase pas ces lopettes de Germains et de Slaves, est-ce que je peux envahir la Gaule ?... Vous seriez bien avancés si vous n'aviez jamais entendu parler d'Attila ! Et pourquoi je pille Metz en 451, hein ? Parce que ça me regarde, et je n'ai pas de comptes à vous rendre... Non, mais !... Alors !... Si on ne peut plus saccager les villes, démolir les maisons, supprimer les habitants, piller, violer, voler, sans fournir de mots d'excuses, il n'y aurait plus jamais aucune raison d'État. Le secret défense existe mais le secret attaque aussi ! Et puis, vous me pelez la rate[1] ! Attila fait ce qu'il veut, quand il en a envie.

Par exemple, si l'on s'imagine que j'ai épargné Troyes sur l'intervention de l'évêque de Saint-Loup, on se fourre la lance dans l'œil jusqu'à la garde. Si je ne massacre pas les Troyens, c'est à cause de leur andouillette. Mettez-vous à ma place. J'arrive devant Troyes, crevé, vidé, lessivé, après avoir disputé un match de

1. Je prie mes lecteurs de bien vouloir excuser un ton auquel ils ne sont pas habitués en ce qui me concerne. Le rôle d'Attila nécessite l'emploi d'un langage cru que je ferai dorer à feux doux pour les prochains chapitres.

footman (homme au pied) dans les stades catalauniques, les équipes adverses m'ont flanqué le score déplorable de deux mille soldats à cent trente. Je m'étais pourtant entraîné dans les Balkans mais, il faut l'admettre, mes hommes ont manqué de concentration au cours de la première mi-temps. Sur une passe du capitaine romain Actius, l'ailier droit Mérovée m'envoie cinq cents hommes dans les filets. Un penalty, tiré par Théodoric, double ces malheureux résultats, et on se retrouve aux vestiaires, le moral à zéro.

La seconde mi-temps n'est pas plus brillante. Nous sommes dominés jusqu'à la fin par des actions imparables qui amènent le résultat catastrophique que l'on sait, et je me retrouve avec les fontes de mon cheval bourrées de cartons rouges.

On comprendra pourquoi je ne suis pas prêt pour un autre match avec les Troyens. D'autant plus que la guerre m'a toujours creusé l'appétit. A l'entrée de Troyes, il y a donc un petit routier à l'enseigne de *L'Andouillette vicieuse,* recette oubliée depuis longtemps et qui consiste à servir l'andouillette normale mais farcie avec des clous de girofle rougis au feu de bois. Ma nature me pousse à aimer les plats relevés. C'est l'unique raison pour laquelle je n'entre pas dans Troyes... et que j'ai du mal à sortir du resto car j'ai la gueule en feu.

Grâce à mon incroyable faculté de récupération, je fonce au galop vers l'Italie où je dévaste à qui mieux mieux. Je rase Aquilée, ravage Milan, détruis Padoue. Il faut me voir, le poil hirsute et graisseux, les sourcils à la Satan, les yeux injectés de sang, les crocs en avant, galoper sur mon cheval noir que j'appelle Affreux Jumper ! C'est bien simple : quand je me regarde dans une flaque d'eau, je hurle de frayeur...

Je suis bien tranquillement à piller les provinces italiennes quand, tout à coup, une sorte de mec bizarre, vêtu comme une gonzesse, le cul en l'air, semble rouler des galoches aux pavés de la rue. Debout sur les freins d'Affreux Jumper, je stoppe à deux centimètres de l'inconscient.

— Alors quoi, Ducon, on broute en levrette ?

Le type se relève et je reconnais le pape Léon Ier pour avoir vu son portrait gravé au burin dans un rocher encadré.

— Je baise la terre bénite en vous attendant, mon fils, fait le maréchal des croyants.

— Je ne permets à personne de se prendre pour mon père, fulminé-je en lui crachant ma chique sur sa robe-sac. Le premier qui se fait passer pour cet enfoiré, je lui casse la tête !

Son sourire fait tomber ma fureur. Il la ramasse et la fourre dans sa poche en essayant de m'y mettre aussi.

— Je tremble devant vous, Terreur des Huns et Frayeur des Autres, mais vos agissements commencent à m'échauffer l'encensoir. Si vous lâchez mes plates-bandes, je vous donne une rente pour aller dévaster ailleurs.

Il me plaît, ce gazier... J'aime son franc-parler. A bien réfléchir, il a peut-être raison de vouloir que je mette la pédale douce à mon âge. Cinquante-cinq berges et toujours à cheval, je vais finir par me casser la gueule. Il me faut tout de même quelques précisions.

— Si je me barre définitivement, je peux toucher ma retraite en une seule fois ?

— Je vous la donne en guise de tribut, avec la mutuelle des Envahisseurs, la complémentaire des Pilleurs de Troncs, et l'allocation d'entraide des Violeurs de Pouffiasses.

Venant du pape Léon Ier, ce paquet de fric sacré me fait un sacré paquet de fric !... Peu de temps après, je dissous mes hordes barbares et me retire en Pannonie, préférant le climat du Danube à celui de Sanctum Tropezus. C'est dans une petite maison de trente pièces-cuisine que je meurs d'un durillon évolutif aux fesses, après avoir légué le reste de mes économies à l'Association des Ravageurs Indépendants.

Ouf ! J'enlève les peaux de bêtes d'Attila pour me glisser avec délices dans ma peau de satin personnelle.

Mais, avant de clore l'histoire qui aurait pu être celle du roi des Huns, laissez-moi imaginer l'hypothèse suivante :

Moi, je ne me serais pas fait vaincre par Mérovée et Actius dans les champs Catalauniques et j'aurais poussé mon avance jusque dans le midi de la France. Après avoir envahi les Alpes-Maritimes, le Var et les Bouches-du-Rhône, mon cheval aurait tondu le sol de la Provence et de la Côte d'Azur pour faire disparaître à jamais l'humidité de leur terre. C'était le moment de lancer sur le marché des outils de jardin la tondeuse ATTILA, la seule à tête de cheval et arrière-train à lames. Pour quelle raison ? Pour assécher complètement la région ! Un sol aride ne nourrit pas les nuages et l'eau ne retombe plus. Depuis ce temps-là, nos côtes méditerranéennes ressembleraient donc au Sahara et tous les Olive et les Marius de Marseille s'appelleraient Mohammed ben Escartefigue... Ils seraient français depuis belle lurette et Le Pen, faute d'Arabes transplantés, n'aurait jamais créé l'Affront national !!!...

JE VOUS AI FAIT UNE COUPE AU RASOIR, MONSIEUR ATTILA.
SIM

Clovis

Cette fois-ci, mon enquête ne m'a donné que la moitié des renseignements généalogiques dont j'ai besoin au sujet de ce roi des Francs.

Tout le monde sait — ou presque — que son papa s'appelait Childéric, mais qui pouvait bien être sa maman ? Ce qui prouve, une fois de plus, que Gisèle Halimi a eu raison d'œuvrer pour l'émancipation de la femme qui, au temps de Clovis, ne semblait être qu'une machine à reproduire. Même Grégoire de Tours, qui fut le seul biographe du roi, reste évasif sur l'identité de la dame qui lui donna le jour. Où ? Quand ? Dans quelles circonstances M. Childéric a-t-il rencontré celle qu'il engrossa de Cloclo Ier ? Etait-ce une copine de bureau, une amie d'enfance, une voisine de palier ? L'a-t-il draguée au petit bal du samedi soir ou trouvée dans son plumard royal ? J'ai consulté l'annuaire téléphonique et le Minitel (code 3615 Clovisse). Les deux ne m'ont livré que quelques Childéric et Clovis vivant aujourd'hui. Aucun d'eux n'a pu me renseigner. Il est possible que le roi des Francs Saliens soit tombé sur une Franche Salope et qu'il n'ait pas voulu en parler pour ne pas nuire à sa réputation. Quoi qu'il en soit, je vais remettre mon costume de comédien pour prendre la place du Clovis que l'on connaît bien mal.

Ça y est ! Roi des Francs Saliens à Tournai, je suis bien emmerdé car je me demande, vu que cette ville est en Belgique, si Clovis avait l'accent belge. Qu'importe, tout ceci est si loin que je vais prendre les intonations du Hainaut pour faire rigoler les habitants de l'Aquitaine que je vais conquérir plus tard.

Je n'aurais pas aimé que ma femme s'appelle Clotilde. Je préfère Ginette. C'est plus près du peuple. Ginette Clovis, ça vous a quand même une autre gueule, non ? La mienne n'aurait sans doute pas été canonisée par le pape Pélage pour finir ses jours dans un monastère. Non, puisque je suis un voleur d'identité, Ginou Clovis est une belle plante grimpante, dans tous les sens du terme et, à ma mort, au lieu de se retirer dans un couvent, elle ouvrirait un lupanar à Reims : *Chez Ginette.*

Oui, oui... j'entends déjà les protestations de certains lecteurs : « Quoi ?... Qu'est-ce ?... Quel est cet auteur qui détruit les légendes pour amuser sa clientèle ? » Et alors ! ?... Sainte Clotilde a quand même eu quatre rejetons : Thierry, Clodomir, Childebert et Clotaire, sans compter les fausses couches dues aux secousses des transports en commun qui étaient loin d'offrir le confort de nos TGV actuels. Ce qui prouve que certaines femmes peuvent bien être calotines tout en sachant décalotter...

Sans transition, comme dirait Poivre d'Arvor au Journal télévisé, passons au vase de Soissons. Que connaît-on vraiment de Clovis, en dehors de ce bris de vaisselle ? Pas grand-chose. C'est si loin, tout ça ! C'est curieux comme la mémoire est parfois intransmissible. Les bornes du souvenir émergent rarement sur la route de l'Histoire, et si elles ne sont pas uniques ou anecdotiques, on perd très vite le sens de l'orientation.

Donc, me voilà, dans la peau de Clovis, le casque arrêté au bord de mes oreilles, face à tous mes guerriers bardés de fer.

— Qui a bousillé le vase de Soissons ? je demande, l'air courroucé.

Personne ne répond. J'ai devant moi un bataillon de

lavettes dont les jambes flageolent devant des flageolets. Moi qui voulais offrir un cassoulet à l'évêque de Reims pour fêter ma victoire sur le général Syagrius, voilà qu'un connard a cassé mon récipient ! Devant les débris du vase, je constate que je n'ai vraiment pas de pot. Tous mes soissons sont par terre, et le gueuleton avec. Les plus fayots de mes sbires tentent de récupérer les haricots mais, à moitié écrasés et pleins de poussière, ils sont immangeables.

Pour détruire la légende, je ne suis pas irascible et ne veux pas fracasser la tête du soldat coupable qui se dénonce.

— C'est moi, chef, qui ai cassé le vase de haricots. Prenez mes saucisses à la place. Je les ai piquées aux Alamans.

Dans le fond je ne suis pas mécontent car les saucisses teutonnes comptent parmi les meilleures. L'évêque de Reims, mon pote saint Remi, se contentera de merguez grillées au barbecue. D'ailleurs, je ne supporte pas les haricots et je suis assez heureux que cet imbécile de guerrier ait cassé le vase qui les contenait.

Quelque temps plus tard, je fais cuire mes saucisses sous l'œil attendri de l'évêque que j'ai invité dans mon camp vainqueur à Tolbiac. Il est debout à mes côtés, attisant les braises du barbecue avec sa crosse.

— Merde, fais-je en inventant le mot avant Cambronne pour ne pas payer de droits d'auteur, elles sont brûlées !

C'est alors que saint Remi prononce cette phrase célèbre dont on se souvient encore aujourd'hui :

— Courbe-toi, fier Sicambre, on va quand même les bouffer. Adore ce que tu as brûlé, et brûle ce que tu as adoré.

Mais tout ceci n'est que le trop rapide survol de la brillante carrière qui est la mienne.

J'arrive au monde vers 465 apr. J.-C.[1], très peu de temps après, à vrai dire, car mon frère jumeau sort du

1. Mon frère, Jean-Claude.

ventre de ma mère à peine deux minutes avant moi. Il faut avouer que s'appeler Jean-Claude au ve siècle n'est pas très facile. Le pauvre garçon devra trimbaler toute sa vie un prénom ridicule qui lui vaudra les sarcasmes des autres enfants, des modernes Théobald, Clodomir, Caribert, et j'en passe. Il vivra et finira dans le plus complet anonymat par la faute de papa Childéric, un peu bourré quand il a choisi le prénom de mon frangin.

Quant à moi, oui, bien sûr, j'ai l'accent belge de Tournai puisque j'y passe un bon bout de temps, vu que mon père y exerce l'enviable situation de roi, entre deux cuites à la cervoise. Au départ, je vends des frites[1] à la sauvette, mais cette occupation n'étant pas à la hauteur de ma destinée, je revends ma baraque à Végétaline van de Findus, une marchande de moules dont les descendants créeront plus tard de la bouffe prête à l'emploi. Ce qui me conforte dans ma décision, c'est ma chevelure. Les copains du Hainaut me disent tous : « Quand on a une tignasse comme ça, on vend pas des frites ! On envahit la Gaule ! » Et c'est vrai, les cheveux longs ont toujours été symbole de puissance : souvenons-nous de Samson avant qu'il ne se fasse tondre par Dalila.

Le 13 février 486, à dix heures du matin, je noue ma queue de cheval et transforme ma friteuse en casque à cornes. Je défonce la frontière gauloise en hurlant mon cri de ralliement : « Prends la Gaule à deux mains, mon cousin ! » et c'est la victoire de Soissons... Fastoche ! Ce minable de Syagrius, général gallo-romain, n'en revient pas de voir devant lui le superbe guerrier que je suis, le regard clair et décidé, la stature imposante et musclée. Il se met à genoux devant moi.

— Le vaincu te salue, ô Clovis, roi des Francs suisses.

Comme lèche-bottes on ne fait pas mieux. Il est capable de tout pour donner plus de valeur à mon titre.

1. La pomme de terre n'ayant pas encore été découverte à cette époque, les frites belges n'étaient que des morceaux de citrouille cuits au saindoux.

Je le toise du haut de mon cheval et lui dis d'un ton sec :

— File-moi une Gauloise !

— Avec ou sans filtre ? me demande le général dans un sourire équivoque.

Je ne suis pas venu à Soissons pour me farcir une pucelle. Autour de nous il y a une vingtaine de Gauloises bien roulées qui ne demandent que ça. Ignorant Syagrius, je les désigne du doigt.

— Je prends tout le paquet.

A chaque victoire, il m'arrive souvent de m'éclater en cachette de ma femme, bien que je la soupçonne d'avoir été mise au courant de mes frasques par quelques-uns de mes lieutenants qui auraient bien voulu se la faire... quoique se taper une future sainte n'est pas une chose très facile... Moi, j'y arrive de temps en temps à force de prières et de cadeaux bénits, mais la barrière est encore plus dure à franchir pour les braconniers du sexe. Sainte Clotilde ne baise que pendant les fêtes religieuses, et si elle a l'auréole sur la tête, mes efforts m'en donnent sous les bras...

C'est qu'elle sait s'y prendre, la Burgonde, question bigoterie ! Je me laisse avoir comme un bleu toutes les fois qu'elle décide d'obtenir quelque chose de moi. Après ma victoire de Tolbiac, j'arrive harassé à la maison, dans l'espoir de m'octroyer un week-end complet avec le lundi en plus (temps de repos bien connu à Paris sous le nom de pont de Tolbiac). Clotilde m'attend dans le jardin avec Remi qui est un ami de la famille et évêque de Reims.

— Salut Cloclo, me dit-il. Bravo pour avoir flanqué la pâtée aux Alamans. Tu dois être crevé ?

— Je ne suis pas crevé, je suis vidé, réponds-je en jetant mes armes et mon sac de camping sur la pelouse. Je rêve d'un verre bien frais et d'un bon bain bien chaud.

Clotilde a déjà servi un verre d'hydromel glacé qu'elle me tend avec son plus joli sourire.

— Nous allons boire à ta santé et, ensuite, tu pourras prendre ton bain. J'ai préparé un tub au fond du jardin et l'eau chauffe au soleil en t'attendant.

Comment puis-je me méfier d'une proposition aussi agréable ? Le tub est rempli d'une eau qui est un délicieux soleil liquide et je plonge sous les regards attendris de mon épouse et de l'évêque qui me passe le savon. Clotilde a placé la bassine sous une tonnelle où les oiseaux viennent se percher pour accompagner mes ablutions de leur joyeuse musique.

— Tu as de l'eau de toilette sur l'étagère, m'informe Clotilde, en parfaite maîtresse de maison.

Quel bonheur de s'ébattre dans l'eau après la salissante bataille de Tolbiac qui m'a couvert des éclaboussures de mes ennemis.

— Gratte-moi le dos, Remi, je plaisante.

Le bon évêque ne se fait pas prier et y va également de son jeu de mots :

— Tu veux que je te le Reims ?

Il n'en faut pas plus pour me faire éclater de rire. J'ai du savon plein les yeux mais je retrouve la douceur du foyer en oubliant mes soucis. A travers le bruit de l'eau qui entre dans mes oreilles, j'entends l'évêque :

— Passez-moi l'arrosoir, Clotilde, je vais lui faire un shampooing.

La pluie bienfaisante m'arrive sur la tête. Les doigts de l'homme d'Église se frayent un passage dans ma longue chevelure qui ondule sur mes épaules comme une algue marine sur un océan mousseux. La voix de Remi me parvient, accompagnée par un orchestre d'oiseaux installé sur la charmille. Remi récite ce qui me semble être un poème latin, langue aussi étrangère à mes tympans qu'apaisante pour mon esprit. Je me laisse fondre dans cette onction réparatrice. Je suis aux anges...

Tout à coup, la vérité éclate comme un coup de tonnerre lorsqu'il me semble comprendre les derniers vers du poème : « ... et je te baptise au nom du Père, du Fils et du Saint Esprit ! »

La foudre vient de fondre sur moi. Je suis effondré au fond du tub, ouvrant péniblement les yeux sur Clotilde qui m'observe avec le regard d'une mère pour son bébé. Je vois l'évêque de Reims, l'arrosoir à la main, avec l'air de découvrir une plante nouvelle. Les traîtres ! Maintenant je comprends tout. Ils viennent de me baptiser à mon insu, profitant de ma fatigue et de ma faiblesse passagère, donnant ainsi naissance à la légende qui veut que Clovis se soit volontairement converti.

Non ! le roi des Francs ne peut perdre ses convictions religieuses, comme une vulgaire savonnette, au fond d'une baignoire ! Je me relève furieusement, heurtant de l'épaule l'étagère qui soutient les flacons disposés par ma femme.

C'est à ce tournant du récit qu'il me faut détruire le mythe assurant qu'une colombe, venue du ciel, aurait apporté le chrème dans une sainte ampoule. Lorsque, de mon épaule, je heurte l'étagère, un flacon de crème de bain me tombe sur la tête. Les oiseaux, perchés sur la tonnelle, prennent peur et s'envolent à grand fracas. Voilà, c'est aussi simple que ça !

Blanc de savon et rouge de colère, j'enjambe le bord du tub. Nu comme un ver, dépouillé de mon autorité, les mots ne me viennent plus pour traduire les sentiments qui se bousculent dans mon cerveau. Je viens de perdre mes croyances paganistes dans un tub catholique !

Subitement pris d'une pudeur inconnue, je me fabrique un slip de fortune avec ma longue chevelure en la faisant passer entre mes cuisses, et fonce me mettre à l'abri dans le pavillon réservé aux domestiques. Derrière moi, j'entends un chant de victoire. Clotilde et l'évêque sont tombés à genoux.

— Alléluia ! Dieu soit loué !

D'un coup de pied, je pousse la porte des communs et découvre mon page, ivre mort, à même le sol. Là, c'est trop !... Même à Soissons, le vase n'a jamais débordé de cette façon. Je le prends par le col et, après l'avoir calé entre deux barriques de cervoise, lève la main pour préparer la mornifle du siècle, celle dont cet ivrogne de Léonicet se souviendra toute sa vie...

Encore une fois, j'interromps la narration pour désacraliser le geste préparé plus haut. Clotilde et Remi, qui m'ont suivi jusque dans les cuisines, ont été les seuls témoins de cette scène banale, et leur foi aveugle leur a fait vivre un événement exceptionnel. Pour les croyants, le miracle est une friandise. Ils découvrent mon page Léonicet à terre, le croient malade, et me voient lever la main sur lui. Je balance une baffe magistrale sur le poivrot qui revient à lui et m'embrasse dans les vapeurs de son alcool.

Il n'en faut pas plus pour que la chose soit rapportée et déformée à l'infini. Selon lesdits sainte Clotilde et saint Remi, j'aurais guéri mon page en le touchant, après avoir été baptisé. Ce qu'ils ont pris pour une cérémonie fondant le rite du sacre royal n'était, en vérité, qu'une explication entre maître et valet.

Si je suis le premier roi des Francs, je ne suis pas le dernier des crétins. Être le seul souverain barbare catholique me procure des avantages non négligeables avec le Saint-Siège. Ses adhérents sont bourrés de pognon... et, pour remercier Dieu de ses largesses, avant de mourir, je fonde la basilique Saint-Pierre-et-Saint-Paul (Saint-Étienne-du-Mont). Un cierge qui me coûte la peau des fesses pour avoir brûlé la chandelle par les deux bouts...

LE BAPTÊME DE CLOVIS

Dagobert Ier

Cette fois-ci, ça y est ! Je connais le nom de la maman du bon roi Dagobert. Elle s'appelait Bertrude. Encore un nom à coucher dehors avec une réservation d'hôtel. Si l'on sait qu'elle s'est tapée le beau Clotaire numéro deux pour donner le jour à celui qui mettait ses fringues à l'envers, on ne connaît pas grand-chose de sa vie intime. Mille quatre cents ans nous séparent de sa naissance et ça émousse un peu les souvenirs. Heureusement que les historiens se sont succédé jusqu'à nos jours pour maintenir sa présence dans leurs livres, et je suis heureux d'apporter ma contribution à la mémoire générale avec des détails particuliers. On pourra douter de leur authenticité, mais il faut se méfier de l'incrédulité systématique car il peut m'arriver de taper juste dans le mille en tirant souvent... Si certains prédisent l'avenir, moi, je suis le prophète du passé.

Ceci dit en toute modestie, je crois que Bertrude devait être une grande bringue, sèche et pointue de partout. Avec un nom pareil, je ne pense pas qu'elle ait eu la morphologie de Béatrice Dalle ou Mathilda May. La mère de Dagobert devait sans doute avoir le joufflu dégonflé, des cuisses de mouche, et les roberts comme des chaussettes mouillées. Comment voulez-vous, après ça, que le petit Dago ait pu trouver la sortie au moment de l'accouchement ? Les bébés, paraît-il, sont déjà en possession de leur futur caractère dans le ventre de leur mère ; il est possible que celle qui nous préoccupe, n'ayant pas l'itinéraire intérieur correctement fléché, ait posé de graves problèmes d'orientation à son fils.

Afin de mieux comprendre le parcours de celui qu'on a appelé le bon roi Dagobert, je me substitue à lui dans les méandres intérieurs de Mme Bertrude Clotaire.

Il y a neuf mois que j'attends la quille. Dehors, il me semble entendre une certaine agitation.

— Tout est prêt ? demande une grosse voix d'homme.

— Oui, docteur, répond une douce voix de femme.

— Bon. Allons-y ! continue la voix d'homme. Je vais vérifier le passage.

Couché en chien de fusil dans ma gélatine protectrice, je me demande ce que tout ça veut dire. Jusqu'à présent tout était calme. Je me suis vu passer de l'état d'embryon à celui de fœtus, admirant la formation de mes membres dans une complète sérénité et, d'un coup, voilà que ça se gâte. Des appels, des cris, des chocs, des bruits d'eau et d'instruments métalliques.

— Passez-moi la bassine... Non ! pas celle-là ! Il y a des mouches dedans !

— Tout de suite... L'eau est en train de bouillir.

— Où sont les serviettes chaudes ?

— Dans le four, avec le gâteau.

Des pas résonnent dans tous les coins de cet extérieur que je n'imagine pas. J'entends des trucs qui tombent, des machins qui cognent, des bidules qui tintent.

— Passez-moi les pinces !

— Ça ?

— Non, pas les tenailles !... Les pinces !

C'est pour moi, tous ces préparatifs ? J'essaie de ne pas trop m'inquiéter, en écoutant la panique de ceux qui connaissent déjà les innombrables dangers de la vie.

— Attention, docteur ! Vous marchez sur votre ceinture.

Ça va être gai, l'existence ! Pour un peu, je ne sortirais pas d'ici. Je suis si bien dans cette enveloppe ouatinée qui me préserve des accidents de la circulation des hommes. Nourri, logé, chauffé, rosi dans mon coucouche panier, les pa-pattes en rond.

— Enlevez-moi ce chat de mes jambes ! crie l'homme.

Bon ! Il faut quand même voir un peu ce qui se passe. C'est par où, la sortie ? Ah ! j'aperçois comme une petite lueur devant moi et j'approche mon œil de ce que je crois être une issue de secours. En même temps j'entends la grosse voix de l'homme.

— ... je vais vérifier le passage.

Je ne sais pas ce que la voix veut vérifier mais, au moment où j'amène ma figure près de cette espèce d'orifice qui a l'air de se contracter par saccades, quelque chose m'arrive en plein dans l'œil.

— Il a bougé !

Tu parles, si je bouge ! C'est un véritable saut de carpe que je fais. J'ai pris un boudin corné dans les mirettes et ça suffit pour me faire faire un double axel avec coup de reins à l'appui. Je tire sur mon cordon de rappel pour remonter en catastrophe vers l'estomac de ma mère.

— Aïe ! crie-t-elle.

Excuse-moi si je te fais mal, maman, mais cet enflé m'a flanqué un truc dans l'œil et j'attendrai que la porte soit complètement ouverte pour faire mon entrée dans la société..., ce qui me semble un peu compromis, vu que, dans mon retournement, mon derrière bouche le fameux passage dont on vient de parler.

— Vous le sentez, avec votre doigt ? entends-je.

Ah bon ? Ça s'appelle un doigt, ce machin bizarre ?... Je ne sais pas à quoi ça sert, mais je ne bougerai pas d'un pouce tant qu'il sera là. Surtout que la suite des informations m'intrigue au plus haut point.

— Alors, docteur ?

— Alors, qu'est-ce que vous voulez que je vous dise ? Je sens la tête avec mon doigt mais j'ai l'impression qu'il y a un trou dedans.

Un trou !?!... Il en a de bonnes, celui-là ! Si je suis assis sur ce qu'il appelle son « doigt », le jugement n'est pas sans fondement, la gourance vient qu'il ne connaît pas ma position. Il continue :

— Allez ! On va tout de même essayer. A vous, madame, poussez !

Une formidable aspiration m'attire. Je me sens sucé, avalé par le pertuis qui s'évase de plus en plus pour mettre mes fesses à l'air libre. Le grand événement est arrivé et il faut que je m'en accommode. Je suis en train de naître par le siège, à l'envers de la tradition.

Toute ma vie sera marquée par les rebours et les inverses et, pourtant, le bon sens ne me fera jamais défaut. Personne ne sait qu'en politique je confonds facilement la gauche et la droite, ce qui me permet de rester sur une position centrale pour éviter bien des revers... Mon père, à l'endroit duquel je professe une grande admiration, sera généreux envers moi dès mon plus jeune âge. Il me reconnaît sans tarder roi d'Austrasie. Avec mon mauvais sens de l'orientation, j'ai tout de suite un mal fou pour savoir où se trouve cet endroit, car je vois tout à l'envers. Ensuite, j'hérite de la Neustrie, et ça n'arrange rien. Je pense tout d'abord que l'endroit est près d'Anvers, mais cela s'avère inexact. Fort de mon bon droit, je m'en vais vers la Bourgogne que j'annexe à ma royauté. Envers et contre tous, je reconstitue adroitement l'unité du royaume franc sans revers de médaille. Tout cela tombe pile pour que je ne perde pas la face.

Comme on connaît ses saints, on les honore. Celui dont je dois mettre en bonne place la statue sur la cheminée du salon est, sans nul doute, Eligius, plus connu en tant que saint Éloi. Quel mec formidable ! Patron des orfèvres, il me cisèle des rencontres galantes avec un rare talent et, quand je me cogne dans une grosse paysanne, c'est le patron des forgerons, le P-DG de l'enclume. Il est toujours à mes côtés, que je lève une comtesse dans la soie ou une boniche dans la paille...

— Votre Majesté est mal culottée, me dit-il, après mon feu d'artifesse.

Malgré le désordre légendaire de mes vêtements, je me félicite d'avoir saint Éloi dans la poche. Que serais-je, moi, Dagobert, sans le concours d'un bras droit qui rectifie les erreurs que je commets du bras gauche ? Il m'aide à maintenir l'ordre dans le royaume mérovingien et quand les ennuis commencent avec les Gascons et les

Bretons me prouve qu'en matière de bouclier l'Église est plus efficace qu'un rempart.

C'est pour le remercier de m'avoir toujours remis dans le droit chemin que je fais construire la basilique de Saint-Denis. Tout le monde pense que c'est par piété que j'érige ce monument, mais c'est surtout parce que ce brave Éloi se trouve en passe de devenir le patron des orfèvres et des forgerons. Avec lui, j'ai le métal précieux et la ferronnerie au prix de gros, et si l'on observe bien la richesse de ma cathédrale, on s'aperçoit que j'ai fait une affaire en or.

Et puis, je me dis qu'on n'est pas éternels. Si je veux qu'on parle encore de moi dans plusieurs millénaires, il me faut laisser une trace de mon passage sur terre, et la basilique de Saint-Denis en sera le meilleur témoignage. Malgré les avantages que saint Éloi me procure, ce qui va devenir le cimetière des rois de France me coûte ce que j'ai mis de côté pendant ma carrière... Mais rien n'est trop beau pour les Grands !

En ôtant la culotte du bon roi Dagobert, je constate que je l'ai mise à l'envers. Ça m'apprendra à vouloir lui servir de doublure !...

– C'EST BON, LUI DIT LE ROI,
JE VAIS LA REMETTRE A L'ENDROIT !

Charles Martel

Savez-vous que Charles Martel appartenait à la dynastie des Pippinides ? Voilà une question difficile à placer dans la conversation courante, au bistrot, devant le pastis de midi. Pour tester l'intérêt que pourront porter mes lecteurs à ce livre, j'ai questionné quelques chauffeurs des taxis que je prends parfois pour me rendre à l'enregistrement des Grosses Têtes de RTL. J'ai agressé mon premier chauffeur lors d'un embouteillage au Rond-Point des Champs-Élysées.

— Pouvez-vous me dire d'où sont les Pippinides ?

— Ben, mon pauvre monsieur, ça va pas être facile de s'arrêter, avec toutes ces bagnoles. Vous pouvez pas attendre un peu ?

Vous voyez ! Également bloqué dans les encombrements de la Culture, mon taxi-boy prend les Pippinides pour des pipi-rooms. Il est bien excusable car le suivant n'est pas plus au courant que lui.

— Avez-vous déjà entendu parler des Pippinides ?

— Des pipi... quoi ?...

— Des Pippinides. Vous en avez entendu parler ?

Le chauffeur me balance un coup d'œil dans le rétro et, reconnaissant l'un des pensionnaires des Grosses Têtes, se met à jouer les érudits :

— Ben oui... C'est des étrangers. Des fois, j'en prends dans mon taxi à la période des touristes. J'en ai entendu parler entre eux, mais je les comprends pas...

Rassurez-vous, avant de découvrir ce nom dans un dictionnaire, je n'étais pas plus au courant que mes conducteurs. Charles Martel faisait donc partie de la famille des Pippinides à cause de tous les différents Pépin qui l'ont constituée : Pépin de Landen, Pépin de Herstal, et Pépin le Bref. Je me demande si, avec tous ces « pépins », leur arbre généalogique n'est pas en forme de figuier. Enfin, bref, comme dirait l'un d'eux, si je ne m'appelle pas Pépin, je suis, tout de même, le noyau de l'histoire.

Mon nom est Charles (cherchez l'erreur). Pourquoi ne m'appelle-t-on pas Pépin, comme papa du Herstal ? Parce que ma naissance est déjà une grosse tuile pour la famille. Je suis né d'une partie de cuissardes en l'air entre mon père et une radasse de barrières. Plus bâtard que moi, tu meurs ! Me faire admettre par mes demi-frangins — héritiers légitimes du pouvoir — représente de tels problèmes que je suis obligé de jouer bande à part dès mon jeune âge. Alors que les autres garçons s'amusent avec des jouets dernier cri, je ne possède qu'une planche et des clous. Ah, si j'avais un marteau !...

Et ces rois fainéants ! C'est un exemple pour la jeunesse ?... Ces faux dirigeants qui ont remis leurs pouvoirs aux maires du palais pour dormir jusqu'à midi quand la patrie est en danger !... J'entends d'ici l'un de leurs domestiques :

— Sire ! Sire ! Les ennemis sont arrivés sur les remparts du château !

Le roi Cossard Ier trempe sa biscotte, lève un œil fatigué, et bâille aussi grand que la braguette de son caleçon.

— Dites-leur d'attendre. Je n'ai pas fini mon petit déjeuner.

— Mais ils sont déjà dans la cour d'honneur !

— Ho ! Ho ! Ho ! y a pas l' feu !...

— Si, si, si, Sire ! Ils viennent de le mettre aux écuries !

— Eh bien, tant mieux... Ça nous évitera d'allumer le chauffage.

Personnellement, je pense qu'il va falloir que je fasse quelque chose pour rétablir l'ordre dans ce pays. Mon vieux vient de rejoindre les taupes, et il est temps que je m'impose contre mes frangins avant de me faire piquer la place. Ma fougue et mon ambition me font mal supporter la faiblesse des rois flemmards qui, heureusement, n'ont même pas le courage de se reproduire. Les scènes de démission sexuelle sont fréquentes chez le roi Mollasson II et son épouse, la grosse reine Feignasse :

— Venez sur moi, Sire, qu'on en finisse !...

— Non, c'est trop haut.

— Dites aux domestiques de vous porter.

Deux préposés à l'escalade hissent le roi sur la reine et secouent le lit en empoignant les colonnes du baldaquin.

— Vous n'y arriverez pas comme ça, Mollasson, vous êtes dans les plis du drap, l'informe la reine Feignasse.

Les servants se transforment en guides et remettent les choses à leur place. Le roi fatigue visiblement.

— Chère Feignasse, vous ne devriez pas bouger à contresens, c'est épuisant... et je n'aurai pas la force de conclure.

La reine vient de s'endormir, bercée par le va-et-vient du sommier. Mollasson II déjante, le pneu dégonflé.

— Finalement, je préfère retourner dans les plis du drap.

Voilà comment le royaume franc s'écroule peu à peu, victime d'un sommeil léthargique généralisé. C'est le moment choisi pour agir en fin politique, et j'en profite ! Clotaire IV, roi d'Austrasie, et Chilpéric II, roi de Neustrie, deux ramollis de la couronne, ne demandent qu'à se taper dessus mais ils n'en ont pas le courage. Je leur sers d'intermédiaire en leur offrant des paquets d'embrouilles et des sacs de nœuds que je confectionne moi-même. Emballé, c'est pesé ! L'État mérovingien reprend de la couleur et mon autorité s'affirme. Ça y est, je l'ai, mon marteau !... Vive Charles Martel !!!...

En revanche, il y a du bazar dans ma boîte à outils. Il me faut entretenir une tapée d'étrangers qui voudraient bien bricoler avec mon matériel de dépannage : les Frisons, les Saxons, les Alamans, les Thuringiens, les Bavarois. Quel boulot ! Il va falloir que je devienne bientôt le roi du marteau pour leur enfoncer mes idées dans le crâne, le prince de la mailloche pour leur aplatir l'arrogance, l'empereur de l'aplatissoir pour leur laminer la prétention ! Non mais, alors ! Je suis tout de même le champion de la chrétienté, nom de Dieu ! Je vais leur apprendre à être charitables, à tous ces connards d'infidèles ! Je vais leur mater l'incroyance à coups de masse dans la gueule pour les rendre meilleurs !

Calmons-nous... Où sont mes cachets de Valium ?... Je m'emporte, je m'emporte... Il ne faut surtout pas que je me mette martel en tête, pour la garder froide. Je vais en avoir besoin, car les Arabes font des barrages de chameaux au sud de Poitiers. Les goumiers en colère paralysent la circulation avec des opérations es-cargos du désert, et je dois faire donner les forces de l'ordre sinon, un jour ou l'autre, ils vont racheter toutes les épiceries du 16e arrondissement.

Je descends à Poitiers par le cheval de quatorze heures quinze qui part de l'Écurie centrale. Une jument-bar m'apporte des rafraîchissements au cours du voyage. Malgré un changement de monture à Châtellerault, j'arrive frais et dispos en gare équestre de Limonum [1].

Deux divisions de cavalerie m'y attendent sous les ordres du général Massue. En fin de soirée, nous arrivons à Poitiers-Sud où la présence des Arabes est signalée par une forte odeur de brochettes aux merguez émanant des collines avoisinantes. J'envoie un commando de sapeurs-marteliers en reconnaissance. Ils reviennent deux heures après pour confirmer l'information : la 2e DBH (division blindée au haschich) du général Abd-al-Rahmân est prête à l'attaque.

Là, il faut que je réfléchisse. Le général Abd-al-Rahmân est loin d'avoir le burnous dans la semoule. Gouverneur d'Andalousie depuis 721, il a appris la

1. Ancien nom de la ville de Poitiers.

musique espagnole et, des castagnettes à la castagne, il n'y a qu'un pas de fandango... Si je ne veux pas prendre une danse, il va me falloir accorder mes violons.

Toute la nuit je polis mon marteau. Je veux que ça brille. Si j'ai la chance d'avoir le soleil en face, les Arabes vont être aveuglés par les éclats de lumière, et mes hommes n'auront qu'à cogner pour finir le travail. Vers cinq heures, je m'endors, fourbu, sur mon marteau fourbi.

— Ouahrââd lahâ ! Slaâmah ! Slaâmah !

Je ne sais pas du tout ce que cela veut dire, mais ça a l'air d'être important. Le général Massue me secoue.

— Charles ! Les Arabes ! Ils attaquent !

Levé d'un bond, j'attrape mon casse-tronches avec un coup de raki à la gourde pour me mettre dans l'ambiance et m'éclaircir les cordes vocales. Je hurle en sortant de ma tente :

— A l'attaque !

De l'autre côté du champ, au ras du maïs, d'innombrables burnous font comme une fabuleuse rangée de pivoines blanches sur leurs tiges vertes. Les Arabes répondent à mon cri :

— Al attack !

Et c'est l'élan général. La ruée de deux mondes différents qui, dans quelques instants, vont se rencontrer sur un terrain de mésentente. C'est un véritable essaim de criquets pèlerins fonçant sur moi, protégé par les blindés à quatre pattes d'un régiment chamelier. Devant les chars du désert, le maïs foulé s'écarte pour ouvrir le passage à la cavalerie dardée des fers de ses lances, tandis que les ailes gauche et droite accélèrent leur allure. Je devine la tactique. Elle vise à nous encercler. C'est un monstre à mille têtes qui se rue sur nous, les bras déployés, préparant une étreinte mortelle.

Non ! Nous n'allons pas succomber sous le baiser venimeux de l'islam ! Alors que les troupes du général Abd-al-Rahmân arrivent déjà au tiers du champ de bataille, j'envoie une escouade de cavaliers avec mission de les contourner pour se placer derrière eux. Mes hommes sont en position à l'instant où les Arabes ne se trouvent plus qu'à quelques mètres de nous. Je vois déjà dans les yeux de l'ennemi les éclairs de la victoire, mais il ignore encore qu'il va l'avoir dans le dos... En effet, à la seconde où les armes sont pointées sur mon régiment, derrière eux mon commando hurle :

— Mohammed !

Les troupes d'Abd-al-Rahmân stoppent net. Les mille têtes enturbannées se retournent comme un seul homme.

— Oui ?... C'est à quel sujet ? répondent-elles en arabe.

Je me rue en avant, suivi par mes marteliers d'élite. Surpris par la manœuvre, les Arabes n'ont pas le temps de faire volte-face, et c'est la cueillette à la masse... le gaulage au pilon... la récolte au merlin. Le marteau en l'air, je cogne à tout-va sur les caboches, encourageant mes divisions qui foncent dans le tas à coups de maillet. J'ouvre une brèche dans le ventre de l'adversaire, moulinant du manche selon le principe du ventilateur quand, brusquement, me voici face à face avec le général Abd-al-Rahmân.

— Lâchez ce marteau ! m'ordonne-t-il.

— Des clous ! lui réponds-je.

Et je lui abats aussitôt l'instrument sur la cafetière. Un ultime coup de tampon qui lui sert de visa pour les jardins d'Allah.

Nous sommes en 732. Je viens de gagner la bataille de Poitiers.

Quelques années plus tard, le roi fainéant à qui j'ai toujours donné mes ordres n'a même plus le courage de se réveiller. Thierry IV se décroche le palpitant en bâillant trop fort, mais je n'ose pas m'asseoir à sa place car, si je suis un bon artisan de l'enclume, je n'ai pas l'étoffe d'un maréchal-ferrant.

SI J'AVAIS UN MARTEAU...
POITIERS
10 Kms
SIM

Pépin le Bref

Abandonner la stature et les muscles de Charles Martel pour ce gringalet de Pépin le Bref, qui avait du blanc de poulet à la place des biceps, ça n'est pas très tentant, pour un comédien. Mais, tant pis ! Les fringues du Bref vont m'aller comme un gant de faible pointure. N'étant pas très grand non plus — un mètre soixante-huit par temps pluvieux — et ne pesant que cinquante-sept kilos par temps sec, je me leste avec une couronne de roi des Francs.

Personne n'a jamais su comment mon Charles Martel de père était mort. Eh bien, moi, je peux vous le dire. Bêtement !... D'un coup de marteau mal placé. Lui qui avait bravé tous les dangers meurt d'un aplatissement testiculaire, après avoir malencontreusement lâché son outil préféré en réparant les ressorts de son sommier. C'est pas idiot, ça ? Je peux vous en parler savamment pour avoir été témoin de l'accident. J'ai vu mon père, allongé sous son lit, taper à côté du clou qu'il voulait enfoncer, et le marteau rebondir sur un énorme ressort à boudin. La violence du choc n'a pas pardonné. Un tel coup sur les gonades vous fait de suite atteindre le contre-ut sans diapason... C'est comme ça qu'on a emballé papa et ses valseuses dans un étui en chêne massif

Vous allez dire : « Ce Sim, il exagère ! » Si, si ! Je vous entends d'ici, car je suis planqué sur la couverture du livre que vous avez dans les mains. Eh bien, non ! Je n'exagère pas... Croyez-vous que tous les personnages célèbres doivent avoir une fin majestueuse, glorieuse, ou même rare ? Bien plus souvent qu'on ne le pense, ils terminent leur vie dans un casse-pipe imbécile qui, s'il ne s'agissait pas d'une star, ne ferait même pas la dernière colonne du *Petit Creusois libéré.*

En tant que Pépin le Bref, je ne parle pas de la façon dont mon père va rejoindre le Grand Forgeron de l'Univers. Il y va de l'honneur de la famille et, depuis longtemps, j'ai atteint l'âge de raison. Je suis né à Jupille, il y a vingt-sept ans, et Papa me donne son bureau de maire du palais.

Vous savez où c'est, Jupille ? Vous allez vous marrer : c'est en Belgique ! La banlieue de Liège. Moi, roi des Francs, premier des Carolingiens, la crête gauloise et les ergots bleu-blanc-rouge, j'arrive au monde dans la friture, au pays de Van de Putte !... C'est pas une bonne blague wallonne, ça ? Question revanche, les Liégeois ont pris de l'avance, et nous, on peut aller se rhabiller avec nos histoires belges. Imaginons que le roi Baudouin soit né à La Garenne-Colombes, et Fabiola à Plougastel-Daoulas !

Dix ans plus tard, je bénéficie d'une sacrée promotion sociale puisque j'abandonne le poste de maire du palais pour devenir roi à part entière. Finie la bande de ces soi-disant maires qui braquaient tous les pouvoirs en envoyant ces fainéants de Mérovingiens à la retraite anticipée. Avec mon petit frère Carloman, on leur arrache le Monopoly des Territoires pour retourner à la case départ. On jette les dés pour se partager les cartes, et c'est mézigue qui gagne !...

Je suis élu roi des Francs à Soissons par une assemblée de guerriers qui sont évidemment des potes à moi. Il était temps, car j'ai déjà trente-sept berges et, à mon époque, c'est l'âge où l'on commence à sucrer les fraises. Mais quelle nouba, mes enfants ! J'ai fait venir des traiteurs de Paris : Fauchon de Saint-Graille, et Hédiard de la Bouffe, qui nous servent en plein air, au son d'un orchestre. Il y a des stands de tir aux pigeons rôtis, des manèges de chevaux de rois... C'est vraiment la foire de mon trône !...

Par contre, quelle histoire pour grimper dessus quand on est petit et un peu bourré ! Heureusement, les copains sont là pour m'aider. On a flanqué mon siège royal au beau milieu d'un champ à vaches. Kermesse oblige ! Tout le monde est autour de lui, et moi je suis en bas, agrippant les barreaux avec mes petites mains.

— Vas-y Pépin ! m'encourage saint Boniface.

— Ho hisse ! Ho hisse ! soulignent les amis en tapant sur leurs armures avec leurs gobelets d'étain.

J'ai oublié de vous dire que le pape saint Boniface est mon invité de marque. Il va me sacrer l'année prochaine et j'ai intérêt à lui passer de la pommade sur la tonsure pour bénéficier des sucreries pontificales pendant mon règne.

— Saute, Pépin ! Saute ! insiste saint Boniface qui me semble avoir un coup dans le nez.

Ah ! ces grands patrons de la chrétienté ! Il faut toujours être à leurs ordres sous peine d'aller en enfer. Je voudrais bien sauter pour atteindre mon coussin, mais je suis trop petit, mon ami...

— Je vais te faire la courte échelle, Pépinou, me dit le pape. Qu'est-ce que vous feriez, vous, les politiques, si Dieu n'établissait pas vos passeports ?

Il relève sa robe-sac jusqu'aux genoux pour éviter la bouse de vache et me hisse sur mon podium. L'ovation est générale. L'orchestre attaque son *Kyrie Eleison* en forme de java, et ça guinche vachement sous les platanes. Mes soldats ont empoigné les servantes et javattent comme des fous, tandis que Boniface s'est trouvé une grosse bonniche qui joue au photographe sous sa soutane. Les oiseaux chantent, et les bouchons pètent. C'est le bonheur complet. Comme rien n'est parfait, ma femme arrive sur ces entrefaites.

— C'est pas bientôt fini, ce boucan ? Qu'est-ce que tu fous là-haut ? Charlemagne a baissé sa culotte derrière la haie, devant les petites filles du pays !...

Brave gosse ! A neuf ans, il est déjà doué pour

éduquer ses contemporains, et ça ne m'étonnerait pas qu'il invente un truc qui pourrait s'appeler École, par exemple...

— Descends tout de suite ! On rentre à la maison.

Comme casse-pieds, la Berthy, on ne fait pas mieux ! Je laisse tomber les copains avant la fin de la fête et repars vers mes soucis quotidiens. Pourquoi ai-je épousé Berthe au grand pied ? Chaque fois que je vois ses panards, je me le demande. On a rarement vu quelqu'un avec des péniches à sueur aussi importantes ! Tellement longues qu'elle est déjà rendue au bout du jardin avant d'avoir quitté la maison. Pour essayer ses chaussures, elle s'assoit dans la boutique et on les lace sur le trottoir.

Entre nous, j'ai épousé la Berthe aux grands nougats parce que je l'avais mise enceinte du petit Charlemagne cinq ans auparavant. J'aurais pu l'appeler Pépin pour la circonstance, mais il y en avait assez comme cela dans la famille. Et puis je suis le premier des Carolingiens ! Charlemagne, c'est foutrement plus original que tous ces Childebert, Sigebert, Caribert, Chilpéric ou autres Childéric, qui nous ont pompé la Gaule depuis quatre siècles. J'en ai tellement marre de ces prénoms en « bert » ou en « ric » que mon deuxième fils je l'appelle Carloman, comme mon frère. Original, non ? La fréquence de mes rapports avec Berthe fait qu'il arrive au monde neuf ans après Charlemagne. Il faut voir la joie de ces enfants quand ils jouent à cache-cache dans les godasses de maman !

Bref, comme on me le répète souvent, j'ai tellement de mal à prendre mon pied avec la Bertrade de mes deux grolles que je me paie quelques voyages en Italie, au pays des Lombardes. Ah ! les Italiennes volcaniques de ce temps-là ! Elles ont le popo catépèlte et les lolos brigidés... Quel changement avec ma grosse Bertha qui ne me fait tirer qu'à douilles vides...

Je profite de mes croisières italiennes pour tuer Aistolf, le roi des Lombards. Un roi, même en excursion, ne doit jamais perdre la main. Je reviens avec quelques souvenirs d'Italie, des bricoles comme la ville de Ravenne que j'offre au pape Étienne III en remerciement d'un deuxième sacre. Celui de Boniface m'ayant paru un peu bâclé, je pense que, devant le Très-Haut, il vaut mieux bénir que courir.

Il y en a un qui doit bicher, au paradis, quand il me voit filer à Narbonne pour virer encore une fois les Arabes qui s'y sont installés. C'est Papa ! Mais, cette fois-ci, je n'y vais pas avec un marteau ! En trente ans, les engins de guerre se sont sophistiqués, et adaptés aux batailles.

Lorsque je suis devant Narbonne avec mes catapultes à couscous et mes lance-boulettes, la victoire me paraît acquise. J'ai attendu volontairement la fin du ramadan pour que les Arabes se précipitent sur la nourriture à l'issue de leur jeûne et, dès la première heure, je fais donner le tir.

— Couscoussiers... En joue ! Feu !

Grâce aux vents dominants, les terribles bombes au couscous survolent la ville pour éclater à Narbonne-Plage. Les Maghrébins, affamés, se précipitent au bord de la mer pour trier la semoule dans le sable. Cette occupation prenant un certain temps, j'en profite pour faire rallonger le tir de ma deuxième ligne d'artificiers.

— Canons à méchoui... Pointez ! Feu !

Un chapelet de gigots de moutons fuse sur Narbonne et s'écrase dans la mer, à quelques mètres de la plage.

— Lance-courgettes... Prêtes... Feu !

La rafale de courgettes tombe en pluie sur les premières vagues. Les Arabes, l'eau à la bouche, nagent déjà en direction de l'Afrique du Nord, suivis par ceux qui ont la chance de posséder une embarcation. Beaucoup recueillent les aliments flottant sur la mer, sans s'apercevoir que le ressac les entraîne loin des côtes.

Je pousse mon avance à travers la ville, couvert par l'artillerie à légumes qui continue son pilonnage. La plage est jonchée par le matériel que l'ennemi abandonne sur place : turbans, chéchias, burnous, djellabas, babouches, etc.

Une section de tubes lance-harissa se met rapidement

en place. Selon la position du tireur à genou, mes hommes se préparent, la sarbacane à épices aux lèvres.

— Lance-harissa... Attention... Soufflez !

L'arme est décisive, irrésistible. Elle provoque la ruée des derniers occupants vers le large où flotte une nappe d'aliments parfumés à l'orientale. Le sol franc est enfin libéré ! Qui veut la faim, veut les moyens !...

Dans quelques années, le petit Charlemagne prendra ma suite. On l'appellera Charles le Grand, fils de Pépin le Petit. Mais quand il inventera la scolarité, nos tailles différentes prouveront qu'à l'école il faut toujours avoir la moyenne...

C'EST DEJA FINI ?
QUEL EST VOTRE NOM ?
PEPIN LE BREF !
SIM

Charlemagne

Quand j'étais gosse, j'ai cru, pendant plusieurs étés, que Charlemagne était un champion du Tour de France. Je confondais naturellement avec Antonin Magne, qui était le roi de la pédale de l'époque. Cet amalgame — bien excusable — me faisait avoir une fausse admiration pour le Carolingien que je me suis mis à haïr lorsque j'ai appris qu'il avait inventé l'école. Qu'il ait piqué les raviolis de l'Italie, les grands crus de l'Aquitaine, la bière de Bavière, la porcelaine de Saxe, le blé de la Hongrie, les yogourts de la Yougoslavie, je m'en tamponne le cartable. Le salaud est quand même responsable des zéros de mon école et, lorsque j'ai su qu'il s'était fait foutre une fessée en Espagne, j'ai eu le plumier triomphant.

Chargé d'une rédaction par mon instituteur, j'ai transformé celle-ci en une violente critique. Ayant pitié de ce pauvre Roland qui se bagarrait pour son tonton à Roncevaux, je me revois écrire : « *Roland refuse de sonner les éléphants pour avertir son oncle, mais Charlemagne le venge en écrasant les sales raisins.* » Comme je ne savais pas ce qu'était un olifant et n'avais jamais entendu parler des Sarrasins, l'erreur était inévitable.

Ah, si j'avais été Charlemagne ! J'aurais, tout d'abord, eu la décence d'attendre que mes parents soient mariés pour venir au monde. Quand on est un bébé élégant, on ne se précipite pas dans le ventre de sa mère avant d'être sûr qu'elle a eu la bénédiction du curé et de l'état civil. Allez !... Je suis Charlemagne !... Il n'y a aucune raison pour que je ne me sacre pas moi-même à l'aide de mes idées et de ma machine à écrire !

Aussi, me voilà lové dans les entrailles de maman Berthe, et je vérifie ses pieds. Ils ne sont pas si grands que ça ! Quelles sont les mauvaises langues qui m'ont dit que ma vieille avait de grands arpions ?

Pendant neuf mois, j'élabore mon plan de travail. Quand je vais sortir, j'attendrai que mon Pépin de père ait avalé son manche de parapluie pour prendre le pouvoir à mon tour. Je me sens plein de muscles et de vitalité. Je suis décidé à vivre jusqu'à soixante-dix ans au moins. Il faut à tout prix qu'on parle de moi plus tard, et je vais faire tout ce qu'il me sera possible de faire, quitte à ne pas plaire à tout le monde.

Pourquoi mes parents ne me donnent-ils pas l'instruction que j'aurais aimé avoir ? Va savoir ! Je reçois une éducation très simple, et c'est peut-être pour cela que je vais me rattraper en créant l'école. Mais, attention... s'il m'est difficile de résoudre les problèmes de robinets qui fuient, j'ai assez de jugeote pour appeler le plombier.

On dit que je suis un enfant autoritaire, ayant le goût de l'organisation joint à un sens aigu des relations humaines. C'est vrai. J'ai horreur des foutoirs, même dans ma caisse à jouets que mon père a fabriquée dans une vieille pantoufle de ma mère. Quand mon frère Carloman, qui est mon cadet de neuf ans, vient y mettre la pagaille, je le prends par la peau du cou et l'enferme dans un placard après lui avoir foutu une paire de baffes. C'est pas courant, dans les relations humaines, ça ?... Qu'est-ce que vous voulez !... J'aime pas qu'on me résiste !

Quand je deviens roi à mon tour, je partage d'autres jouets avec Carloman. J'ai la Neustrie et l'Austrasie, et lui l'Alémanie, l'Alsace, la Bourgogne et d'autres lopins de terre. Ce qui est bête, c'est qu'on a chacun un bout de l'Aquitaine et, à force de tirer dessus, ça se déchire. Mon frère est tellement vexé qu'il laisse tout en plan pour monter au paradis. Je lui barbote sa part d'héritage et j'ai, enfin, les coudées franches.

Je vous fais grâce des innombrables événements politiques qui marquent ma vie, pour entrer plutôt dans les détails dont on ne vous a jamais parlé. Savez-vous, par exemple, pourquoi la bataille de Pavie a eu lieu ? Uniquement parce que je n'ai jamais pu m'entendre avec mon beau-père Didier, roi des Lombards, qui fumait la pipe avant la fin du repas. Qu'il dise du mal de moi à mes neveux, qu'il sabote le travail de mes chefs de parti, qu'il entre dans Rome sans sonner à la porte, passe encore ! Mais qu'il m'empeste au dessert avec une bouffarde dégueulasse, non !

Vous me connaissez, je ne fais ni une ni deux, je vire sa fille de mon plumard, j'arrive en Lombardie et je fous à la porte le père de ma bourgeoise. En partant, le crétin oublie sa couronne à Pavie. Comme c'est exactement ma pointure, je me la colle sur la tête.

Mais quelle n'est pas ma surprise quand un nommé Abd-al-Rahmân, qui se dit émir de Cordoue, m'oblige à aller me bagarrer en Navarre et en Catalogne. Tout d'abord, je crois à un fantôme. Grand-père Martel ne lui avait-il pas rivé son clou avec un marteau ? Renseignements pris, on me dit qu'il y a sept Abd-al-Rahmân qui vont se succéder pendant la conquête de l'Occident. Cousins, pères, fils, frères, entre eux ils sont un peu comme nos Henri, Charles ou Louis, qu'on ne peut reconnaître que grâce à leurs numéros minéralogiques. Sacré boulot d'investigation pour mes futurs écoliers !

Jusqu'à la fin de ma vie, je vais guerroyer contre les hommes et leurs complots. Bon sang ! J'en ai fait des choses !... Je me demande comment je trouve encore le temps de m'occuper de ma vie privée. Tenez-vous bien ! J'ai cinq épouses légitimes, quatre concubines, et quinze enfants. Heureusement, je suis logé grand à Aix-la-Chapelle, dans un luxueux palais à mosaïques, colonnes importées de Ravenne, portes de bronze et cuisine équipée. L'embêtant, c'est que j'y ai mes bureaux. Avec la famille qui passe dans les pièces, et les gosses qui jouent dans les couloirs, on se demande comment il n'y a pas eu plus de bordel dans ma gestion. Les appartements d'habitation à usage professionnel sont souvent sujets aux plus regrettables des interférences.

— Où avez-vous mis le traité de Westphalie ?

— Je viens de le retrouver dans la chambre des enfants, me répond le secrétaire. Ils en ont fait des cocottes en papier.

Une autre fois, je cherche en vain la lettre du pape Léon III par laquelle il me confirme mon couronnement d'empereur d'Occident. J'appelle le secrétaire.

— C'est pas vrai !... Je ne retrouve plus la correspondance de Léon. Cherchez-la.

Une heure après, il revient avec la lettre, trempée et roulée en tube.

— Les enfants jouaient à faire des bulles de savon au-dessus de l'évier de la cuisine...

Personne n'a jamais su que cet incident était à l'origine des bulles du pape.

A côté de ces turbulences enfantines, celles de mes épouses ne sont pas moindres et, comme elles ont parfois cohabité, il y a eu de nombreux quiproquos.

— Charles, souvenez-vous que c'est à mon tour, ce soir, de vous attendre dans ma chambre, à minuit.

— Rappelez-moi votre numéro.

— Numéro une ! Je suis quand même votre favorite, non ?

— Non, je parle du numéro de votre chambre.

— Ah bon !... Le vingt-huit, au fond du couloir.

N'oublions pas que mon palais d'Aix ne comporte pas moins de cent chambres et, quand vient le soir, après avoir étudié les plans de la bataille de Barcelone, réorganisé la Bavière, projeté l'union avec l'empire d'Orient et renforcé la monnaie, je suis un peu fatigué. Lorsque j'entre dans une chambre dont je crois me rappeler le numéro, il m'arrive de confondre le conjugal avec l'adultère. Se coucher dans le noir, harassé, à côté de celle qui s'est endormie en attendant vos faveurs, n'est pas la meilleure façon de ne pas se tromper.

— Bonsoir, poulette. Faut qu'on fasse vite, j'ai promis à ma femme.

— C'est moi, ta femme, bougre de salaud !

Devant toutes ces difficultés domestiques, j'envisage d'abandonner Aix-la-Chapelle pour Aix-en-Provence. Le climat me permettrait d'aller plus souvent me reposer dans le jardin, mais les propriétaires terriens du Moyen Âge sont tellement susceptibles que j'abandonne l'idée.

On m'a souvent reproché de ne pas être venu en aide à ce couillon de Roland, le jour de Roncevaux. Mais pourquoi, diable, ne m'a-t-il pas prévenu ? Je reviens d'une expédition en Espagne contre les Maures, et le voilà qui se fait attaquer en queue de convoi et, selon la chanson connue, tombe dans un autre piège organisé par son beau-père, Ganelon. Rien, pas un cri ni une estafette, ne me prévient des emmerdes de mon neveu. Comment voulez-vous que je sois au courant ? D'autant plus que je roupille à moitié sur mon cheval qui roule en codes tellement il a usé ses batteries chez les Espingouins. J'ai beau être Charlemagne, je peux pas être partout !... En plus, il y a toutes ces fleurs qui se prennent dans ma barbe quand je rampe dans les hautes herbes pour surprendre l'ennemi. A chacun de mes retours de campagne, il faut que je m'épouille de toutes les fleurs des champs qui s'accrochent à mes poils. Quand vous avez des coquelicots devant les yeux, ça émousse un peu la vigilance.

Ah ! Ils sont bien loin les rois fainéants ! Jusqu'en l'an 800, je n'ai pas eu un jour de tranquillité. Aussi quelle fiesta quand ce brave Léon me couronne empereur, à Rome ! Après les corvées protocolaires obligatoires, le pape et moi on file à l'anglaise pour une Roma by night mémorable. A nous les boîtes de nuit ! On termine au Vatican's Folies, entourés de travelos en robes rouges, avec leurs petits sacs qui fument [1], complètement pintés au vin de messe pontificale. Léon III pleure de reconnaissance dans son calice.

1. Encensoirs.

— Carolus Magnus... je t'aime !

— Moi aussi, je t'aime bien Léon, mais c'est pas une raison pour baver sur mes broderies.

— Si, c'est une raison... On est mouillés tous les deux dans la même histoire, et maintenant que tu es patrice des Romains, je te laisse tout contrôler.

Jamais je n'ai avoué à personne l'angoisse que font monter en moi les paroles du pape. D'Aix-la-Chapelle à Rome, il y a une tirée. Si je suis obligé de faire des allers et retours pour gérer mes entreprises, il va falloir que je prenne des fortifiants et une forte assurance tous risques. Quand je repense à mon idée d'habiter Aix-en-Provence, quelle économie de kilomètres pour être à Rome dès l'ouverture des bureaux !

— Allez, c'est ma tournée..., bégaie Léon.

Très peu pour moi, les tournées ! J'en ai ma claque, et il me faut abandonner la dolce vita pour me consacrer encore plus à la renaissance carolingienne et mettre en place les écoles épiscopales. En tant que sponsor, l'Église m'accorde tous les moyens. D'ailleurs, je me considère comme un empereur couronné par Dieu lui-même, et il n'y a rien de plus chouette que d'être l'ami intime du P-DG !

Quand on est oint et sacré, il est possible d'être intraitable avec les félons. J'en ai fait passer quatre mille au hachoir, sur l'étal de la raison d'État, pour deux motifs valables : ils étaient saxons et révoltés. Et puis, cette sorte de sainteté me donne également le goût des belles lettres.

Si vous aviez vu mon palais d'Aix-la-Chapelle ! Une fourmilière d'instituteurs venus de tous les coins d'Europe. Entre deux guerres de frontières, je rentre au bercail pour faire mes devoirs sous la direction d'un prof que j'ai fait venir d'Angleterre, Albinus Flaccus, mais que j'appelle Alcuin pour la commodité. Son instruction me fait faire d'énormes progrès.

— Deux et deux ?

— Cinq.

Je tombe de plus en plus près. Les fielleux qui disent

que je suis analphabète vont pouvoir aller se rhabiller au vestiaire des médisants, car Charlemagne n'est pas le dernier des inconscients. Je suis un soldat campagnard, avec une nette prédisposition pour le luxe et les plaisirs, jointe à un réalisme intéressé et minutieux. Si j'avais été du sexe féminin, je me serais certainement appelée Charlotte la Magnifique, soldate de luxe en campagne pour l'amour tarifé, et ne rendant jamais la monnaie.

En 814, après avoir cédé moi-même le flambeau à mon fils Louis le Pieux, je passe avec succès mon concours d'entrée au royaume des ombres glorieuses.

HO! CHARLEMAGNE! T'AS JAMAIS ENTENDU PARLER DE LA S.P.A?
SIM

Roland

Il est des figures de légende qui, comme celle de Roland, se sont illustrées grâce au besoin d'idéal des poètes. Le symbole est respectable, voire utile aux hommes pour leur montrer la nécessité des bons sentiments, mais il est assez dangereux d'observer un héros à la loupe. Le plus beau a toujours des poils dans le nez et des comédons sur le front. Le plus courageux peut avoir des trouilles bleues pour des bobos roses.

D'après ce que j'ai lu dans un magazine bien informé, il paraît que Sylvester Stallone aurait peur des souris... On a du mal à croire que le Rambo justicier aux muscles d'acier laisse tomber sa sulfateuse pour grimper sur un arbre quand il voit une musaraigne dans la jungle du Viêt-nam. Certains romantiques épris d'héroïsme pensent que Roland serait le héros parfait, celui que rien n'effraie, même pas la mort. Eh bien, moi, étant la synthèse de ces deux caractères différents, je n'hésite pas à filer dans les Pyrénées avec un ordre de mission de mon éditeur pour voir ce qui s'est vraiment passé le 15 août 778. L'enquête commence.

Pour l'instant, tout va bien. Je chevauche tranquillement à l'arrière-garde de l'armée commandée par tonton Charlemagne. Un peu fatigué, il est vrai, car nous revenons d'une expédition contre les Maures, en Espagne. La bataille et les sentiers pyrénéens ont esquinté les amortisseurs de mon canasson, et je me demande si ma colonne vertébrale va tenir le coup jusqu'à Aix-la-Chapelle. Quelle idée d'avoir choisi le

15 août pour faire un aussi long voyage ! Avec ces allers et retours de vacances, nous ne sommes pas près de regagner nos pénates...

Pour meubler mon attente, j'improvise une chanson de geste au train-train des sabots de mon cheval. De mes jours, geste veut dire exploit, et non pas mouvement du corps. Au fil de ma mélodie, je célèbre le fil de mon épée qui m'a rendu tant de services au cours de la fameuse bataille que nous venons de livrer au pays des castagnettes. Je suis bien loin de me douter que mes aventures prochaines vont inspirer les récits plus ou moins fantaisistes de quelques malades de la poésie épique. Si je pouvais me douter qu'un jour *La Chanson de Roland* sera inscrite au hit-parade des héros moyenâgeux, je me ferais tout de suite inscrire à la SACEM pour que mes héritiers touchent des droits d'auteur.

Dans l'immédiat, je ne sais pas encore ce qui va m'arriver quand l'armée de Charlemagne va atteindre le col de Roncevaux. Je fredonne en pensant à ma fiancée, la belle Aude, que j'ai abandonnée avec son nécessaire à couture pour aller en découdre avec mon épée.

Je l'aime bien, Aude. Mais comme toutes les dulcinées donquichottières, elle ne me fait prendre mon pied que par la pensée. Le plaisir de la posséder est décuplé quand elle n'est pas dans mes bras, et c'est pour cette raison que je la laisse souvent près de la cheminée avec son canevas. Les chevaliers ont tellement de travail manuel, qu'ils ne peuvent plus faire l'amour qu'à l'aide de leur cerveau. Ce que ne comprend pas toujours Olivier, son frère, qui caracole à mes côtés.

— T'as envoyé une carte postale à ma sœur ?

Ce pauvre taré ne sait même pas que les cartes postales il faut encore les dessiner sur des bouts d'ardoise et les glisser dans les fontes à lettres des postiers à cheval. Mon séjour à Pampelune s'est passé en corps à corps avec les Arabes et il est difficile de faire son courrier entre deux coups de hache...

— Non. J'ai pas eu le temps d'écrire. J'allais pas lui mettre « Je reviens de Pampelune », elle le verra bien !

Mon futur beauf est un perpétuel ahuri. Comme moi,

il fait partie des officiers de Charlemagne. La légende veut que son caractère soit plus affirmé que le mien, mais, étant donné que je le pratique depuis que j'ai décapsulé sa frangine, je sais qu'il est aussi bouché qu'un litre de cidre.

— Si on s'arrêtait pour casser une petite croûte ? dit-il. J'ai une paella dans ma gamelle.

Le sens pratique d'Olivier m'étonnera toujours et je lui reconnais cette qualité. Au milieu des plus grands périls, il est capable d'arrêter de se battre pour envoyer son courrier ou se mettre à table. Malgré la faim qui commence à se faire sentir, j'objecte :

— D'accord, mais on va manger en route. Je ne tiens pas à me faire semer par tonton dans un coin aussi perdu.

— Y a qu'à inviter l'archevêque ! Il a une carte de la région.

Si je suis convaincu par ces dernières paroles c'est, avant tout, parce que l'archevêque Turpin va me servir de bouclier si Charlemagne m'engueule. C'est l'aumônier militaire préféré de mon oncle, sorte de prêtre-soldat qui lui a voué une fidélité et une vénération sans bornes. Il ne vit que pour la guerre et la bouffe. Comme les ennemis de Charlemagne sont aussi ceux du Christ, il n'en faut pas plus pour ôter à ce curieux prélat tout scrupule à l'endroit du commandement évangélique de ne point tuer ou de s'empiffrer.

— Ho ! Turpin !...

L'archevêque, chevauchant à quelques mètres devant nous, se retourne. Je lui fais part de nos projets imminents.

— Ça vous dirait, Monseigneur, une petite paella avec un xérès bien frais ?

— Dieu vous bénisse, mon fils, et vous fasse le nez comme j'ai la cuisse ! répond l'ecclésiastique qui n'est pas, non plus, contre les fins mots d'esprit.

Entre parenthèses, il n'est pas certain que l'archevêque de Reims ait fait partie du convoi en question, comme l'affirme La Chanson de Roland, *mais ça m'arrange beaucoup qu'il y soit. Sa présence me sert également d'alibi auprès des puristes de l'Histoire.*

— Vite fait, alors ! poursuit Turpin. Si le patron prend trop d'avance, c'est nous qui l'aurons dans le dos.

C'est ainsi qu'attablés devant un rocher du col de Roncevaux, entourés d'une partie de l'arrière-garde grignotant ses rations militaires, Olivier, Turpin et moi dégustons notre paella réchauffée aux sarments et arrosée d'un xérès rafraîchi à l'eau d'un ruisseau.

Du bout de l'épée, je pique les moules et les crevettes du plat espagnol qui fume dans la gamelle d'Olivier. Dans les milieux bien informés, on affirme que ma flamberge se nomme Durandal. Je conviens qu'il s'agit de son nom de guerre mais, dans l'intimité, je l'appelle Germaine. On raconte aussi que mon arme légendaire, dont l'acier ne se brise ni ne s'ébrèche, est une épée belle et très sainte, au pommeau renfermant des reliques. En vérité, Germaine a été resoudée plusieurs fois, et si elle me sert à embrocher les méchants, je m'en sers aussi pour les pique-niques sur le pouce. Dans le pommeau qui se dévisse, en fait de reliques, il y a du sel et du poivre pour les œufs durs en campagne.

Turpin vient de rengainer sa propre épée qu'on a dit s'appeler Almance. Ridicule ! J'ai vu l'archevêque lui faire une bise sur le tranchant en disant : « Merci Monique ! Je me suis bien régalé. » Est-ce une parabole ou l'expression d'un souvenir ? Je ne le saurai jamais car le malheur légendaire vient de fondre sur nous.

Un morceau de pierre tombe dans la gamelle, envoyant gicler une palourde dans l'œil d'Olivier qui repliait son Opinel. Je lève aussitôt les yeux vers les rochers qui nous surplombent, et que vois-je ? Les Arabes ! Encore eux ! L'espace d'une seconde, je me demande si on ne ferait pas mieux de leur donner une carte de séjour chez nous afin qu'ils ne forcent plus la porte à coups de lances.

— Les Sarrasins ! Les Sarrasins ! crie Olivier, en essayant de débloquer la palourde qui lui fait comme un monocle sur l'orbite.

— Dites « les Arabes », conseille rapidement l'archevêque. Ils vont penser que vous êtes raciste.

En tout cas, ils ont l'air terriblement en colère. Des centaines d'yeux noirs nous mitraillent d'en haut, et autant de mains poussent la muraille de pierres derrière laquelle ils abritent leurs corps. Des craquements, des chocs de granit, des bruits d'éboulements, annoncent la pluie du siècle. Une importante partie de l'arrière-garde passe au pilon, surprise par cette brusque perturbation atmosphérique venue des Açores. Le lieutenant Enguerrant de Gilot-Pétré essaie de dégager la queue de son cheval qui vient de se prendre dans la première chaîne d'un attelage.

Dans le vacarme et la poussière, je rampe pour me mettre à l'abri d'un gros rocher. Autour de moi, c'est la panique, la débandade. Les hommes encore valides fuient à toutes jambes, poursuivis par les assaillants qui les lapident, les poussent dans le ravin, les embrochent. Olivier et Turpin me rejoignent tant bien que mal. Un Sarrasin tombe sur le dos de l'archevêque qui le bénit d'un coup de croix en fonte entre les deux yeux. L'ennemi arrive de partout. Nous trouvons enfin une anfractuosité dans ce qui me semblait être un bloc monolithique, comme une grotte providentielle.

— Bon ! je vais pouvoir finir mon dessert, fait l'archevêque en bénissant une hostie qu'il vient de tirer de sa poche.

— T'aurais dû envoyer une carte postale à ma sœur, insiste Olivier, qu'elle ait au moins un souvenir de toi...

Quel enfoiré ! Oui, je sais, ce mot n'existe pas au siècle de Charlemagne, mais il y a des moments où il est permis de dire n'importe quoi ! Aude est devenue la cadette de mes soucis. Je vais me battre pour Dieu, pour Sa gloire et Ma postérité. Je veux être le Roland furieux qui devient fou par amour de la hargne, et hargneux par la haine de l'amour...

Quoi ?... Qu'est-ce que je viens de dire, là ?... Je viens

de recevoir une grosse pierre sur la tête et je regarde Germaine, ma fidèle épée. Autour de moi, il n'y a plus personne. Olivier vient d'être cloué au tronc d'un sapin et Turpin s'est étouffé avec sa galette des rois. L'arrière-garde est décimée et je suis le seul survivant d'un repas tragique.

Mon cheval, encore debout, regarde avec désespoir sa ration d'avoine répandue sur le sol. A côté du sac crevé gît mon olifant.

Sûrs de leur victoire, les Sarrasins m'entourent, immobiles et presque silencieux, attendant que je sorte de la caverne rocheuse qui n'abrite plus que mes illusions. Pour appeler Charlemagne, je vais être obligé de m'exposer à l'ennemi, la corne d'ivoire est trop loin de moi.

L'énergie du désespoir me fait sortir de ma cachette et, tout en prenant conscience de l'inéluctable, je me présente à découvert devant les barbares qui m'entourent avec la force tranquille des lions qui attendent que la proie vienne vers eux.

Que se passe-t-il ? Je ne suis pas encore transpercé par leurs griffes, déchiré par leurs crocs ?... Le silence est total. J'avance lentement vers l'olifant et personne ne bouge. Les Sarrasins ne sont plus que des mannequins de cire brune, figés dans leurs sourires inquiétants. J'arrive près de mon instrument, le touche du pied, me baisse lentement, la main tendue vers lui, le ramasse pour le porter à ma bouche et souffle dans son embouchure. Rien... Pas un son ne sort de l'olifant.

Comment se fait-ce ? Serais-je aussi trahi par mon cor ? Je dégaine Germaine de son étui pour parer à l'éventualité d'une attaque soudaine, mais les Arabes ne bougent encore pas. Tentant à nouveau l'expérience, l'olifant fait entendre une sorte de miaulement ridicule, une note vacillante et enrouée qui foire lamentablement sur la fin de mon souffle. Alors c'est l'éclatement d'un orchestre de rires. Une hilarité wagnérienne remplit le goulet de roches, et le cercle des Sarrasins se referme insensiblement autour de moi.

Je souffle encore pour ne faire naître qu'une fausse plainte qui s'étouffe. Brandissant Germaine sur cette saloperie d'olifant, je tape, je tape, je tape...

Brusquement, sur un geste de l'Arabe qui semble être le chef, les rires s'arrêtent. Dans un francique approximatif, il me dit :

— Roland, comte de la marche de Bretagne, c'est à Roncevaux que tu vas entrer dans la légende des siècles. Grâce à nous, on parlera de toi plus tard, et pour toujours. De l'obscur soldat de Charlemagne, tu deviendras le chevalier héroïque à la belle figure... Le silence est devenu l'arme qui va mettre fin à ta vie. Allah a guidé ma main pour boucher ta trompette avec du rahat-loukoum !

Voilà comment je péris au centre d'un diaphragme qui se referme lentement sur moi pour me faire entrer à tout jamais dans le noir univers des musiciens de fosse.

ROLAND, SI TU PRENDS UNE AVOINE A RONCEVAUX TU M'EN FILERAS UN PEU?
SIM

Philippe Auguste

Je vais vous faire cadeau d'un entracte de trois siècles et demi avant de réapparaître sous les traits de Philippe Auguste. Après avoir vérifié les agissements de tous ceux ou celles qui séparent Charlemagne de l'auguste Philippe, je constate qu'ils ont été des personnages plus ou moins courants, à qui il n'est arrivé que des bricoles domestico-politiques trop insignifiantes pour exciter mes désirs de rôles. Dans ma vie de comédien, il m'a parfois fallu en accepter quelques-uns pour faire bouillir ma marmite mais, aujourd'hui, ça n'est plus le cas. Je peux choisir.

En effet, je ne me vois pas dans la peau de ces quelques Carolingiens handicapés qui ont succédé à Charles le Magnifique : Louis le Pieux, Charles le Chauve, Louis le Bègue, Charles le Gros, Charles le Simple. C'est à croire que la France d'alors était dirigée par de gros bigots tarés, bègues et calvitieux. Quel exemple pour l'étranger ! Parlez-moi plutôt de la future Belle Époque capétienne qui nous offrira des Louis le Jeune, des Louis le Lion, des Philippe le Hardi, des Philippe le Bel, des Jean le Bon et des Charles le Sage. En voilà des pseudonymes qui donnent confiance ! Heureusement que nos actuels hommes politiques cachent leurs faiblesses sous des noms issus du peuple, courants, appartenant à Monsieur ou Madame Tout-le-Monde. Quelle catastrophe si nous étions dirigés par Jean le Con, ou Robert le Minable ! C'est un sujet sur lequel je reviendrai plus loin, en détail.

Ah, évidemment, j'aurais bien fait une petite exception pour jouer une partie de la vie de Robert le Pieux, fils de Hugues Capet, qui fut un sacré tombeur, malgré sa grande dévotion. Celui-là prenait bien son auréole pour un préservatif, car il s'en est tapé des bonnes femmes, sous la couverture de la piété ! D'abord Rosala, une brune pulpeuse, fille du roi d'Italie, qui lui apprit la recette du spaghetti rémoulade. Il s'en régala jusqu'au jour où les nouilles furent trop cuites et, au cours d'une scène de ménage, répudia sa régulière pour épouser la cousine Berthe. Tollé pa-pal ! Un pape bien en chaire défendit la Rosala bien en chair, et tomba, malgré tout, sur un os, car Bébert le Croyant fit fi de l'excommunication et sauta sa parente bourguignonne sous le baldaquin royal. Bonjour Berthe !

Mais le clergé veillait avec opiniâtreté, la bougie en main. Il lui ordonna d'éteindre son cierge et Bob le Dévot remballa son goupillon hérétique avant de virer la cousine. Adieu Berthe !

A peine le temps d'aller à confesse et de changer les draps, l'obsédé de la burette avait déjà mis une autre nana sur son matelas. Cette fois-ci, ce fut la bonne. Quand je dis la bonne, il ne s'agit pas d'une femme de ménage ou d'une serveuse de restaurant, mais de Constance de Provence qui devint, par le fait, reine de France et des cocues...

Donc Robert le Pieux fabriqua Henri Ier avec la sus-nommée. Henri Ier fabriqua Philippe Ier qui s'envoya sa propre nièce, Berthe (encore une !). Comme son papa Robert, il fut viré du bénitier papal pour avoir copulé avec une autre : Bertrade, classée elle aussi au rayon des Berthe et Profits. Avec la première Berthe, il avait eu le temps de fabriquer le futur Louis VI le Gros. Inutile de vous dire qu'avec un nom pareil, l'accouchement fut difficile. Le Gros fabriqua Louis VII le Jeune avec Adélaïde de Savoie — là, l'accouchement fut du gâteau... —, Louis VII, après avoir rigolé dans les draps d'Aliénor d'Aquitaine, de Constance de Castille et d'Adèle de Champagne, fabriqua enfin Philippe Auguste avec cette dernière.

Voilà comment, en quelques lignes, on peut schématiser quelques siècles d'Histoire de France à travers les coïts royaux. J'envie un peu tous ces grands médaillés de la vie auxquels rien ne résiste, ni foi, ni loi. Je désire me taper une bergère ? Hop ! un geste de la main et Cendrillon est sous ma couette... J'ai le béguin pour la fille du roi d'Espagne ? Hop ! un clin d'œil à son papa et l'héritière m'allume le lampion... J'aimerais bien jouer à la brouette infernale avec ma cousine ? Hop ! un ordre à ma tante et la petite est dans mes brancards. Heureusement que ce joli monde n'a pas connu Marthe Richard, elle aurait été capable de fermer les boxons royaux bien avant l'heure !...

Je me sens bien sous la perruque d'un roi qui fait l'auguste dans le cirque du pays. Je me vois très bien recevoir l'Artois dans ma corbeille de mariage avec la belle Isabelle d'Hainaut. Je dis cela parce que la première Mme Sim ne m'a amené que son vélomoteur de jeune fille et un poêle à mazout dézingué ; ce sont ces petites choses qui vous font regretter de ne pas être de sang royal. Je me vois très bien piquer gratuitement la Normandie, le Maine, l'Anjou, la Touraine, le Poitou, alors qu'il m'a fallu toute une vie d'économies pour acheter un petit étang en Beauce, aujourd'hui complètement vidé par la sécheresse et le pompage des paysans.

Si j'avais été Philippe Auguste, je n'aurais jamais confié mes ronds aux Templiers, ces faux curés qui sodomisaient la cornette, sous prétexte d'élargir la porte du paradis... Avant de faire construire le Louvre, j'aurais tout d'abord fait ériger les colonnes de Buren pour laisser au futur Jack Lang le soin de bâtir le musée par la suite. Ce qui nous permettrait d'entendre les touristes d'aujourd'hui dire que le Louvre défigure les colonnes de Buren...

Quant à la tour de Nesle, j'en aurais fait l'ancêtre des

établissements de Mme Claude pour que, plus tard, les belles-filles de Philippe le Bel fassent payer leurs passes au lieu de foutre les clients par la fenêtre.

Savez-vous pourquoi on me surnomme Auguste ? Parce que je suis né au mois d'août, qui se dit en latin populaire *agustus*, en langage classique *augustus*, et non pas à cause d'un gros nez rouge et d'une perruque qui tourne.

Est-ce parce que je suis né sous le signe du Lion que je m'acoquine avec le roi d'Angleterre, Richard Cœur de Lion ? On décide d'aller faire du camping à Saint-Jean-d'Acre pendant la troisième croisade, mais nous sommes forcés de rentrer avant la fin des vacances, faute de vivres. Le supermarché de Jérusalem étant fermé le dimanche, nous nous heurtons au Mur de l'Alimentation... L'English m'en rend responsable, et je sens la brouille arriver. Pourtant on s'était bien entendu pendant le match d'Azay-le-Rideau contre l'équipe entraînée par son père Henri II. Allez savoir ! Le fait est que le Cœur de Lion me joue des crasses sans nom, jusqu'au jour où je flanque une praline à son frère, Jean sans Terre, au stade de la Roche-aux-Moines. Il perd également au match retour de Bouvines.

Mes sujets m'aiment bien. Ils me considèrent comme un bon chevalier, un politique réaliste et avisé. Tout en remembrant les provinces, je redore un peu le blason de la royauté. Comme tout homme politique qui se respecte, je cherche un moyen d'emmerder les contribuables en créant un corps de fonctionnaires salariés : les baillis, destinés à surveiller les prévôts, qui surveillent eux-mêmes les chefs de circonscriptions domaniales, qui surveillent à leur tour les rentrées d'argent dans les caisses de l'État. Tous ces gens qui surveillent en profitent pour s'en mettre plein les poches en se surveillant.

A ce propos, j'aurais bien fait de surveiller ma seconde épouse, cette traînée d'Isambour. La salope m'a « noué l'aiguillette » pendant ma nuit de noces. C'est une expression qui veut dire : rendre impuissant par maléfice. Mais, d'après la façon dont elle s'y est prise, je suis le seul à savoir qu'il n'y a aucune sorcellerie dans l'affaire.

Nous nous étions bien tranquillement retirés dans nos appartements, après les festivités du mariage, quand cette enflée me coince les doigts dans la porte de la chambre en la refermant. Je pousse un cri tellement fort que le hallebardier de garde dans le couloir croit à l'attentat et rouvre le battant que je reçois en pleine figure. Le bond que je fais en arrière me projette sur Isambour qui valdingue contre les doubles rideaux, s'accroche aux embrasses et reçoit la tringle en cuivre sur la tête. A travers mes propres ennuis corporels, quand je découvre la grosse morue danoise prise dans les filets de la fenêtre, je n'ai plus envie d'aller à la pêche au coup.

Quelle idée ai-je eue d'épouser la fille de Valdémar, roi du Danemark ? On dit que les filles du Nord sont de bonnes affaires, mais, là, ça commence mal. J'essaie d'écarter la tenture pour dégager la reine.

— Isambour ! Vous m'entendez ?

— *Floks schlimperg*[1] *!*

— Ingeborg ! Ingeburge !

Pratique ! La Danoise a trois prénoms destinés à être utilisés selon les circonstances et, en ce cas présent, je ne sais plus lequel prendre. Elle se relève, enroulée dans les rideaux, la tringle à la main et les anneaux dans les cheveux. On dirait la princesse Banania, et en la voyant je sais qu'il n'y aura pas « bon » pour moi... Dire qu'elle m'a noué l'aiguillette est un doux euphémisme. Isambour de Danemark m'a franchement mis le passe-lacet en virgule et je n'ai plus du tout envie de la prendre comme petite main pour me lancer dans la couture. Demain, je lui signe son billet de sortie.

Quelle différence avec mon Isabelle de Hainaut qui m'a laissé veuf trop tôt ! Malgré son jeune âge, en voilà

1. Vieille expression danoise du Moyen Âge voulant dire : « Va te faire foutre ! »

une qui savait s'y prendre pour me flatter la boîte à ouvrage ! Je n'ai même pas eu la patience d'attendre que les couvertures soient défaites pour la nuit de noces car le petit Louis VIII a été mis en chantier sur un bahut breton, dans les couloirs du château.

Après avoir répudié Isambour, j'épouse la petite Agnès de Méran qui me vient en droite ligne du Tyrol. La gaffe ! Le pape arrive avec ses grands sabots à ruban pour m'empêcher de pousser la Tyrolienne dans mon lit. Encore une fois, j'ai le contre-ut bloqué dans le piano à queue. Innocent III est tellement furieux qu'il interdit toutes les fiestas religieuses en France pour me forcer à renvoyer ma chanteuse dans ses montagnes. Avouez que je n'ai pas de bol avec les bonnes femmes ! J'en ai tellement ras l'édredon que je fais revenir Isambour, lui colle l'oreiller sur la tête, et fais don de ma personne... à la France !

Au milieu de tous ces avatars, je suis très heureux d'être le grand-père de Saint Louis. Certains me diront que le cumul des fonctions n'est pas recommandé pour assurer une bonne gestion, mais je suis assez fier que mon petit-fils devienne évangélisateur, croisé, missionnaire, bâtisseur. Qu'il ait été reconnu comme saint me comble d'aise, et ce qui me fait surtout bicher, c'est qu'il soit magistrat. Ce n'est pas tous les jours qu'on a un petit-fils qui rend la justice sous un chêne, contrairement aux juges d'aujourd'hui qui s'y prennent parfois comme des glands...

PHILIPPE !
ARRETEZ DE FAIRE L'AUGUSTE !
SIM

Saint Louis

Saint Louis ! Un rôle en or ! Moi qui ne suis que le fils d'Henri Berryer et de Thérèse Bonnemazou, je suis engendré par Louis VIII et Blanche de Castille qui épousa mon père lorsqu'il avait douze ans. Le mariage de mes vieux ne fut consommé que cinq ans plus tard. Lui avait donc dix-sept ans, et elle dix-huit. Quand j'arrive au monde, quelques années après, je bénéficie d'un rodage parental parfait. Les mauvaises langues de la Cour disent même que Maman ne serait plus très blanche de la pastille lorsqu'elle devient régente, à la mort de Papa.

Roi de France à douze ans, quel mandat ! Quarante-quatre ans de règne... Mitterrand approche des quatorze et les gens en ont déjà plein les urnes ! Attention, moi, je fais tout pour ne pas baisser dans les sondages. D'abord, j'apprends mon métier de roi sous les conseils de ma régente de mère qui me donne une éducation soignée, empreinte de dévotion. Il n'est jamais inutile de s'en remettre à Dieu quand vos ministres font des conneries.

Sacré roi de France à l'âge où les enfants font leur première communion, je me revois sur le trône à roulettes que mon grand-père, Alphonse de Castille, m'avait offert pour que je ne m'ennuie pas pendant la cérémonie.

— Louis ! Reviens tout de souite près la mama, le monsieur archevêque il va te passer le chapeau doré !

disait Maman en me courant après entre les piliers de la cathédrale.

L'accent espagnol de ma mère me servant d'alibi pour ne pas comprendre ses ordres, je me suis payé une partie de stock-car mémorable entre les prie-Dieu occupés par les Grands de l'époque, ces faux jetons de toujours qu'on invite chez soi et qui vous tapent dessus quand ils sont rentrés chez eux.

Ne croyez pas que Louis soit toujours un petit saint... Que diable, non ! Jusqu'au moment où je deviens souverain en titre, je sais bien m'amuser, comme tous les jeunes gens. On pourrait peut-être dire que mes jeux sont un peu mystiques car j'adore tout ce qui est flagellation, et la punition de mes péchés devant le Seigneur fait partie de mes plaisirs. Roi très chrétien, je porte constamment le cilice, sorte de ceinture en poils de chèvre destinée à me filer l'urticaire des pécheurs en guise de pénitence. Plus je me gratte, plus je suis sûr d'aller un jour au paradis !... Des fouetteurs salariés sont à mon service et, à chaque mauvaise pensée, je présente mes fesses aux fonctionnaires chargés de me punir à coups de paluches régénératrices.

La mortification m'apporte des joies profondes. Pour les punir de me rendre gourmand, je fais battre les œufs en neige, fouetter la crème, briser la pâte, et je fais frapper la monnaie à mon chiffre pour vaincre ma cupidité.

Lorsque Maman me marie à Marguerite de Provence, je passe ma nuit de noces en prières... ce qui ne fait évidemment pas l'affaire de la jeune épousée.

— Vous en avez pour longtemps, Sire ? demande-t-elle vers les trois heures du matin.

— Si vous m'interrompez toujours, ça risque d'être plus long ! réponds-je.

Depuis minuit je demande au Seigneur la force nécessaire à l'aboutissement de l'union qu'il vient de bénir. J'ai besoin qu'il soit avec moi dans ces délicats instants car, tout seul, je pense ne jamais y arriver. Les rares expériences que j'ai eues avant le mariage ont été pratiquement toutes réussies grâce à l'aide de Dieu qui me sert de tuteur, comme Maman me sert de régente. Pour l'heure, le jour est le seul qui commence à se lever...

— Louis, si vous ne venez pas tout de suite, je crois que je vais m'endormir, insiste la Marguerite qui commence à perdre ses pétales.

— Encore cinq Ave, cinq Pater, et j'arrive.

— Ça ne vous ennuie pas que je fasse une petite sieste, en attendant ?

Le comportement de la reine me plaît autant que le nom qu'elle porte. Marguerite de France... fleur des champs et senteurs du Midi... prête à mon bon vouloir d'horticulteur royal, attendant que je purifie l'arrosoir qui va l'épanouir. Elle est là, devant moi, ainsi qu'une reine des champs, perle et fleur à la fois, couchée dans ce lit que Dieu m'offre comme un bouquet.

Mes dévotions sont presque terminées. J'attaque le Credo final d'une voix forte et reconnaissante.

— Au secours ! Qu'est-ce que c'est ? Qu'est-ce qu'il y a ? hurle la reine qui vient de se redresser sur sa couche, réveillée en sursaut par ma vibrante profession de foi.

— Chantez avec moi, ma mie. Nous allons pouvoir enfin célébrer la messe de la chair dans la pureté du cœur.

Sa frayeur passée, la reine s'est rendormie avant la dernière note. Je quitte mon prie-Dieu, enlève mes chaussons, et m'allonge doucement à côté d'elle, heureux de mon devoir religieux accompli. Demain, je raccourcirai mes prières pour effeuiller la Marguerite...

Quoi qu'on en dise, le chapelet m'a donné le goût des séries. Entre mes croisades, mes bonnes œuvres et mes actions politiques, j'ai quand même pris le temps de faire onze gosses ! Il est vrai que, vu ma conception de l'amour selon les principes de l'Église, je ne m'attardais pas beaucoup en préliminaires, ces tâtonnements inutiles qui vous font perdre des heures de sommeil. Avant de partir pour la septième croisade, j'avais déjà mis un mouflet en chantier. Bien m'en a pris car je me suis fait flanquer en taule en Égypte.

A ce sujet, il y a des gens qui font confiance à n'importe quel organisme de voyages pour choisir leurs destinations. Je reconnais avoir été bien léger en m'adressant à l'un d'eux. En tant qu'ancêtre du Club Med, Croisad'Tour m'a déçu dès le départ. Voyage interminable, chaleur torride, personnel non qualifié et hôtels minables. Celui de Mansourah était bourré de mamelouks. Comme j'ai réfusé de payer l'addition, les Égyptiens m'ont gardé un sacré bout de temps à la plonge, et c'est Maman qui a été obligée de payer une forte taxe de séjour en échange de ma libération.

Lorsque j'arrive en Syrie dans le but de la fortifier, je ne me doute pas encore des ennuis que l'on aura plus tard avec ces gens-là. J'y reste quatre ans ! Et ma vieille qui se coltine avec les ploucs français pendant que je me fais bronzer dans les pays chauds !

Je reconnais avoir commis quelques erreurs. Mea culpa ! Interdire, comme je l'ai fait, les guerres privées, les duels et les tournois, n'est pas une bonne idée. Au contraire, j'aurais dû promouvoir d'autres jeux : ceux du hasard. Pourquoi n'ai-je pas fait installer une rosace mobile dans la sainte chapelle du Palais de justice au cours de sa construction ? J'aurais ainsi pu engager l'un des plus célèbres troubadours de l'époque, le paladin à la clarinette fleurie, sieur Christian, chevalier de Morin, spécialiste de la Roue de l'Infortune.

— Messires, faites vos jeux ! Rien ne va plus en France !

Paf ! Ça s'arrête sur la case PASSE ou BANQUE, et on paume le BONUS. Plus de Limousin, de Quercy, de Périgord !

— Partie accélérée pour Votre Majesté !

Boum ! Ça tombe sur le quinze-vingt, et je gagne assez pour faire construire un hôpital du même nom. Crac ! Je choisis les bonnes lettres, et c'est le gros lot avant la pub : la Sorbonne !

J'aurais pu comme ça gagner le joker qui serait parti à ma place en Tunisie pour y attaquer la « tourista ». C'est vachement pratique d'avoir la courante quand on est à cheval, enfermé dans une armure aussi inouvrable qu'un sachet de moutarde SNCF ! Mettez-vous à ma place. J'essaie d'entrer à Tunis dans l'espoir de convertir le sultan et d'aller aux toilettes. Ça fait déjà une paye que je poireaute devant la ville avec mon armée, et les pois chiches d'hier soir ne passent pas. Impossible de s'isoler sur tout ce sable plat, sans aucun fourré ni buisson. Après, on s'étonnera d'entendre les Occidentaux affirmer que les pays sous-développés n'ont pas de gros besoins...

Et alors, comme accueil, bravo ! Les videurs du sultan veulent m'empêcher, à coups de sabre, de voir leur patron. Moi qui viens pour apporter la bonne parole, je suis reçu comme un chrétien dans un jeu de quilles sarrasines, victime de mes louables intentions, périssant dans la guerre de religions et de mes luttes intestines. Je suis rassuré quand mon médecin personnel me dit que j'ai la peste. Il est plus honorable, pour un futur saint, de mourir d'une maladie importante que de s'éteindre bêtement dans une crise de colique !

Quel rôle, celui de Saint Louis ! Les croisés de tous les temps peuvent en prendre de la graine. Loulou le Neuvième a contribué au rayonnement tant intellectuel et artistique que moral. De toute l'Europe chrétienne on sollicitait médiation du roi de France dans les conflits. Vous voyez un peu le service qu'il nous rendrait en mettant tout le monde d'accord sur le traité de Maastricht ?!...

Et la justice ? Quel magistrat hors ligne ! Je me vois, sous mon chêne, rendre une sentence immédiate, sans le concours de ces légions de magistrats de tous poils de martre qui vous pompent le pognon pour se lustrer l'hermine. J'arriverais, digne, à l'audience, assisté de mes assesseurs : quelques vieux écureuils perchés sur les branches de mon tribunal de verdure.

— Accusé, couchez-vous.

Il y aurait un lit de fougères sur lequel le prévenu pourrait se détendre, et je n'aurais qu'à écouter sa défense.

— Accusé, qu'avez-vous fait ?

— Rien. Je suis innocent.

Comment mettre en doute la parole de quelqu'un qui se trouve en confiance ? De toute façon, si je me goure, je m'en remets au Magistrat Suprême qui a créé la seule cour sans appel.

Dans mes rêves de cabot, je m'imagine déjà canonisé aux cérémonies des Molière sur France 2 par le pape Francis Huster Ier, ou aux Césars par saint Georges de Cravenne.

VOUS ETES TOUTES LES DEUX ACQUITTEES !
SIA

Philippe le Bel

Je ne vais pas m'encombrer avec Philippe III, dit le Hardi. Sa hardiesse ne m'inspire pas outre mesure et je préfère de beaucoup me pencher sur la vie de Philippe IV, dit le Bel. Je regrette un peu que l'activité sexuelle du beau Philippe soit passée sous silence dans les écrits spécialisés. Vous connaissez maintenant mon goût pour la narration des ébats royaux... Mais, tant pis ! Je ne vais pas inventer des situations érotiques fausses afin de satisfaire vos penchants libidineux.

En révisant mes bouquins d'école, je constate que les anciens patrons royaux avaient, pour la plupart, des pseudonymes de mauvais garçons. Il fut un temps où, dans le milieu de la pègre, les durs portaient des surnoms très imagés : Paulo le Borgne, René la Canne, Bébert le Monte-en-l'air, René la Science, Pierrot le Fou, etc.

Ce qui peut expliquer la chose en ce qui concerne les rois, empereurs ou autres présidents divers, c'est qu'ils ont toujours vécu grâce aux Français qui, de tout temps, se sont transformés en putes pour faire le trottoir du pays à leur intention. Le contribuable de tous les siècles s'est sans cesse fait baiser pour que ses souteneurs puissent mener grand train au palais, dans les carrosses dorés, ou les jets privés.

Bien sûr, nous n'avons plus de chefs d'État portant des sobriquets. Ils sont assez malins pour s'appeler comme vous et moi. Vous voyez d'ici la France dirigée par Valéry le Diamantaire, ou François le Tartufe ?

Mais nous ne sommes qu'au XIIIe siècle, et je suis heureux qu'on m'appelle le Bel. D'abord parce que mon prénom est suivi d'un adjectif flatteur — dont on ne m'a pas souvent gratifié —, ensuite parce que j'ai de grandes satisfactions avec mes enfants. Quel est le père qui donne le jour à trois rois de France et à une reine d'Angleterre ?

Chaque fois je fais les cent pas dans le couloir, passant et repassant devant la porte de la chambre où ma femme est en pleine ponte. Nerveux comme tous les pères en puissance, j'attends la sortie de la sage-femme qui arrive, en sueur, les outils à la main.

— Ça y est ! Votre Sire est papa !

— C'est une fille ?

— Non.

— C'est un garçon ?

— Non.

— C'est quoi, alors ? fais-je, inquiet.

— C'est un roi de France, Votre Majesté !

Trois garçons : trois rois de France. Une fille : une reine d'Angleterre. Pas mal, non ? Moi qui n'ai jamais eu de chance avec la fève en tirant les rois, quel changement en tirant la reine ! Heureusement que la pilule n'est pas encore inventée... combien de souverains auraient été supprimés par l'ignoble granule ?

Alors que tant de parents se posent des questions sur l'orientation professionnelle à donner à leurs enfants, je n'ai aucun problème en ce qui concerne l'avenir de ma progéniture.

Je regarde mon aîné dans son berceau. Rouge de colère, il est aussi plissé qu'une tomate farcie, et m'envoie un rot en pleine poire. Louis X le Hutin ne sera pas facile à vivre et je le gratifie d'une autre appellation qui lui ira comme un gant de boxe : le Querelleur.

Le petit Philippe V est déjà plus calme. Doué d'une particularité anatomique qui fera plaisir aux dames, je lui donne un surnom approprié : le Long.

Charles IV me ressemble beaucoup par la joliesse de ses traits. Tout en lui rapelle l'équilibre de mon visage, la douceur de ma peau, la finesse de mes muscles, la beauté de ma voix, la grâce de ma démarche, le charme qui me caractérise. On l'appellera le Bel, c'est sûr.

Quant à Isabelle, je vois tout de suite que ce sera une belle garce. Lorsque je me penche sur elle, dans l'heure qui suit sa naissance, c'est déjà l'affrontement. Elle m'arrache les sourcils avec ses petits doigts griffus en faisant des bulles de salive qui m'éclatent dans le nez, tout en souriant aux anges. Par son mariage avec Édouard II, elle deviendra reine d'Angleterre, avant de le faire assassiner pour incompatibilité d'humeur. Mais qui n'a pas eu de brouilles dans son ménage ?

Quelques-uns penseront que ma famille fait un peu Mafia, car on saute vite sur les postes importants pour en avoir les privilèges. Tous les miens m'appellent « parrain », et il faut me voir, les recevant dans mon bureau-salon, avec mon borsalino bordé de rubis, ma cravate en or et mes pompes diamantées. J'ai trois lieutenants à ma botte : Pierrot la Flote, Gégé de Marigny et Guigui de Nogaret. Des mecs qui s'y connaissent en justice expéditive.

— Mes amis, dis-je d'une voix aussi couverte que la responsabilité d'un ministre, il faudrait neutraliser Édouard l'Anglais qui se fait trop de beurre limousin, nous pique les truffes du Périgord et l'armagnac de Gascogne. Je compte sur toi, Pierrot.

— Oui, parrain.

— Dis-lui que j'aimerais bien qu'Isabelle épouse son fils, Édouard le Rosbif. Ça me permettrait d'avoir un droit de regard sur le whisky, et d'avoir des petits-enfants bilingues.

— Oui, parrain.

— Toi, Gégé, tu vas aller trouver ceux du Nord. Fais-leur comprendre que je veux récupérer les trottoirs de Lille à Béthune, autrement...

— D'accord, parrain. On ira à plusieurs.

Celui qui me donne le plus de mal dans la gestion de mes affaires, c'est un Rital, comme d'habitude. Il se nomme Benedetto Caetani, mais on l'appelle « le

Pape », alias Boniface VIII, son nom d'emprunt. Chef d'une puissante famille dont les membres sont placés dans les plus hautes sphères, il tente d'amoindrir ma puissance avec des coups fourrés indignes de notre honneur. Il oublie simplement que Philippe Bébel défourraille facilement... Je vais le voir, en personne, dans sa superbe villa romaine avec piscine d'eau bénite. Il me reçoit, tout de blanc vêtu, une énorme bagouse au doigt.

— Assieds-toi, Bébel. Je suis content de te voir chez moi, me dit-il après m'avoir donné l'accolade fraternelle. Il paraît que tu voulais me parler ?

Je ne m'assois jamais chez les faux frères. Debout, la défense est plus facile, en cas de pétard soudain. Adossé au mur, je jette un coup d'œil au-dessus des fusains qui entourent la piscine et vois mes quatre gardes du corps prêts à toutes les éventualités.

— Benedetto, sois raisonnable. Il n'y a aucune raison que tu m'interdises de lever des impôts sur les gens d'Église. Tu es le pape Boniface... Que dis-je ? Tu es le très saint parrain de la camarilla catholique qui s'enrichit sur mon territoire. Je ne réclame qu'un petit pourcentage de tes gains.

— Jamais, Bellissimo ! dit-il d'une voix sourde en balançant son cigare dans la piscine. La tradition de notre famille ne cédera pas à ton chantage. C'est du racket !

— Dans ce cas, fais-je sur le même ton, j'interdis toute sortie d'argent vers Rome. Aucun de tes hommes de robe n'aura droit au trafic de devises. Salut Caetani !

C'est sur ces mots que je quitte Boniface. Il les prend bien pour une déclaration de guerre entre nos deux clans. J'en ai ras la couronne de voir ces mafiosi en jupons piquer mes revenus sans payer d'amendes. Un roi a bien le droit de toucher des royalties !...

De retour en France, j'exécute mes menaces. C'est la prohibition du fric, et les curés ne peuvent plus envoyer de mandats au parrain italien qui tente de m'amadouer en canonisant mon papy : Saint Louis.

La trêve est de courte durée. Dès la fin de la fête, les hostilités reprennent et je frappe un grand coup en neutralisant l'évêque de Pamiers qui fait de la contrebande monétaire en envoyant les deniers du culte à Rome via l'Espagne. Je le fais coincer en plein chargement d'oseille qu'il se préparait à expédier à *el papa Boniface.*

Au cours d'une réunion de mes états généraux qui rassemblent, pour la première fois, tous les grands patrons sous mes ordres, une importante décision est prise. Le caïd en robe blanche doit être liquidé. Je ne lui pardonne pas de m'exclure de la Cosa Nostra par excommunication.

Le 7 septembre 1303, Guillaume de Nogaret défonce la porte de la résidence papale d'Anagni, en Italie. Il est aidé par les sbires d'un redoutable truand, Sciarra Colonna, avec qui nous avons passé un « contrat ». Boniface est surpris dans son lit.

— Enfile tes fringues, Benedetto... Bébel le Français voudrait te causer.

Le pape récupère sa calotte sur la table de nuit, l'œil hagard. D'une main tremblante, il enfile ses mules.

— Je n'ai pas encore pris mon petit déjeuner...

Colonna lui envoie un aller et retour.

— Tiens, voilà une tarte. Comme ça, tu pourras tenir le coup jusqu'à midi.

On dit que Boniface VIII n'a pas survécu à la correction que lui ont infligée mes collaborateurs. A mon avis, il avait la santé fragile.

Cette expérience aura eu le mérite de me donner une certaine sagesse et je fais nommer un homme à moi au poste pontifical. Clément V va me nettoyer tout ça au goupillon aspirant. Pour l'avoir sous la main, je l'installe en Avignon, dans une superbe résidence protégée par de hauts murs blindés à la pierre de taille, et gardée jour et nuit par des alarmes vivantes venues de Suisse. Que le nouveau pape soit français supprime les barrières du langage et me permet de lui donner des ordres immédiatement compris.

Le plus beau coup que nous ayons fait tous les deux est la complète élimination des Templiers, une mafia parallèle qui marchait sur nos plates-bandes, possédant de somptueux domaines et des banques puissantes alimentées par le fric de pèlerins en Terre sainte. Comme la bande ne relève que du pape, il m'est facile de la détruire en confiant le boulot à des tueurs à gages officiels. Sous prétexte d'éponger mes dettes, je me suis largement servi dans leurs caisses remplies à ras bord.

En définitive, je suis un roi dur, sans pitié, absolu, autoritaire. Une composition remarquable pour moi qui suis tout le contraire ! Un plaisir extrême de paraître ce que l'on n'est pas ! La jouissance de l'acteur qui fait peur aux spectateurs en ayant lui-même un trac bleu est une sensation rare. Si le rideau tombe sur Philippe le Bel haï de tous, Sim passe maintenant la tête dans les plis du velours pour vous envoyer des baisers d'excuse.

JE M'APPELLE FRANCE
... ET VOUS ?
PHILIPPE
LE BEL
SIM

Du Guesclin

Avant de revêtir l'armure du preux chevalier, je vais sauter quelques rôles de second plan dont l'interprétation ne m'attire pas spécialement. Les fils de Bébel Philippe, par exemple, son neveu Philippe VI, Jean II le Bon, fils de ce dernier, et quelques Charles des autres couvées.

En attendant, on va prendre un itinéraire bis pour traverser la guerre de Cent Ans où Bertrand a trouvé du boulot. Quels progrès a-t-on fait depuis cette fameuse empoignade ! Aujourd'hui, le bidasse n'a même plus le temps d'enfiler ses croquenots que la guerre est déjà finie. L'intendance ne peut même plus amortir ses caleçons et ses maillots de corps. Le soldat rentre chez lui avant la carte postale qu'il a envoyée du front.

Comment peut-on rentabiliser la gâchette, dans ces conditions ? Où est-il, le bon temps du chassepot, du fusil Lebel et de la mitrailleuse Hotchkiss, toutes ces pétoires à canons qui servaient de récipients pour les fleurs au fusil, et permettaient de se canarder entre fantassins de bonne compagnie ? A présent, on appuie sur une touche pour bouziller une capitale et la partie est déjà finie. A côté de la guerre de Cent Ans, celles des Six Jours, des Malouines ou du Golfe ont l'air d'une ridicule pause-café.

Bientôt, grâce à l'électronique, il suffira d'un week-end pour foutre en l'air un continent tout entier. Que doit en penser ce bon vieux Mars qui a gagné son titre de dieu de la guerre à la force du poignet ? Il doit s'inscrire à l'ANPE entre deux conflits éclair, et son moral doit être à zéro. Avec Mars, ça ne repart pas forcément...

Non ! Parlez-moi d'une guerre qui dure un siècle ! Là, au moins, on peut investir dans la boucherie de détail et le troufion ne se pose plus de problèmes pour l'éducation et la situation future de ses gosses. Cent ans de boulot pour plusieurs générations, ça vous réconforte n'importe quel ministre de la Défense car il est bien connu, chez lui, que la paix crée le chômage.

Quand on la regarde de plus près, la guerre de Cent Ans ressemble à une sombre histoire de famille, genre vendetta corse, ou à une interminable échauffourée entre paysans. Elle aurait pu commencer dans la Sarthe, chez le père Plantagenêt, fabricant de produits pur porc.

LE PÈRE PLANTAGENÊT : — J' te l' répète, Henri, j' veux point qu' tu sois roi d'Angleterre. T'es né au Mans et tu resteras dans la rillette !

HENRI II : — Non, papa ! Pour moi, la rillette, ça s'rait un manque de pot. J' vas épouser l'Aliénor d'Aquitaine et on ira boire le five o'clock en Grande-Bretagne.

LE PÈRE PLANTAGENÊT : — Sacré Bon Diou ! Si tu lui mets la fève en cloque chez les Anglais, ils vont demander le remembrement de nos terres et les emmerdements vont commencer.

Il ne croyait pas si bien dire, le père Plantagenêt. Son môme eut le poste envié de roi d'Angleterre au titre de la coopération, et il épousa Aliénor d'Aquitaine. Les vrais rois british se livrèrent alors à des bris de clôtures dans la campagne française, et les coups de fourches dans la gueule commencèrent pour cent ans.

Les mariages cons-sanguins firent que les souverains eux-mêmes n'y retrouvaient plus leurs petits, et chacun voulait s'approprier nos belles provinces. Voilà ce qui arrive quand il y a trop de sperme français dans les capotes anglaises...

Cela dit, je me présente : Bertrand du Guesclin, homme de guerre breton, spécialiste du biniou patriotique, engagé par mon roi, le sage Charles V, pour défendre le pays et ses traditions. Pour lui, je suis beaucoup plus qu'un bras droit, car il a les deux mains paralysées. Il compense ce handicap par une intelligence supérieure. La preuve, c'est qu'il m'a choisi !

Quelques mauvaises langues affirment que je suis laid. Quoi ?... Disons plutôt que les portraitistes et dessinateurs qui m'ont croqué n'avaient aucun talent pour reproduire mes traits pleins de personnalité. S'ils m'ont fait des yeux délavés, c'est parce qu'ils sont propres ; un nez busqué, c'est pour mieux sentir ce que ma petite bouche avale ; un menton fuyant, c'est afin de protéger mes dents qui avancent courageusement hors de mes lèvres. La peau granuleuse vient de la mauvaise qualité des parchemins employés, et la petitesse de mes jambes de leurs formats étriqués. Lorsque je me regarde dans un miroir, je considère que ma beauté est homogène. Dans la rue, les gens se retournent sur moi et les éloges ne sont pas rares : « T'as vu le type ? Y doit pas y en avoir beaucoup comme lui ! », ou alors : « Regarde celui-là ! Faudrait lui donner une médaille !... »

Mon père est un seigneur breton qui a toujours prétendu descendre d'un roi maure et je me demande pourquoi ma peau n'est pas cuivrée comme celle d'Othello à qui je ressemble par certains traits de caractère : vaillant chevalier, intrépide, calme et serein. Mon mérite est d'autant plus grand d'avoir ces qualités que je suis un enfant batailleur et turbulent. Ma nounou bretonne, Maryvonne Letrouduc, en a su quelque chose. Je l'entends encore se plaindre à mon père.

— Monsieur !... A partir d'aujourd'hui je ne pourrai plus nourrir Bertrand au sein. Hier au soir il m'a mordue.

— Comme vous voudrez, Maryvonne, mais je vous préviens que je n'y toucherai plus non plus !

Dans l'opération, je fais une bonne affaire. Papa étant un grand fumeur de pipe, je n'aurai plus ce désagréable goût de tabac dans la bouche.

Un autre jour je lui fais cuire des morceaux de sa gaine découpée en rondelles et qu'elle avale en croyant qu'il s'agit de galettes de blé noir.

Je passe sous silence une tapée d'actes inavouables qui ont sans doute été déterminants pour mon avenir aventureux. C'est une religieuse, amie de la famille, qui me le prédit rempli de gloire. Il ne m'en faut pas davantage pour me lancer dans les jeux brutaux de la jeunesse, et je m'inscris dans tous les tournois de la région où ma hardiesse est vite reconnue.

Qui n'a jamais entendu parler du fameux tir au chou-fleur de Bretagne ? Dangereuse épreuve où de jeunes choux-fleurs sont tenus à bout de bras par des garçons alignés le long d'un fourneau de campagne. Des tireurs à l'arc, choisis dans le gratin de la ville, doivent éplucher les légumes à coups de flèches avant de leur porter le coup final qui les fera tomber dans un chaudron où mijote une sauce inventée par l'abbé Chamel. Toujours volontaire à ce sport dangereux, je suis nommé Premier Porteur de Chou-fleur à l'âge de treize ans.

A quinze ans, je suis reconnu champion de l'effeuillage d'artichaut, à Saint-Pol-de-Léon. Pratique cruelle qui consiste à arracher les feuilles de la plante potagère avant qu'elle soit cuite. Quand on sait que ce légume possède un bon fond et qu'il cache pudiquement un excellent cœur sous sa barbe, la coutume peut paraître barbare. C'est moi qui, pour y mettre fin, crée la SPA (Société protectrice des artichauts).

J'ai une petite trentaine d'années quand je passe au service de Charlot V qui me remarque lors d'un tournoi. La raclée que je donne à Charles le Mauvais, au cours de la bataille de Cocherel, fait de moi une star incontestée, et le roi me met dans tous les bons coups. Rusé comme pas un, j'emploie des stratagèmes inouïs pour confondre mes ennemis. Les déguisements faisant partie de mes meilleures armes, je prends l'apparence d'une vieille dame de la haute, habituée de la cour du roi, la baronne Artémise de la Tronche en Biais, pour abuser ce crétin de duc de Lancastre et lui piquet Fougeray. Pendant que je suis en train de le vamper à coups de houpette parfumée, mes hommes, déguisés en bûcherons, investissent ses terres.

Sans moi que serait devenue la France, ravagée par ces écorcheurs qu'on appelle les Grandes Compagnies, des mercenaires pilleurs aux innombrables méfaits? Sans moi, combien de temps pourrait durer la guerre de Cent Ans?

Et les femmes, dans tout ça? me direz-vous. Eh bien, ça marche! Bertrand du Guesclin a beau ne pas être un prix de beauté, je vous rappelle ma phrase célèbre, prononcée pendant ma détention espagnole : « Il n'y a femme en France, sachant filer, qui ne filât pour ma rançon. »

Quel pied d'avoir été connétable pendant quelques pages d'histoire! De temps en temps, la France a besoin de braves et, depuis de Gaulle, elle souffre cruellement d'un manque de héros. Je ne compare pas, bien sûr, le Général à du Guesclin car si ce dernier a viré les Anglais hors de France pendant la guerre de Cent Ans, de Gaulle s'est employé à les y faire revenir à la Libération.

Quoi qu'il en soit, j'aurais bien aimé me faire sacrer chevalier par Mitterrand. Je me vois très bien en minijupe, avec un caraco en métal de chez Paco Rabanne, le cheveu frisé par Maniatis, à genoux devant le président, entouré d'Édith de la Cressonnière et de Fabius le Chauve. François le Clignotant lèverait ma future épée sur mon épaule en disant :

— Je te fais connétable, et te charge de débarrasser la France des ennemis du Socialisme!

Alors, là, je ne manquerais pas de boulot!...

PEPÉ . 1317
PAPY . 1338
PAPA . 1362
MERCI MON DIEU LA RELEVE EST ASSUREE !
GUERRE DE CENT ANS
MUNITIONS
SLIM

Charles VII

Je suis « comme qui dirait » la Cosette du royaume de France. Moi, Charles VII, héritier du trône, je vis comme un misérable dans une masure de Bourges, entouré de quelques fidèles amis avec qui je passe la serpillière sur le carrelage fendu de mon pays. Lorsque je me regarde dans le métal d'une casserole décapée au tampon, j'y vois le visage d'un jeune homme un peu abruti, au crâne rasé par l'usure d'un chapeau-citrouille. Au-dessus de mon gros nez, un regard éteint essaie de passer par deux petits trous qui n'ont rien à voir avec des yeux. Ma bouche lippue dégringole dans les rides auxquelles semble se raccrocher un menton brioché mais déjà rassis. Pour que je réussisse dans le métier de roi, il faudrait un miracle…

Ma vie commence mal, c'est le moins qu'on puisse dire. Papa Charles VI est complètement louftingue et je le soupçonne de m'avoir conçu dans un moment de folie furieuse. D'après certaines confidences de ma mère, Isabeau de Bavière, le roi aurait d'abord essayé de procréer dans ses oreilles, ses trous de nez, et enfin tout seul, dans un moment d'égarement. Comment s'étonner après cela que j'aie du mal à trouver mon chemin dans la vie !…

Côté maternel, je ne suis pas plus gâté. Avoir une mère qui se nomme Isabeau donne un peu l'impression d'être le fils d'un travelo. Native de Munich, elle carbure au houblon dans les moments de déprime et, depuis son traité de Troyes qui me déshérite du trône de France, je l'appelle Escabeau de la Bière, pour me venger.

Relégué à Bourges en attendant des jours meilleurs pendant que les Armagnacs et les Bourguignons se cassent des bouteilles sur la carafe, je passe mon temps à douter de moi-même. Pour que je sorte de ce trou à rats, il faudrait un miracle...

Quelle catastrophe ! En cassant sa pipe, mon père me laisse un héritage dont je ne peux même pas profiter pleinement, n'étant reconnu comme souverain légal que par les gens du Midi. Ma boche de mère fricote avec les rois d'Angleterre et, malgré l'aide de mon pote Arthur, duc de Richemont, je n'arrive pas à retrouver les clefs du pouvoir. Où est-ce que j'ai bien pu les fourrer ? Pour que je remette la main dessus, il faudrait un miracle...

Eh bien — vous n'allez pas me croire ! — le miracle arrive sous la forme d'un jeune cavalier qui vient me taper sur l'épaule au beau milieu d'une réception entre copains. Sous la violence du coup, je fais un bon mètre en avant et tombe dans le bassin du jardin où nagent des carpes et des poissons rouges. J'émerge en crachant de l'eau.

— C'est vous, le dauphin ? me demande la brute.

Comment se fait-il qu'une personne que je n'ai jamais vue puisse me reconnaître ? Tout à ma surprise, on me repêche et m'essore au bord du bassin, pendant que le cavalier lance des miettes de pain aux poissons.

— J'ai toujours aimé les dauphins, continue-t-il, et je pense qu'il est temps de faire quelque chose pour eux. J'arrive en droite ligne de la Lorraine avec la mission de vous protéger des requins anglais. Je vous salue, ô mon roi !

Le jeune homme enlève son casque, s'agenouille devant et m'éponge les baskets. Première partie du miracle : c'est une jeune fille ! Un peu masculine dans la démarche et les vêtements, mais le doute est exclu quand on regarde bien le plastron renflé de son armure, le galbe du cuissot et la forme de la cubitière. Mes amis tentent de s'emparer de l'intruse lèse-majesté, mais je les en dissuade en me secouant auprès d'eux. Aspergés de l'eau qui sort de mon bustier, ils reculent.

— Quel est votre nom, et qui vous envoie ? demandé-je à l'éphèbe toujours à genoux.

— Mon nom ne vous dira rien, Sire, mais on m'appelle Jeanne d'Arc. Le seigneur de Baudricourt m'a payé une six-chevaux décapotable et une tenue de voyage pour venir jusqu'à vous. Grâce à moi, vous allez pouvoir enfin vous éclater sur les bancs du pouvoir.

Comment résister à la proposition d'une créature aussi ambiguë qui décuple en vous tous les désirs les plus flous. Homme ou femme, ange ou démon, Jean ou Jeanne ???... Personne n'a jamais osé en parler, mais je crois dur comme son costume de fer que Mlle d'Arc est amoureuse de moi. Je suis son Rudolf Valentino, son Michael Jackson !... Comment puis-je admettre que Dieu puisse assez haïr les Anglais pour leur coller une mercenaire au train, en oubliant que leur devise est « *God save the King* » ? Ou alors veut-il se faire pardonner de m'avoir fait une tronche de yaourt en me replaçant dans la crème de la société ?

Qu'importe la cause, seul le résultat compte. La bergère me tricote à coups d'épée un manteau de cour en pure laine vierge, et je deviens Charles VII le Victorieux. La fiesta de Reims restera dans les annales des buveurs de champagne. De l'estaminet à l'auberge de luxe, ça pète dans tous les coins de la ville, et mes fidèles guerriers se paient la muflée du siècle. Pour fêter mon couronnement, Xantrailles pisse dans la Marne, La Hire escalade la face nord de la cathédrale, Gilles de Rais se fait teindre la barbe en bleu, et Jeanne d'Arc essaie d'avoir le paradis en PCV. Quant à moi, je me fais poser des couronnes partout, sur la tête et les molaires du fond. Je prends enfin ma revanche sur ma mère. Escabeau de la Bière doit se faire de la mousse !...

Ouf ! Mille fois ouf ! les Anglais sont pratiquement tous rentrés chez eux grâce à cette pucelle qui est la seule femme à avoir su me déniaiser le sens politique. Ça n'est pas ma régulière, Marie d'Anjou, qui aurait été capable d'en faire autant ! Lorsque je la vois avec sa crème et ses bigoudis, je me demande comment j'ai pu lui enfourner

Louis XI dans le tiroir. Parlez-moi plutôt d'Agnès Sorel ! Ça, au moins, c'est de la nana ! Du premier choix au rayon des primeurs ! Du poulet élevé au grain, cuisses fermes et croupion généreux !

Agnès Sorel est un nom qui ne fait pas du tout XVe siècle. Il frôle l'anachronisme en nous mettant du show-biz dans la guerre de Cent Ans lorsqu'on pense à la Cécile du même nom, au Casino de Paris..., en nous faisant croire qu'elle pourrait être la sœur de Julien Sorel de Stendhal..., en nous faisant penser à l'Agnès Soral qui fait du théâtre aujourd'hui...

Franchement, je suis étonné d'avoir pour maîtresse cette Agnès dont l'appellation est bougrement en avance sur son temps. Mais pardon... quel tempérament ! Aussi fougueuse au lit qu'en public, elle n'hésite pas à provoquer mes érections autant physiques que morales.

— Je vous préviens, Charles, si vous ne reprenez pas la lutte contre les Anglais, les miens vont débarquer ce soir et, pour la bagatelle, vous ferez tintin !

Quand une bougresse de sa trempe vous tient par la barbichette à plaisir, comment peut-on résister ? C'est qu'elle est superbe, la Sorel ! Aussi désirable qu'énervante, et nos rapports sont parfois volcaniques.

— Charles ! j'ai envie d'avoir une fille. Faites-m'en une tout de suite !

— Voyons, Agnès, je vous en ai déjà fait trois !

— Tout de suite, je vous dis ! Enlevez vos godasses et prenez-moi sur votre bureau !

C'est ainsi que la quatrième de nos filles est conçue entre l'encrier et la corbeille à courrier, sur le traité de Tours et l'édit de Bourges.

Pour la remercier de ses largesses sexuelles qui me mettent tant à l'aise, je la comble de bienfaits qu'elle prend du bout des doigts.

— Qu'est-ce que c'est que ça ?

— Un château pour toi, ma minouche.

— Un château à Loches ? Dans un pays qui porte un nom de limace ? J'en veux pas !

Elle le prend quand même et, pour me faire pardonner, je lui en offre un autre à Beauté-sur-Marne.

Avec tout ça, j'oublie un peu Jeanne d'Arc. Voilà bien l'ingratitude masculine... Il est vrai que la reconquête d'une grande partie de la France me donne un sacré travail de bureau et les heures supplémentaires empiètent terriblement sur mon temps de loisirs. Je reconnais ma faute. Jamais je n'aurais dû laisser Mlle d'Arc aux mains de la concurrence, car le personnel qualifié n'est pas facile à trouver.

Jusqu'à la fin de mes jours je vais me demander si je me suis bien comporté avec cette gardeuse de brebis qui aimait tant les dauphins. Qu'a-t-elle pensé de ma façon d'agir ? Lorsque Sim aura quitté ma carcasse royale, il aura peut-être le culot de jouer les Jeanne d'Arc, comme l'ont déjà fait Falconetti, Bergman, Morgan et Seberg. Je suis curieux d'avoir son avis sur ce qu'a pu ressentir Jeanne à mon égard.

Quelquefois, je regrette de ne pas avoir payé à ma bienfaitrice un avocat défenseur des causes difficiles, genre Vergès. Mais n'aurais-je pas ainsi dévié le cours d'une histoire cruellement romantique, en lésant les futurs amoureux de Jeanne d'Arc ? Que serait-il advenu d'elle si le procès de Rouen s'était terminé en sa faveur ? Peut-être l'aurais-je nommée général, la dotant d'une confortable retraite en fin de carrière, ou alors se serait-elle reconvertie dans l'agriculture ou dans le commerce de détail ? Il eût été dommage que la plus méritante de nos saintes sombrât dans l'anonymat en produisant des bovins ou en vendant des quiches lorraines...

Pour moi, le rideau tombe sur la fin de ma vie en 1461. Lorsque les Français applaudissent la pièce « que nous venons de jouer pour vous, ce soir », ils se rendent bien compte que si l'auteur en est le destin, Jeanne d'Arc en a été la plus talentueuse adaptatrice.

ALLEZ... SAUTE!
JEANNE
APPATS POUR DAUPHINS
SIM

Jeanne d'Arc

Au théâtre, il y a un endroit dans la salle qu'on appelle le paradis. Paradoxalement, c'est là où les places sont les plus mauvaises car elles sont situées tout à fait dans le haut du bâtiment, au fond, le plus loin de la scène. On ne voit que le crâne des comédiens réduits à de simples silhouettes, étant donné la distance qui les sépare du spectateur. Ces places sont toujours occupées par les vrais amoureux du théâtre, ceux qui ne viennent pas pour montrer leurs parures de sortie, ceux qui sacrifient leur monnaie pour se payer des instants de rêve qu'ils retiendront beaucoup plus longtemps en mémoire que les abonnés de l'orchestre.

Le paradis ! Quel joli nom pour les déshérités de l'art théâtral, pour les pauvres hères qui n'ont pas les moyens de s'offrir des voyages culturels en première classe ! Quel merveilleux endroit pour la mise en scène à l'envers que je vais avoir le toupet de faire en jouant Jeanne d'Arc !

Entrez ! Entrez dans mon théâtre, messieurs-dames ! Prenez la place des acteurs en vous installant sur la scène, assis en tailleur, et levez la tête pour découvrir la pucelle d'Orléans au premier rang du paradis, penchée vers vous afin de vous donner ses impressions de l'au-delà.

Oui, moi, Jeanne de Domrémy, je suis là où les voix ont la meilleure qualité d'écoute. Mon oreille est exercée à tous les chuchotements, et les vôtres montent vers moi dans un cocktail de louanges et de critiques. Louanges par votre accoutumance à me voir interpréter des rôles féminins, et critiques pour avoir le front de jouer l'intouchable personnage de sainte Jeanne d'Arc.

Il y a exactement cinq cent soixante et un ans cette année que je suis montée sur le bûcher de Rouen pour y être brûlée vive. Cela donne le temps de la réflexion. Plus de cinq siècles et demi pour me demander si j'ai vraiment eu raison de m'embarquer dans une telle aventure, et si mon sacrifice pour quelqu'un a servi à quelque chose.

Du haut de mon nuage grand standing — depuis ma béatification qui n'a eu lieu qu'en 1909, j'habite un super cumulus sous l'étoile du berger — j'observe les Français à la longue-vue et je me rends compte qu'ils n'ont pas tellement changé, malgré tout le mal que je me suis donné pour eux. Je suis quand même bien heureuse de voir que les hommes politiques ont d'autres moyens pour se faire élire. De mon temps, il fallait payer de sa personne pour être une militante efficace. J'en sais quelque chose ! La campagne publicitaire que j'ai menée en faveur de Charles VII a été entièrement à ma charge, et je n'ai eu le concours financier d'aucune fausse facture ni d'organismes occultes pour me soutenir. Ah ! si j'avais eu la presse, la radio, la télévision, j'aurais été l'Arlette Laguiller des masses populaires de mon époque ! Je m'imagine dans mon champ à vaches, assise sur une bille de bois, écoutant la voix de saint Michel aux intonations à la Guy Lux.

— Salut, ma poule ! Tu vas laisser tomber tes moutons pour aller faire un Interville à Orléans contre l'équipe d'Angleterre. Zitronne de Baudricourt a retenu pour toi une place non-fumeur dans le TGV de 12 h 30.

Quel pied d'être télévisée pendant les sept mois du siège d'Orléans ! A côté de ça, la guerre du Golfe n'aurait été qu'un pâle interlude. Je me vois, à cheval sur une vachette landaise, boutant l'adversaire hors de l'arène au cours des matches d'Auxerre, de Troyes et de Châlons, pour gagner la finale à Reims ! Je fais sacrer saint Guy Lux meilleur animateur aux 7 d'or et, après quelques inévitables bides en province, je fais un tabac à Compiègne. Il aurait fallu, bien sûr, que je me méfie des intermédiaires du spectacle comme ce Jean de Luxembourg qui m'a vendue aux producteurs anglais pour leur show de Rouen...

Autres temps, autres mœurs !... Il a bien fallu que je fasse avec les moyens du bord. Le plus difficile fut, d'abord, de croire aux voix que j'entendais en gardant mes brebis. J'ai d'abord pensé à des bourdonnements d'oreille dus à l'altitude vosgienne, mais — je ne sais pas si vous êtes au courant — il n'y a rien de plus persuasif que les employés du bon Dieu. Ils seraient capables de vous vendre un plan du métro pour une encyclopédie en trente volumes. Regardez ce qu'ils ont réussi à faire admettre à la Vierge Marie... et à Bernadette Soubirous ! Moi, c'était différent, j'avais déjà le tempérament bagarreur et quelques hormones mâles supplémentaires dans le soutien-gorge. J'ai quand même fait répéter plusieurs fois.

— Excusez-moi, mais qui parle, là ?

— Saint Michel, patron des soldats.

— C'est à quel sujet ?

Vous connaissez en gros l'objet de la conversation, à laquelle je n'ai pas donné suite dans l'immédiat. Les conditions proposées par l'archange ne m'intéressaient pas et ressemblaient à celles d'un contrat léonin. En bonne paysanne, et malgré mon jeune âge, je n'avais pas l'habitude de me faire avoir. Quelque temps après, nouveau bourdonnement d'oreille. J'ai décroché ma trompe d'Eustache.

— Allô ! Qui est à l'appareil auditif ?

— Sainte Catherine, patronne des jeunes filles.

— C'est à quel sujet ?

Les propositions étaient les mêmes, avec quelques précisions en prime sur l'apparence physique du dauphin que je n'avais jamais vu. Malheureusement, il ne fut pas davantage question des avantages que je pourrais retirer de l'opération. Une jeune fille habillée en soldat me semblait du plus haut risque, et j'eus la vague impression que sainte Catherine voulait me faire porter le chapeau. Comme la première fois, j'ai raccroché.

Pendant plusieurs mois ça a sonné sans arrêt. Je suis allée voir un rebouteux allemand, habitant à la frontière, réputé pour les maladies de l'oreille : Otto Rhino. Ne me trouvant aucune anomalie du conduit, il me fit porter plus d'attention aux autres appels. Le dernier fut définitif.

— Ici sainte Marguerite, vierge et martyre, patronne sans employés, décapitée en 275.

— C'est à quel sujet ?

Vous pensez bien que je le connaissais, le sujet ! Cette fois-ci, le bon Dieu avait mis le paquet. M'envoyer une décapitée afin que je prenne la tête des armées du roi était la meilleure façon pour que je me monte le cou.

Je n'ai eu aucun mérite à reconnaître Charles VII au milieu de son assemblée, car ce que tout le monde a pris pour ma première performance était simplement l'information d'un domestique qui me l'avait désigné du doigt. Et qui a bien pu raconter que le dauphin était tombé dans sa piscine lors de ma rencontre avec lui ? C'est une affabulation ridicule que seul peut faire un auteur en mal de publicité. Au contraire, je me suis adressée au roi avec respect, n'utilisant que le charme naturel de mes dix-sept ans pour avoir un autographe au bas d'un ordre de mission.

Dire que mes rapports avec les hommes de guerre ont toujours été sans histoire serait exagéré. Tous ceux que j'ai pu convaincre m'ont fait plus ou moins comprendre que si je voulais des galons sur ma cuirasse, il fallait d'abord que je l'enlève pour qu'on puisse les y coudre... En toute modestie, j'étais un joli petit poulet de grain, et messieurs les coqs ne s'y trompaient pas. Même à présent, quand je me regarde dans l'eau d'un nimbostratus, je ne me trouve pas trop marquée malgré mes cinq cent quatre-vingts ans. Il est vrai que la canonisation est la crème de beauté du ciel !

Toute mon éternité, je me souviendrai du jour où, pour la première fois, j'ai passé mes troupes en revue. Des centaines de brutes avinées me dévoraient du regard, avec le désir à peine voilé de trouver un ouvre-boîte pour me découper l'armure, comme ce petit gros qui me manqua de respect en flattant la croupe de mon cheval pendant le siège d'Orléans... Un appel télépathique à sainte Catherine, et elle ordonna aussitôt à ma monture de balancer une ruade dans les parties vives du malotru. Cela avait suffi pour que les soldats m'acceptent pour capitaine, et mes lieutenants pour amie.

Depuis mon arrivée au paradis, il m'arrive de rencontrer l'un d'eux au détour d'un nuage. Par exemple, ce brave La Hire qui m'a tant aidée pour vaincre les English à Patay, et a tenté de me délivrer lorsque j'étais prisonnière à Rouen. Je suis heureuse de le revoir, avec ses petites ailes dans le dos, jouer au deltaplane au-dessus de ma tête. Nous échangeons quelques paroles, réconfortantes de simplicité :

— Ça va, Étienne ?

— Ça va, Jeannon !

En revanche, je ne sais pas du tout ce qu'est devenu Gilles de Rais. D'après la rumeur, quelques âmes l'auraient rencontré au purgatoire, payant je ne sais quelles factures terrestres. Paraît qu'il a une barbe bleue et fait encore de l'œil aux jeunes femmes ! Sacré Gillou, va !...

Voyez, la vie éternelle se déroule au fil des siècles, tranquille, sans autres besoins que la reconnaissance des vivants que j'observe parfois à travers ma lunette astronomique, et qui prennent toujours autant de plaisir à s'engueuler et à se massacrer. J'ai quelque doute sur l'utilité de la tâche qui me fut confiée sur terre, et lorsque j'aborde ce sujet avec mes saints les plus intimes, Michel, Catherine et Marguerite me semblent un peu gênés.

La seule chose qui m'énerve un peu, sur mon océan de sérénité, ce sont les coups de téléphone que je reçois sous forme de prières à mon adresse. Ils émanent, bien sûr, de ceux qui auraient encore des services à me demander. Tenez, pas plus tard que ce matin, ça sonne dans mon oreille :

— Quoi ? Qu'est-ce que c'est encore ?

— C'est pour toi, Jeannette, me dit la sainte standardiste. Une prière sur la 3, d'un monsieur... Giscain d'Estard ou quelque chose comme ça.

Tant de gens s'adressent à moi dans leurs suppliques ! Le rôle des élus de Dieu est de les écouter, mais mes lignes sont de plus en plus encombrées par les demandes de tous ordres. J'enlève mon coton-tige.

— Allô ! C'est à quel sujet ?

— Ici c'est le président Valéry, seigneur d'Estaing. (*Clop !*) Je voudrais parler à Mlle d'Arc. (*Clop !*)

Qu'est-ce que c'est, encore, que ce type ? Il va me flanquer une otite avec ses claquements de langue... Il insiste :

— C'est bien à Mlle Jeanne d'Arc que je veux parler. (*Clop !*) Je serai bref et concis. (*Clop !*) La France a besoin de vous.

— Qu'entends-je ? Qu'ois-je ?... Excusez-moi, mais j'ai déjà donné. De toute façon, je ne peux pas descendre. Dans ce domaine, les allers et retours ne sont pas encore inventés.

— Soyons clairs, mademoiselle. Il s'agit d'intercéder auprès de votre patron pour qu'il me donne un coup de main lors des prochaines élections. (*Clop !*)

Gonflés ces politiques ! Prêts à tout pour trouver le financement de leur campagne ! Je réponds du tac au clop :

— Impossible, monsieur le Présiclop. Je ne peux pas déranger l'Éternel pour lui parler du temporaire. J'ai trop de travail à tondre mes moutons nuageux.

— Je sais ! J'en ai tondu cinquante-cinq millions en tant que président de la République !

Ah ! Un bon point pour mon interlocuteur qui fait preuve d'objectivité. Je me fais plus lénitive.

— En sorte, que désirez-vous, monsieur Giscard d'Estaing ?

— Eh bien, voilà : je voudrais que vous vous rendiez à Château-Chinon...

— Chinon !... Encore ! Là où j'ai rencontré Charles VII ?

— Non, cette fois-ci, c'est dans la Nièvre, le fief de Mitterrand Ier. Il faut que vous boutiez les socialistes hors de l'Élysée. Si vous réussissez à me faire sacrer pour un deuxième mandat, j'enverrai un sacré mandat pour la réfection de la cathédrale de Reims ! (*Clop !*)

Alors, là !!!... J'en tombe sur l'écu[1] ! Je me mets des boules « Qui est-ce » dans les oreilles, et branche mon répondeur automatique.

1. Bouclier des hommes d'armes au Moyen Âge.

MADEMOISELLE JEANNE D'ARC EST ABSENTE JUSQU'A LA FIN DU MONDE. ELLE COINCE LA BULLE!
SIM

Gilles de Rais

Quand on pense que ce sinistre personnage a été le compagnon de Jeanne d'Arc, ça vous fait froid sous le Damart en acier trempé. Comme quoi on peut parfois se gourer en choisissant son entourage. Il est certain que la petite paysanne était bien naïve lorsqu'elle a choisi ses lieutenants. Elle ne pouvait pas savoir que les sbires et les spadassins qui prennent leur pied dans la castagne se sentent fort démunis quand la bagarre est terminée. Combien de films ont été tournés par les cinéastes du monde entier pour montrer la nostalgie des assassins de la guerre qui ont tant de mal à se réinsérer dans le temps de la paix. Quand on a sulfaté des êtres vivants à coups de mitrailleuse, on a du mal à se retrouver chauffeur-livreur chez Yoplait...

Cela doit être le cas de Gilles de Rais, n'en doutons pas. Après s'être fait bosseler la mentonnière, dévisser le plastron, fêler le cuissot, tordre la tassette de son armure en débitant le rosbeef à la hache, il se retrouve à la cour du roi, le petit doigt en l'air, le muscle dans la dentelle. Pour un homme de main normalement constitué, il y a de quoi balancer sa tasse de thé dans les plantes vertes.

Non, je ne me vois pas dans la peau de ce personnage dévoyé, malgré ma puissante ossature et mon goût pour la galanterie. D'abord, j'aime trop les enfants et celles qui les portent. Les femmes m'ont, en effet, donné de telles satisfactions que je n'ai nulle envie de les enfermer dans un placard après leur avoir graissé la targette.

J'aurais bonne mine en essayant de ressembler à Barbe-Bleue, moi qui n'ai que quelques crins isolés sur un menton sans surface. Je n'irai pas jusqu'à dire que certaines dames de ma vie ne m'ont jamais donné envie de leur boucler parfois le clapoir, mais s'il fallait enfermer tous ceux qui disent des conneries, les placards du monde entier n'y suffiraient pas. Je risquerais moi-même de me retrouver souvent au bloc !

Pourtant ça avait bien commencé pour Gillou la Rayure. Être dans le sillage d'une star n'est pas donné à n'importe quel pique-assiette. Faire partie d'une équipe gagnante avec les honneurs de la guerre, c'est assez valorisant, non ? Mais voilà notre baroudeur quittant sa patronne et le roi de France pour aller s'enterrer dans un bled de Vendée, Tiffauges, et abandonnant les marquises du palais pour les parasols de la brousse ! Ce n'est pas un manque de jugement, ça ? Il y a parfois des mecs qui ne sont pas doués pour établir leur plan de carrière. Alors que cet imbécile pouvait cueillir les fruits d'un passé glorieux auprès d'une étoile, il va planter des choux dans un trou signalé en rouge dans le Bide Michelin ! Même les plus obscurs techniciens de Vanessa Paradis restent avec elle entre deux albums pour lui passer de la pommade et renifler ses collants !

Regardez Carlos, le plus sympathique de nos Barbe-Bleue. Il est resté dans l'entourage de Sylvie Vartan lorsqu'elle était la pucelle d'Hallyday, au temps du Golf Drouot. Il a pris tout son temps pour fabriquer sa panoplie de chanteur. Et quel succès !

Non ! Gigi la Barbouze s'est fourré la rapière dans l'œil quand il a commencé ses turpitudes vendéennes. Moi, à sa place — ça n'est qu'une hypothèse de travail ! —, si j'avais pris la décision d'abandonner ma patronne pour me tirer à la campagne, j'aurais profité de sa gloire pour faire pousser de la vigne. Au lieu de « m'amuser » avec les enfants, j'aurais créé un grand cru, spécial Charles VII, avec la couronne sur l'étiquette. Au lieu de séquestrer mes poules à poil dans un cagibi — si l'on en croit les affabulations des auteurs de contes —, j'en aurais élevé d'autres, à plumes, dans ma campagne. Elles auraient pondu des poulets vendéens (les meilleurs, selon la pub, à la télé) et je les aurais commercialisés sous le label « BARBECUE PARTIE ». Il ne faut jamais négliger les produits dérivés !

Comment peut-on mettre au rancart les femmes qui vous ont donné du plaisir ? J'en conviens, le modèle choisi par Perrault ou Maeterlinck n'était peut-être pas idéal, mais voilà encore un exemple de l'exploitation des produits dérivés. Il suffit que quelqu'un innove, dans un domaine quelconque, pour que les commerçants de l'écriture lui piquent sa première idée. Comme je fais partie de ces petits vendeurs à la sauvette, tant pis ! je pique aussi...

Je m'imagine tout de même gentil Barbe-Bleue, retrouvant mes femmes dans un placard, écrasé de bonheur sous une douzaine de gros seins. Parce que, croyez-moi, mes épouses, je ne les aurais pas trucidées : je les aurais fait grossir dans le noir, comme ces volailles qui engraissent plus vite dans l'obscurité.

J'ouvre une parenthèse avant de m'enfermer dans le placard avec mes six gourmandes. J'ai toujours rêvé d'être honoré par des grosses. Cela tient, sans doute, à mon côté fluet. On dit que les extrêmes se touchent, et j'ai toujours envie de me faire toucher par les extrêmes.

Crac ! je suis enfermé dans le placard. Aaah ! Oooh ! Oui !... Non !... Si !... Papa ! Maman !... Les sevrées du radada sont tellement heureuses de m'avoir à leur merci qu'elles en oublient ma septième concubine qui joue au sémaphore avec sa frangine du haut de la tour. Quand les cavaliers arrivent pour la délivrer, j'ouvre la porte du placard et, au lieu de tomber sur le cimetière imaginé par Perrault, ils sont accueillis par une demi-douzaine de ravageuses qui pètent de santé... Ça se termine par un *happy end* genre film classé X, Canal +, deux heures du matin, avec, en surimpression sur le générique, sœur Anne qui prend des photos.

Avouez que ma version est quand même plus gaie, non ?

POURVU QUE SOEUR ANNE NE VOIE RIEN VENIR !
SIM

Louis XI

Pour parler de Louis XI, je me refuse à compiler les écrits de Philippe de Commynes qui fut son biographe. Je m'en rapporte seulement à ce que je me rappelle du fils de Charles VII, car les historiens s'embarquent bien souvent sur des routes secondaires qui ralentissent le voyage. Habitué des parcours d'autoroutes, je ne lis que les grands panneaux indicateurs, et cela me suffit pour savoir où je me trouve et où je vais.

Vous qui me lisez avec la frénésie dont je ne doute pas, vous êtes comme moi. Que savez-vous de Loulou l'Onzième ? Qu'il soit le gnard de Charles VII importe peu à mon boucher. Ma bonne portugaise (qui a lu tous mes bouquins) ne sait même pas qu'il a fait la paix à Picquigny avec le roi d'Angleterre pour mettre fin à la guerre de Cent Ans. Ma femme, qui lit pourtant *Point de Vue — Images du Monde,* ne se rappelle même plus qu'il fut battu à Guineguatte par Maximilien d'Autriche, en 1479.

Pour moi, Louison n° 11 n'a été qu'un très mauvais fils. Quand on a la chance d'avoir eu pour père un roi qui fut le pote d'une future sainte, on ne se révolte pas contre lui à dix-sept ans ! Comme quoi, il ne faut pas trop gâter les enfants, sans ça ils vous prennent pour des minables et, dans un sens, ils ont raison. Moi, j'ai eu la chance d'avoir un papa qui fut le roi des gentils, et mes jouets n'étaient pas les provinces françaises. J'ai eu un nounours à la place du Dauphiné, et quand je me filais des peignées avec ma sœur, je n'échangeais pas la Normandie contre une sucette au cassis.

Les rois du temps passé se comportaient comme de vrais chiffonniers : je te rends la Normandie et je te reprends le bâton de ta sucette au cassis pour le foutre dans l'œil du duc de Bourgogne aligoté, afin qu'il ait un avant-goût du kir... Remarquez, ça n'a pas trop changé de nos jours. Nos hommes politiques baignent dans d'autres magouilles, vêtus des caleçons de bain tricolores payés par les électeurs, alors que ceux-ci se retrouvent toujours à poil dans la mare aux canards.

D'abord, si j'avais été Louis XI, je me serais fait refaire le tarbouif chez le docteur Lifting, et j'aurais changé de chapelier. Quand on a un blair à piquer les portefeuilles et un galure à faire fuir les corbeaux, comment voulez-vous attirer la sympathie des gens que l'on retient en prison, dans une cage ? Je me serais commandé un petit nez à la Catherine Deneuve et un bitos de chez Sools pour que mes prisonniers se tordent encore plus de rire entre leurs barreaux déformants.

Si l'on pouvait planifier l'arrivée de certains hommes sur la terre, moi, Louis XI, j'aurais préféré régner au temps de Bernadette Soubirous pour profiter du miracle de Lourdes. Quelle belle époque pour un roi bigot ! Je me vois, avec mon chapeau-vitrine, dans les rues de la ville sainte, entrer chez les marchands de médailles pieuses pour échanger des pin's bénits... Je vous donne une Vierge Marie contre dix Antoine de Padoue... Combien, le saint Christophe ? Tiens ! je n'ai pas ce saint Joseph en couleur !... Et la sainte Rita en cuivre, c'est une attache à aiguille ou à vis ?... Quel pied pour un pinsoclophile en avance !

Et, pour revenir aux fameuses cages-prisons, j'aurais fait paraître des petites annonces dans l'Indicateur Bertrand Duguesclin : « *A louer cages à lapins style Louis XI, avec vue sur l'amer...* » L'extension de ce mode de logement, qui préfigurait déjà les HLM des grandes banlieues, pouvait être bénéfique aux sans-abri, et quel souci en moins pour les maires des lieux à hauts risques ! Lorsqu'on ne peut pas sortir de chez soi, il est impossible d'aller foutre la merde dehors ! Vous me direz qu'une cage de fer d'un mètre cube, dans une cave humide, n'incite pas à s'adonner au cocooning lorsqu'on a le menton sur les genoux et la colonne vertébrale en arc de cercle. Comme disait ce pauvre cardinal La Balue qui y fut longtemps emprisonné : « Mieux vaut un grand chez-soi, qu'un petit chez les autres. » Il est vrai que La Balue avait un peu tripoté la bourse de l'évêque de Poitiers dont il était le successeur testamentaire. Sa ruse et son absence de scrupules le firent remarquer par Louis XI qui en fit aussitôt son ministre. Il faut toujours utiliser les compétences qui conviennent à certaines situations données. Malheureusement, le cureton de luxe s'aboucha avec Charlot le Téméraire contre le roi de France, qui lui octroya, pour la peine, un de ces petits logements d'une pièce décrits plus haut. Après onze années dans la rouille et les grincements du fer, on mit fin à son bail locatif, et il déménagea pour résider dans la somptueuse demeure du pape dont il devint le légat. Encore un qui savait choisir son entourage !

Évidemment, si j'avais été Louis XI, je n'aurais pas agi de la sorte. D'abord, je n'accepte pas que l'on me flanque dans le plumard de Marguerite d'Écosse, à l'âge de treize ans. Comment voulez-vous désherber la Marguerite quand on a encore la binette dans l'emballage ? Moi, à treize ans, j'avais aperçu ma frangine qui prenait un bain dans une bassine, et ce que j'ai pu voir d'elle n'était pas de taille à me faire abandonner la tartine de confiture que je tenais dans la main. Ma sœur était plate du haut, ventrue du milieu, et maigre du bas. Il faut dire qu'à dix ans, les nanas ne sont jamais enflées aux bons endroits. Entre nous, je me demande comment P'tit Louis avait pu faire pour arracher les pétales d'une Marguerite qui n'avait pas encore de bouton !... Et on dit que les gosses d'aujourd'hui sont trop en avance ! Non !... Moi, en tant que dauphin, j'aurais fait comme ceux du zoo d'Antibes : ils donnent seulement des coups de queue pour attraper des friandises.

Comme j'aime assez les pâtisseries, en revanche, je dis oui à Charlotte de Savoie. Une charlotte aux pommes avec un biscuit de Savoie... deux desserts en un ! Une autre bonne femme qui me plaît bien, c'est Jeanne Laisné, dite Jeanne Hachette, à cause des coups de hache qu'elle porte aux ennemis pour défendre sa ville de Beauvais.

Malgré cela, je trouve assez injuste pour les autres contribuables de ce temps-là que Louis XI l'ait exonérée d'impôts en récompense de ce fait d'armes. S'il suffisait de décapiter les gens pour ne plus payer d'impôts, les marchands de haches seraient en rupture de stock.

Quand on pense, également, que Louis XI avait fait d'un nommé Ledain son barbier en même temps que son chirurgien, il y a de quoi vous faire dresser les cheveux sur la tête. Moi qui ne vais jamais chez le coiffeur (et pour cause !), il n'y a pas plus de chance qu'il m'opère de l'appendicite.

Finalement, je me vois très bien dans la peau de ce roi pour être tout le contraire de lui. Jamais je ne me serais engueulé avec mon père comme il l'a fait avec le sien, car je lui portais de l'estime. Oh, évidemment, papa avait aussi une maîtresse... Bien sûr, elle n'était pas de la trempe exceptionnelle d'Agnès Sorel, mais elle avait un autre avantage qui me faisait lui pardonner d'avoir séduit mon vieux : elle était beaucoup plus moche que ma mère.

Et les fringues de Louis XI ! Moi je ne les aurais pas achetées au Gai Laboureur pour emmerder les oisifs de ma cour. Je me serais sapé dans le satin, chez les grandes folles du ciseau, et je n'aurais pas avalé mon bulletin de naissance dans une hémorragie cérébrale en croyant que je mourais de la peste.

A mon avis, ce roi-là devait être aussi un peu fêlé de la couronne !

Louis XI' H.L.M
A LOUER
SIM

Charles VIII

— Ça, chez les Valois, on ne perd pas de temps, ma bonne dame ! Vous avez vu, le petit Charles, roi à treize ans ! C'est fou ce qu'on les prend jeunes, maintenant, dans la politique !...

J'entends d'ici Mme Béju, concierge rue Vieille-du-Temple, installée dans sa loge, quelques mois avant la mort de Louis XI. Elle ramasse le crottin de cheval qui s'infiltre entre les pavés de la rue et parle à sa voisine, blanchisseuse à l'hôtel du duc de Brossarebourg.

— C'est-y pas malheureux de laisser les chevaux faire leurs besoins en plein milieu de la chaussée ! On ne peut pas leur apprendre le caniveau, non ?...

— C'est vrai, M'ame Béju, les pouvoirs publics ne font pas grand-chose pour la propreté de Paris.

— Ouais... et on n'est pas prêts pour que ça change... Il paraît que le roi fait encore pipi au lit !

Évidemment, lorsque l'on donne les rênes du char de l'État à un roi, il est préférable qu'il ne fasse plus ses besoins dans la carriole. Heureusement que la grande sœur est là. Elle a vingt et un ans, et c'est elle qui va faire le ménage de la France en attendant que le petit frère monte sur un trône qui lui permettra de satisfaire d'autres besoins.

Par curiosité, je préfère m'infiltrer d'abord dans la jolie peau de sa frangine, Anne de France, pour essayer de comprendre son mécanisme de jeune mariée, de jeune souveraine, et de jeune veuve.

Procédons par ordre. J'ai douze ans, et ma famille me pousse dans les bras d'un vieux barbon de trente-six ans, le dénommé Pierre de Beaujeu. J'avance vers lui en planquant ma sucette sous mes jupes. Il me regarde avec un œil à déshabiller les poupées. Horrible !... Son regard pourrait stopper la croissance des lentilles mammaires qui me tiennent encore lieu de poitrine. J'ai une trouille capable d'arrêter ma puberté au carrefour des enfants perdus. De quoi vous faire entrer dans les ordres, en plein désordre ! Justice, juste ciel ! Comment peut-on pousser une gamine à frôler le caleçon d'un vétéran de la gaudriole ? Au nom de la raison d'État, on me propulse sur un sommier à turbulences, alors que je sors à peine du berceau.

Tant pis ! J'assume ! En tant que Sim, je ne suis Annette la Franchouillarde que par le truchement de ma plume et je veux voir comment mon stylo va me conduire dans le labyrinthe libidineux de Pierrot de Beaujeu.

Il me faudrait remplir cent pages de points de suspension pour cacher les affres de la future régente. Par la pensée, je viens de vivre la défloration de la jeune plante qui m'a revêtu de ses feuilles. Dépouillé de ma fleur, je ne suis plus qu'un végétal qui pend du lit sur le parquet, la tige ramollie et l'ombelle décomposée.

Me voilà donc la femme du duc de Bourbon (avec un nom pareil, je me taperais bien un double scotch pour me remettre de mes émotions). Dans huit ans, je serai aux commandes de la France et j'apprendrai le pilotage sans visibilité à mon petit frère, en attendant qu'il devienne à son tour commandant de bord. Pendant ce temps, je vais jouer les Dorothée avec mon vieux Mickey pour le faire canner à soixante-cinq ans. Mais quel boulot ! J'aurai une bonne quarantaine en abordant mon veuvage et, avant, je me serai farci la Guerre Folle contre les nobles en regardant le roi jouer au cerceau dans la cour du château. De quoi vous ménopauser la tubulure avant l'âge...

Non ! Finalement je préfère réintégrer ma carcasse masculine. Cette incursion dans le genre féminin me démontre encore une fois la difficulté d'appartenir au sexe faible, et je vénère toutes les femmes qui se sacrifient pour le confort du corps et du cerveau des hommes. Merci, les filles !

Boum ! Je viens de sauter dans l'enveloppe charnelle de Charles VIII et je m'étonne d'avoir cette gueule qui est plus hibou que chouette. J'ai un nez genre bec verseur Harpic-WC (vous savez : celui qui nettoie la cuvette à l'envers...) ; mes yeux ressemblent aux phares d'une deux-chevaux dont la batterie serait à plat, et ma bouche en cœur aplati n'est pas faite pour attirer le baiser. En plus de ça, mon galure m'empêche de voir l'horizon car il me dégringole sur les arcades comme un vieux store dont on aurait cassé le cordon. J'étais quand même plus à l'aise dans la peau de la sœurette ! Tant pis, j'assume !...

Me voilà l'époux d'Anne de Bretagne. Pas de bol ! Je vais canner dans sept ans, et il faut que je profite de ma lune de miel avec la mignonne avant d'aller retrouver mes ancêtres au royaume de Dieu.

Je ne sais pas comment Charles s'y est pris pour honorer sa Bretonne mais, d'après les descriptions qu'on m'en a faites, moi, j'aurais bien profité des circonstances.

La petite Anne boitait et portait des patins pour cacher sa claudication. Vous voyez d'ici ce que cette particularité physique peut amener comme possibilités amoureuses ! Pour vous remercier d'avoir acheté mon bouquin, je vous convie à assister à l'un de mes ébats royaux en tant que client privilégié.

Annette la Nantaise est dans le fond de la piaule, laquelle fait bien trente mètres de long sur vingt de large. Complètement nue, à part sa coiffe bretonne brodée au point Virgule[1], elle porte un dossard à mon chiffre que je n'ai pas voulu romain pour mieux rendre hommage aux formes féminines. Entouré d'un

1. La Virgule, petite rivière neurasthénique qui se jetait dans la Loire pour mettre fin à son cours. Les brodeuses de l'époque ont mis au point ce point qui tombe à point pour rappeler le temps où la sécheresse ne sévissait point.

cœur, le 8 devient plus érotique. Juchée sur des patins à roulettes de hauteurs différentes pour rehausser la guibolle plus courte, Anne de Bretagne est prête pour la course à l'échalote. Elle piaffe, excitée par ma musculature drapée dans une serpillière pour faire plus sauvage. Je porte ma couronne autour du cou, ce qui me donne un air bestial augmentant encore le désir de ma belle qui trépigne sur ses huit roues.

Ma position est complètement à l'opposé de la sienne, car je me trouve à l'autre bout de la pièce, face à elle, avec une séparation en ligne de trente mètres. Le départ est donné par un valet de pied perché sur une armoire, et qui fait office de juge de chaise. Il sonne de l'olifant et nous nous précipitons l'un vers l'autre.

— En avant toute ! crie la reine de France.

Pour la bonne compréhension des principes de cette figure amoureuse qui, je le présume, doit laisser pour l'instant mes lecteurs indubitablement dubitatifs, il me faut expliquer la règle du jeu.

Les partenaires sont donc éloignés l'un de l'autre. Face à face, ils doivent s'observer en silence pour faire monter en eux le désir charnel qui se trouve être le carburant nécessaire à la mobilité du jeu. C'est, en sorte, le principe de la bouilloire à sifflet ou de la machine à vapeur. Quand la pression du rut atteint son maximum, l'arbitre de chaise donne le départ en sifflant, et les deux joueurs doivent s'élancer l'un vers l'autre pour établir une jonction nette et sans bavure. C'est, en somme, le principe du bilboquet dans sa variante à l'horizontale.

Cela a l'air très simple, de prime abord, mais l'inventeur du jeu a multiplié les embûches pour le rendre plus attractif. La partenaire féminine est montée sur patins à roulettes et, avant d'atteindre le milieu de la pièce, doit sauter une haie faite de yaourts à la fraise. (Le choix du fruit n'est pas impératif, c'est uniquement parce que, moi, je préfère le yaourt à la fraise.) Ensuite, elle doit effectuer un pointage en tapant sur une sonnette à percussion placée sur un guéridon et, enfin, faire un demi-tour complet pour se retrouver en position d'amarrage.

Le partenaire masculin part en même temps que son adversaire. S'il n'a pas de patins à roulettes, la difficulté n'est pas moindre car ses pieds sont chaussés d'espadrilles délacées. Il doit d'abord franchir un chemin de pommes de terres nouvelles placées à même le sol, puis pointer la première étape en soufflant dans une trompette pendant au bout d'un fil accroché au plafond.

Après un tour complet sur lui-même, il se retrouve derrière la joueuse pour l'ultime prise de contact. Dans ce cas, le jeu se solde par un ex aequo, et la récompense est mutuelle.

Si l'un des deux joueurs commet une faute qui empêche les retrouvailles juste au centre de la pièce, l'épreuve est reportée au lendemain.

Donc, la duchesse vient de pousser son cri de guerre, dès la sonnerie de l'olifant. Elle s'élance dans un coup de rein impeccable pendant que je me propulse en avant. Malheureusement, je marche sur le lacet de mon espadrille gauche et une embardée me fait prendre quelques secondes de retard. Anne a déjà franchi deux bons mètres et se prépare à bondir au-dessus des pots de yaourt, mais son patin droit se met légèrement de travers, modifiant ainsi la trajectoire prévue. La reine dévie vers un placard et s'écrase sur la poignée de la porte.

— *Out !* crie le juge de chaise.

Je profite de la remise en jeu pour rattraper mon retard et mon arrivée sur les patates est remarquable. Mon élan est assez fort pour franchir l'obstacle. Je glisse sur les tubercules comme sur de la neige lourde et me retrouve le nez sur la trompette dont j'essaie de happer l'embouchure. Son balancement au bout du fil rend la chose extrêmement difficile car je n'ai pas le droit de me servir des mains. L'instrument m'arrive tout de même dans la bouche après m'être rentré dans l'œil et dans l'oreille. J'en tire un son victorieux : pointage réussi.

Au même instant, Anne retombe sur ses pieds après avoir franchi la barrière dans un double axel presque olympique. Sa jambe plus courte modifie encore le trajet qu'elle avait prévu, les roulettes se bloquent à droite, et la voilà plongeant en avant pour retomber le menton sur la sonnette à percussion. Le son de l'olifant et la sonnerie résonnent en même temps.

— Égalité ! annonce l'arbitre.

Tandis que la souveraine se redresse dans un époustouflant saut de carpe avant de faire le fameux demi-tour qui va m'offrir le nirvâna espéré, je pivote aussitôt sur moi-même pour me retrouver dans la position du tireur debout, l'arme en avant.

C'est alors la fin du jeu, le suprême assemblage. J'entre dans l'arène de France en brandissant la glorieuse muleta qui fait de moi le matador de l'amour !

N.B. : Les personnes qui n'auraient pas bien compris l'explication de ce jeu peuvent demander son mode d'emploi au service érotique des éditions Flammarion, en joignant une enveloppe complètement timbrée.

LE DUC DE BOURBON LA REGENTE ET CHARLES VIII

Louis XII

On s'y perd vraiment dans tous ces Louis et ces Charles. Heureusement qu'ils se donnent des numéros, sans ça comment voulez-vous les reconnaître ? Depuis des siècles ils se battent tous contre les Anglois, se piquent et se rendent les mêmes provinces, leurs bonnes femmes se prénomment Anne ou Marie... Bref, on prend les mêmes et on recommence ! Heureusement qu'entre Thiers et celui d'aujourd'hui nos présidents ont des noms de roturiers. A part Charles de Gaulle et Valéry Giscard d'Estaing, s'appeler Faure, Loubet, Lebrun, Pompidou vous a un petit air populo qui rassure l'électeur. Quelle pagaille dans l'esprit d'un élève de 6e s'il y avait eu un Coty Ier, Coty le Jeune, Coty le Vieux !... Déjà, avec le parfumeur, on pouvait confondre ! Moi qui ai souvent mélangé Doumergue et Doumer qui lui a succédé, je suis heureux qu'il y ait eu plus de soixante ans entre Millerand et Mitterrand pour ne pas ajouter à la confusion.

Ce qui m'a marqué dans Louis XII, c'est qu'il fut lui aussi le jules d'Anne de Bretagne. Rien que pour me refarcir la belle Nantaise, je vais encore me coller la couronne du roi sur la tronche. Pour une fois, cette idée n'est pas systématique car j'ai longtemps vécu à Nantes et, en allant à l'école, mon chemin passait devant le château de la duchesse Anne. Mes quinze ans romantiques me poussaient à la rêverie, et je me voyais escaladant les remparts pour retrouver la célèbre Bretonne dont j'avais vu le portrait au musée Dobrée de Nantes. Quelle ne fut pas ma surprise en découvrant qu'elle ressemblait un peu à la Joconde, avec ce même sourire et ce même regard. Une reproduction du portrait de Mona Lisa était dans ma chambre de jeune homme, et je lui dois mes premières érections. Se réveiller chaque matin devant une ingénue perverse qui vous fixe dans les yeux facilite les bourgeonnements juvéniles et détermine les préférences de styles. Celui d'Anne de Bretagne était mon genre et j'ai toujours pensé qu'elle devait être une affaire. C'est pour ça que je vais me substituer à Louis la Douzaine pour remettre le couvert avec la duchesse.

Être le fils de Charles d'Orléans, grand seigneur, duc, délicat poète, me comble d'aise. Le dernier roi n'ayant pas de successeur — je ne suis que son cousin —, je le remplace à vingt-sept balais pour tenir le sceptre. Pour ne pas faillir à la tradition des mariages obligatoires, j'épouse Jeanne de France avant mon avènement, mais, bon Dieu ! qu'elle est mal foutue... Même à « Tournez Manège » le plus taré des candidats n'en voudrait pas. Elle est contrefaite de partout, de la jambe, des fesses, du sourire. Pour la nuit de noces, elle entre dans ma chambre en grinçant de la risette, les lèvres complètement déportées vers l'oreille gauche, et découvrant des prémolaires à faire peur aux dentistes les plus barbares. Quand elle enlève sa chemise, le tissu s'accroche à la pointe d'une omoplate et se déchire dans un bruit déchirant. Je découvre une structure osseuse qui rappelle les tuyaux de Beaubourg, avec deux seins dégonflés pendant sur un ventre à bourrelets. Elle n'a aucun poil au pubis car ils sont tous descendus sur les jambes.

J'ai envie d'appeler ma mère et Police-Secours, de prendre un avocat pour me défendre, de me jeter par la fenêtre ! La Jeanne se retourne pour me montrer la face nord de la lune, et j'y vois la mer de la Désolation entourée d'un sol sélénite qui ferait reculer un cosmonaute. Jamais je ne pourrai planter mon drapeau dans ce terrain aussi vierge qu'hostile. Il reste en berne. Je le planque sous le drap, j'avale un tube de Temesta, et je souffle les chandelles.

Ouf ! ça y est, je suis roi ! Mais que le temps m'a paru long avant de renvoyer mon laideron qui ne va pas tarder à se parfumer à l'odeur de sainteté dans un couvent de Bourges. Je fonce sur Anne de Bretagne, la veuve du cousin Charles VIII et l'objet de mes désirs. Tout le monde sait que ça n'est pas un perdreau de l'année car, avant de basculer sur ma moquette, elle a déjà joué à la choucroute royale avec l'empereur d'Allemagne et au huit polisson avec Charlot Huit. Mais quel pied avec elle ! Les Bretonnes n'ont pas leurs pareilles pour vous faire sauter la crêpe en dehors de la Chandeleur.

Moi, à la place de Louis XII, celle-là, je ne l'aurais pas remplacée par cette traînée de Marie d'Angleterre qui a fait de lui le premier cocu de France avec son compatriote, le duc de Suffolk. Je vous disais bien qu'il fallait se méfier. Quand les Anglais débarquent, il n'y a plus de rapports possibles.

Je suis quand même le beau-père du futur François Ier. Sur une carte de visite, ça vous a quand même ses lettres de noblesse ! Mon pauvre gendre n'a pas de pot pour débuter dans la galanterie car je lui refile ma fille Claude qui se laisse un peu aller et qui « n'a rien pour inspirer l'amour », comme dira plus tard Charles Ier d'Aznavourie.

Moi, Louis Doudouze, j'y crois pas des masses à Franfran Ier. Je dis même à qui veut l'entendre que ce gros garçon gâtera tout sauf ma fille qui, je le répète, n'est pas gâtée... même par la nature. Je doute qu'aucun homme ne lui ait fait prendre son pied. Dans sa vie elle n'a, simplement, joui que d'une grande réputation.

Tout le boulot que j'ai fait en Italie, j'ai peur que ce gandin ne le foute en l'air plus tard. On verra bien !... N'empêche que j'ai ramené en France la recette du minestrone et qu'on a bien rigolé, à Naples, Triboulet et moi. Ça vaut le coup d'aller à la ligne pour vous parler de Triboulet[1].

C'est une sorte de Coluche que je garde auprès de ma personne royale et qui participe à toutes mes campagnes d'Italie. J'ai beau avoir des responsabilités guerrières, j'aime qu'on me fasse rire quand je vois souffrir les soldats ennemis sous les coups que je leur porte, car je suis un souverain sensible. Je sais que si je ne riais pas, je me mettrais à pleurer, et ça, je ne peux le supporter. Il est très maladroit de pleurer devant un homme qui est en train de mourir. Ça peut aggraver son cas.

Donc, j'ai recueilli Triboulet qui, lui non plus, n'était pas un prix de beauté. Le déséquilibre de sa figure m'a tout de suite mis en joie et je le nomme Premier Bouffon de ma cour. Lorsque je conquiers Gênes, il est à mes côtés et c'est lui qui, regardant la ville du haut d'une tour du palais San Giorgio, a cette phrase devenue célèbre par la suite : « Où il y a Gênes, y a du plaisir ! »

Je me souviens d'un chef de mercenaires italiens qui, luttant à l'arme blanche contre ma propre garde, fut pris d'une telle crise de rigolade en voyant Triboulet, qu'il laissa tomber sa rapière et perdit la bataille. Le bouffon lui était apparu à l'entrée de la tente dans laquelle nous avions dormi tous les deux en chemise et bonnet de coton, tenant à la main mon vase de nuit qu'il se préparait à vider. D'où la fameuse expression utilisée lorsqu'on bénéficie d'un coup de chance : « Ça, c'est du pot ! »

Je crois que si j'avais vraiment été dans la peau de Louis XII, j'aurais engagé une légion entière de comiques chargés de faire diversion au cours des combats. Imaginez les Inconnus faisant irruption sur le champ de bataille, dirigés par le général Lederman. Vous voyez Muriel Robin avec sa tête en forme de pavé et ses jambes Olida sur les barricades, Popek à cheval sur la frontière juive, ou les Grosses Têtes en commando, portant l'estocade grâce à un fou rire désarmant ? Peut-être n'aurais-je pas perdu le royaume de Naples en

1. Triboulet, de son vrai nom Fleurial. Bouffon de Louis XII et, ensuite, de François Ier.

exhibant un de Funès ou un Bourvil en première ligne ? Quand on ne possède pas encore les armes sophistiquées d'aujourd'hui, il faut créer la diversion militaire pour détourner l'ennemi de son principal point d'attention. Le mot « diversion » est parfaitement synonyme de distraction, ou de divertissement.

Je suis assez fier que l'on me surnomme le Père du Peuple. Du haut de mon siècle, avec la longue-vue que je suis le seul à posséder, je vois la tête d'un Ruskoff nommé Staline et qui ne va être que le « petit » Père du Peuple... Bien fait pour lui ! Mon surnom est mérité car le peuple est un peu plus heureux qu'avant grâce à toutes les bricoles que j'ai ramenées d'Italie. Si, à l'époque, j'avais pu prévoir la notoriété d'un petit peintre qui s'appelait Léonard de Vinci, je crois que je serais devenu pote avec lui pour lui chouraver quelques toiles à bas prix. Je ne pense pas qu'il ait peint la Joconde au moment où je me trouvais à Milan, et je le regrette car, je l'ai déjà dit, cette bonne femme n'avait pas sa pareille pour me faire péter la sous-ventrière.

Il y a toujours eu plusieurs choses que j'aurais voulu ramener d'Italie chaque fois que j'y suis allé : la *Pietà* de Michel-Ange, un caleçon du pape, et Sophia Loren. Je pense que les trois feraient bien dans mon appartement. La *Pietà* au-dessus de la cheminée, et moi vêtu du caleçon papal afin d'impressionner Sophia à poil sur mon lit.

Pour me consoler de ces quelques manques, je vais sans tarder me fringuer en François Ier, et devenir le roi-chevalier après avoir rendu le dernier soupir.

C'est ça qui s'appelle la Renaissance.

ET, ATTENDS, T'AS PAS TOUT VU, Y'A UNE SURPRISE !
FUTUR LOUIS XII
JEANNE DE FRANCE
SIM

François Ier

Si l'on a vu Fernandel dans *François Ier*, le film si drôle où il était envoyé par un magicien en plein XVIe siècle, on comprendra que ce paragraphe illustre parfaitement le postulat nécessaire à l'écriture de ce livre.

Fernandel arrive à la cour de François Ier avec un Petit Larousse dans ses bagages et connaît évidemment tous les événements qui vont se produire à partir de cet instant, sans qu'ils aient encore eu lieu. Cette vision de l'avenir le pousse à empêcher les initiatives malheureuses des gens de l'époque, et à influencer le destin pour lui faire prendre des directions meilleures.

En ce qui me concerne, si les informations que je puise dans mes dictionnaires ne peuvent rien changer au passé, elles me permettent de jouer au coucou dans les nids des autres, et je n'ai plus rien à craindre de leurs propriétaires, morts depuis longtemps. C'est un bel exemple de lâcheté, dont je suis assez fier... Cela m'étonnerait beaucoup que les enfants d'Attila me traînent devant les tribunaux !

Qu'il était smart, le premier des François ! Beau, élégant, raffiné, cultivé. Tout à fait moi, à part le nez, les cheveux, la barbe, les fringues, la silhouette et la situation. Cela m'aurait bien plu d'être le Francis Bouygues Ier de la Renaissance, ce constructeur de merveilleux châteaux qui ignorait encore le béton. J'aurais été secondé par une armée de ravissantes chefesses de chantier, la belle Ferronnière, la belle

Bétonnière, la belle Plâtrière, la belle Menuisière... et hop ! tous à la campagne pour les week-ends à Chambord, Villers-Cotterêts, Saint-Germain, Fontainebleau, Chenonceaux. Il faut dire qu'en ce temps-là les taxes d'habitation n'étaient pas aussi élevées qu'aujourd'hui !

Alors, quelle idée il a eu, le François, d'aller faire du camping dans le Nord ? D'accord, le camp du Drap d'or était un établissement de plein air quatre étoiles, avec toutes les commodités, mais moi, je n'y serais pas allé. Son voisin de caravane, un dénommé Henri VIII qui, paraît-il, avait une excellente situation à Londres, était un m'as-tu-vu de première. Il s'est amené avec un mobil-home à baldaquin et buvait son thé dans un quart en or massif. Tout ça pour dire du mal d'un collègue allemand, un autre dénommé Charles Quint qui aimait, comme lui, faire du camping en France. Non, je ne me serais pas déplacé pour me geler les orteils sous une tente du Pas-de-Calais... Et j'aurais eu raison ! car ça n'a rien changé. Allez faire un tour dans les campings de France en été, qu'ils soient du Drap d'or ou municipaux, vous n'y verrez que des étrangers avec un gros pourcentage d'Allemands et d'Anglais.

L'autre erreur de François Ier est d'avoir vaincu les Suisses à Marignan. Quelle bourde magistrale ! Fallait pas faire ça !... Y avait pas le feu au lac !... Fallait les laisser gagner la bataille et les encourager à nous poursuivre jusqu'en France pour qu'ils nous envahissent. Vous vous rendez compte de la tactique ? La France occupée par les Suisses ! Ils nous auraient apporté leur calme et la gentillesse de leurs commerçants. Quelle répercussion dans le métro parisien où tous les gens se bousculent, et dans nos magasins où on se fait parfois engueuler par le patron quand on repart sans acheter ! Les Suisses nous auraient amené leur propreté légendaire et nos toilettes d'autoroute sentiraient les pâturages alpins. Plus personne ne serait en retard aux rendez-vous grâce à leur précision horlogère, et on ferait des trous dans le gruyère de Normandie avec les bulles du Perrier, qui serait resté chez nous ! C'est fou, ça !

Si la France était restée sous la domination helvétique depuis 1515, notre monnaie ne serait pas descendue aussi bas, dans les années soixante-dix. Nous n'aurions pas eu à souffrir de la fuite des capitaux, et le monde entier serait venu placer son fric dans les comptes numérotés de la Caisse d'épargne. Quand on voit le faible intérêt qu'elle offre à ses épargnants, personne ne s'étonne que son écureuil ait la queue bouffée aux mites...

Pour terminer la série de mes regrets, moi, François Ier, je saute à pieds joints sur la neutralité suisse. Vous voyez les emmerdements qu'on aurait pu éviter depuis ce temps, en ne se mêlant pas des guerres des autres ?!... Mais voilà, au lieu du pacifique ours bernois, nous avons notre coq qui chante toujours quand il a les ergots dans le caca et, à la place de Guillaume Tell tirant à l'arc sur une pomme, nous avons eu Bernard Tapie qui n'a jamais tiré au but pour des prunes !

Je passe sous silence les rapports que j'ai pu avoir avec ma pauvre moitié, Claude de France, qui fut aussi ma fille quand j'étais Louis XII. Avec la formule que j'emploie, je ne crains pas tellement l'inceste, car la donzelle est tellement moche qu'elle ne donne pas du tout envie d'emmener Popaul au cirque. C'est sans doute l'une des raisons pour lesquelles je me barre en Italie. Sûr qu'avec la forme géographique du pays, les belles Ritales vont me proposer la botte ! Seulement voilà, j'ai à peine le temps d'avaler ma portion de lasagnes que je me retrouve en taule, à Pavie, en tant que prisonnier de guerre. Ma cellule est minable. C'est un duplex qui ne fait que trois cents mètres carrés, et je regrette qu'il ne soit pas meublé dans le style art déco, celui que je préfère. Ah, forcément, si on commence à chipoter pour quatre petits siècles d'avance, le métier d'antiquaire sera de plus en plus difficile à exercer ! Bon ! Ça, encore, ça passe, mais mon maître d'hôtel ne sait pas un mot de français et ma femme de chambre non plus. Avec elle c'est moins gênant car elle est napolitaine et a l'habitude qu'on lui parle avec les mains. Ce dont je ne me prive pas, d'ailleurs... Je tue le temps entre les plaisirs de la table et la TV.

« *Quoi, la TV ?* » *J'entends d'ici quelques esprits chagrins hurlant à l'imposture en m'informant que la télévision n'existait pas encore en 1525, mais qu'ils se rassurent : il ne s'agit pas du tout de cette merveilleuse invention qui nous affûte l'intelligence avec des jeux d'une extrême finesse et des spots sur la lessive. D'abord, ces deux lettres veulent dire* « *Triboulet Vision* ». *(J'ai déjà parlé du Fleurial, surnommé Triboulet, ce bouffon que Louis XII avait découvert et que François Ier a récupéré pour le prendre à son service.)*

C'est donc dans ma prison de Pavie que j'invente une technique inconnue à ce jour pour tenter de guérir ma royale nostalgie. Dans le salon, il y a une cheminée monumentale dans laquelle on glisse le joyeux Triboulet avant mon réveil. Assis sur un tabouret devant une table, les deux meubles étant posés à même l'âtre, le bouffon fait descendre le tablier en fer et se trouve dans le noir, en attendant que je manœuvre une commande à distance composée d'une ficelle qui part du tablier, et dont l'autre bout m'arrive dans la main après être passé par une poulie fixée sur la hotte.

Dès sept heures du matin je tire sur la ficelle et le tablier de la cheminée se lève sur Triboulet qui me donne les premières informations :

— Cher tévéspectateur, bonjour !... Le traité de Madrid devrait être accepté par François Ier dans les jours qui viennent. Il rendrait ainsi le Milanais et la Bourgogne avant d'être libéré de sa prison italienne...

Youpi ! J'en lâche mon tortellini dans mon capuccino. Moi, je rendrais tout pour retrouver la France, même mon repas du soir, car Pavie me reste sur l'estomac. Triboulet continue :

— Au cours d'une conférence de presse, Charles Quint a eu des mots très durs pour le roi des Français...

Sale Boche ! Et, en plus, il est né à Gand, et parle un allemand petit nègre ! D'où il est, exactement, celui-là ? Empereur d'Allemagne, prince des Pays-Bas, roi d'Espagne, de Sicile... et j'en passe ! Quel sac de nœuds !

Vivement que l'on mette de l'ordre dans tout ça en créant une Europe fraternelle et unie, avec un seul président pour une douzaine de pays. Au moins, on saura à qui s'adresser pour les réclamations. Toutes ces magouilles familiales entre les grands de ce monde n'arrangent pas les points de repère. Dugland Ier, empereur de Pétaouchnok, se tape la fille de Tartempion le Moche et obtient la province de Cépala dans le Ouça-Strouve... Duchnoc le Magnifique naît de cette union, se marie avec la cousine de sa tante, qui est la mère de Machin le Grand, prince de Blédie, et devient de ce fait roi de la Bordélie septentrionale... Dans ce cas-là, on se demande quelles sont les ambassades qui délivrent les visas pour se rendre de Plougastel-Daoulas à Knokke-le-Zoute...

Dans sa lucarne, l'irrésistible Triboulet vient de se coller une omelette norvégienne sur la tête et ressemble à une sorte d'Évelyne Leclercq du XVIe siècle.

— Chers tévéspectateurs, voici maintenant le jeu que vous attendez tous : « Tournez la neige » !

Je zappe en lâchant la ficelle. Ça libère le tablier en fer de la cheminée qui tombe en dérobant Triboulet à ma vue. A l'intérieur, il en profite pour se coller une moustache et une perruque noire, et je tire à nouveau sur la ficelle. Le bouffon réapparaît pour annoncer un jeu différent sur l'autre chaîne :

— ... et voici « Le Mot le plus con » !

Je recommence mon zapping et Triboulet a pris l'apparence d'un jeune homme brun au sourire céramiqué.

— ... et maintenant, je vous présente « Une Famille en fer-blanc » !...

A tour de rôle, mon comique préféré prend les traits des membres d'une smala de ringards, de la petite grosse en mini au grand escogriffe costardé chez Carrefour.

— Comment s'appelle un animal qui fait « miaou » ?

— Une vache.

— Perdu !

Je coupe. Il ne faut pas que je me fatigue le cerveau si

je veux écrire à ma mère Louise de Savoie qui dirige mes affaires en France. Avec de la chance, elle recevra ma lettre dans trois semaines car je l'envoie par chrono-cheval.

Chère Maman,
J'étois bien peiné d'être en taule et j'envoie cette miffive pour vous raffûrer fur mon fort. Tout est perdu, fors l'honneur.
Votre Françounet, Roy de France, qui vous embraffe refpectueusement.

Je rentre en France avant ma lettre et, le temps d'avaler un sandwich, je repars en guerre contre Charles Quint. Pour financer cette dure entreprise, j'aurais bien voulu trouver un autre moyen que d'augmenter les impôts de mes pauvres sujets. Je mets bien la main sur la Haute Église, mais les curetons nantis ont planqué les ciboires sous leurs jupes.

Rassurez-vous, tout cela ne m'empêche pas de prendre le temps de m'occuper de mes châteaux. Je fais venir de Venise un artisan paintre qui repeint mes plafonds. Il fait mon portrait pendant la pause-café, mais j'aurais préféré un bon Polaroïd car je ne pense pas que Le Titien soit un nom que l'on retienne... Le petit Léonard n'est pas mal non plus, mais il s'éparpille un peu trop.

Question sexe, je ne suis pas d'accord avec le roi, mon modèle. Évidemment, je ne suis qu'une photocopie, mais je crie au scandale en observant sa vie amoureuse. Il se tapait n'importe quelle radasse de la Cour sous prétexte que le balconnet était bien rempli, et qu'il y avait du pétard sous la crinoline ! Quand on fait cocu un mari susceptible, il faut se méfier ! Le mari de la Ferronnière avait volontairement transmis la vérole à sa femme pour qu'elle la refile au roi, qui en est mort.

Moi, je me serais méfié de la Ferronnière. Avec un nom pareil, on a des chances d'avoir de la rouille sur la clef du paradis...

ALORS, DOCTEUR ?
SIRE, LA BELLE FERRONIERE VOUS A ROUILLÉ L'EPINETTE !
SIM

Henri II

Je suis époustouflé de voir à quel point les grandes dames du temps jadis pouvaient se comporter comme les reines des putes. Devant leur attitude, ces dernières me semblent d'honnêtes travailleuses, ne se faisant payer qu'à la tâche, sans s'accrocher au client fortuné, comme l'ont fait si souvent les comtesses, duchesses et autres marquises de la haute société. Sans doute les monarques étaient-ils les rois des michetons à voir le prix qu'ils payaient pour se faire ramollir la fraise par les super glandeuses de cour. A la fin du compte, c'est le pauvre Français qui payait les passes. Heureusement que les compagnes de nos actuels dirigeants sont moins exigeantes. Il est vrai que ceux qui ont remplacé les rois se payent d'autres maîtresses : l'armée, par exemple. Au temps de la cour de France, on se battait à coups d'épées, à cheval. Ça coûtait moins cher que les missiles d'aujourd'hui. A présent, les armes valent la peau des fesses, et c'est peut-être ce qui empêche les présidents de caresser celles des courtisanes les plus veloutées.

Mais nous ne sommes, pour l'instant, qu'en 1536 et je m'appelle Henri II. J'ai dix-sept ans, et je viens de tomber amoureux d'une superbe salope de vingt ans mon aînée, qui se nomme Diane de Poitiers. Plus rodée qu'elle, tu trouves pas ! Les femmes c'est comme les bagnoles, tout dépend du premier conducteur. Avec Diane, je suis plutôt tombé sur une limousine de direction dont la première main avait été un certain

Louis Brézé, un vrai nom de concessionnaire. Quarante ans de plus qu'elle, l'expérience de l'âge, il lui avait appris à bien se comporter sur les routes complexes de l'amour, et j'en suis l'heureux bénéficiaire En pleine adolescence, j'apprends la conduite sportive avec une duchesse de compétition. Une femme qui a vingt ans de plus que vous, monsieur, ça vous indique où il faut mettre les mains et le reste afin de ne pas prendre de mauvaises habitudes. Diane de Poitiers s'était fabriqué une devise qui lui convenait particulièrement bien dans tous les domaines : « Elle atteint tout ce qu'elle vise. »

Au début, je ne me méfie pas. Quand elle m'attire dans ses salons avec de l'orangeade et des petits fours, je ne pense pas encore qu'elle va me demander, plus tard, de lui offrir un château, en toute simplicité... Moi, en général, pour les bonnes grâces d'une nana, je me fends de quelques menus cadeaux, genre bouquets de roses, et une place gratuite dans le théâtre où je joue. Pour aller jusqu'au week-end à Deauville, il me faut la promesse de rares somptuosités, et l'assurance de m'envoyer en l'air en grandes pompes.

Rien qu'avec le prix de la plomberie du château d'Anet, je pourrais me payer un hôtel particulier au Champ-de-Mars, et pourtant les sanitaires de ce temps-là ne comptaient pas parmi les plus grosses dépenses. Il est évident que si je m'amène avec une maison Phœnix pour lever Madame, il y a des chances que je dorme tout seul à l'hôtel des Éconduits.

Bien que je ne sois pas d'accord avec la générosité d'Henri II, je me vois très bien passer mes dimanches dans un château d'Eure-et-Loir. Mais quelle santé, cette bonne femme ! J'ai à peine le temps de ranger mes chevaux dans les écuries qu'elle me propose une course de haies dans sa chambre, avant de prendre un petit déjeuner au foie gras et au champagne. Ensuite elle me traîne à la chasse pour tirer le marcassin. Moi qui n'aime pas tuer les animaux, je ne peux tirer que la duchesse entre deux sangliers, et nous voilà dans les fourrés, à l'abri des rabatteurs. Je rentre au château la gibecière à plat, et la langue par terre.

Après avoir pris un bain et changé mes dentelles, je téléphone à mon estomac pour lui annoncer de la visite au repas de midi. Pâtés, volailles, poissons, rôtis, entremets, desserts, vins, café, liqueurs. Comme j'ai le hoquet, Diane me le fait passer dans sa chambre, jusqu'à cinq heures de l'après-midi... et, hop ! debout pour aller jouer au tric-trac dans le salon. Parfois je me prends les pieds dans la descente de lit à cause d'une faiblesse subite dans les jambes, mais je me relève aussitôt, par fierté. Je suis le roi, nom de Dieu ! Dans peu de temps elle sera ménopausée, et je pourrai peut-être dormir un peu...

Après une journée comme ça, on peut penser que la soirée sera calme. Erreur ! A sept heures, le Tout-Paris arrive en calèche, et jusque tard dans la nuit c'est la fête. Il m'arrive, pour passer mes coups de barre, de prétexter une envie d'aller aux toilettes entre deux poèmes de Ronsard, et de m'endormir derrière un paravent sur le trône hygiénique marqué à mon sceau.

Par quel miracle — me dira-t-on — Catherine de Médicis n'est-elle pas au courant de mes frasques avec la Poitiers ? Parce que la reine de France se fout royalement des coups de sabre dans le contrat de mariage, et qu'elle est aussi effacée qu'une tache noire sur la peau d'un nègre. De toute façon, côté radada, elle n'a pas à se plaindre car je prends le temps de lui faire dix gosses entre mes autres saillies irrégulières. D'ailleurs je me demande comment j'y arrive... C'est extraordinaire d'avoir la vigueur d'Henri II quand on s'appelle Sim, et c'est fou ce qu'on peut faire par le biais de l'écriture ! A force de parler gaudrioles, ma petite pointe Bic devient stylo Mont-Blanc...

En attendant, j'ai dix lardons avec la Médicis. Dans les bouquins d'histoire, on ne les cite pas tous, seulement les principaux ; ceux qui ont continué l'exploitation de l'entreprise familiale : François II, Charles IX et Henri III.

François II, mon aîné, qui, après avoir épousé Marie

Stuart, a préféré laisser les tontons de Guise s'occuper du pays... Charles IX qui a toujours vécu dans les jupes de sa mère, et Henri III... celui-là (ou celle-là, ça dépend de quel côté on se place) fera l'objet du chapitre suivant. L'ambiguïté des sexes m'a toujours intrigué et en empruntant sa personnalité, je comprendrai peut-être pourquoi mon fiston avait la couronne flottante.

Quant à mes autres enfants, je n'ai aucune indication sur eux. J'en ai encore sept qui se baladent sans doute dans certains bouquins d'histoire, ou sont perchés dans quelques reproductions d'arbre généalogique chez un marchand de livres anciens.

En politique, je bricole un peu dans celle que Papa affectionnait, avec des réussites et des loupés. Mais ma plus belle bourde c'est d'avoir voulu faire le fanfaron au cours d'un tournoi. Qu'est-ce qui m'a pris de proposer une partie de lances à ce connard de Montgomery qui me la fout dans l'œil, dans un geste maladroit ? Pourquoi ne pas avoir fait une belote à la place, je vous le demande ? A-t-on idée, quand on est roi de France, d'aller se faire éborgner par un petit capitaine de la garde écossaise !

La seule leçon que j'en tire avant de clamser du coup de lance sur le terrain même, c'est qu'il faut se méfier de tout ce qui semble écossais. Ils sont tellement pingres qu'ils veulent toujours avoir quelque chose à l'œil.

OH, PARDON !
CHER HENRI II
AU SUIVANT !
SIM

Henri III

— Bonjour, mes grandes ! Hou !... Vous êtes en train de lire le livre de la baronne de la Tronche en Biais ? Il paraît que c'est un petit chauve rigolo qui se cache sous les frisettes. Il faudra me le présenter pour que je l'invite à dîner au restaurant de la Reine Pédauque.

Je suis persuadé que si j'avais vécu sous Henri III (ce n'est qu'une façon d'écrire...), il aurait tenu de tels propos. Malheureusement pour lui et heureusement pour moi, nos routes ne se sont pas croisées, mais il ne me déplaît pas d'entrer dans la peau (ce n'est qu'une façon de parler...) d'un roi qui portait des jarretelles. C'est sans doute un bon moyen de vérifier l'assertion du fameux adage : « Un homme inverti en a deux. »

Ça fait un drôle d'effet de n'être ni chair ni poisson. Je ne sais pas si je m'appelle Henri ou Henriette, et passe mon temps à examiner mes attributs dans le miroir. J'aurais voulu avoir moins de choses en bas, plus de choses en haut, des cheveux longs, la bouche en cœur, de grands cils, les mains plus fines, une voix plus douce, et je me vois avec une paire de balloches, la poitrine plate et du poil sur les jambes.

Tout doit être de la faute de mes parents. Ils ont dû trop me secouer le shaker quand ils m'ont conçu, et ça m'a dénoyauté la cellule, provoquant ainsi la panique chez mes chromosomes. Dur, dur, d'arriver au monde sans panneaux indicateurs. La première fois que j'ai crié « Proutt ma chère ! » ça m'a drôlement étonné, mais, petit à petit, je me suis habitué à mon déhanchement et il a bien fallu faire avec.

L'une de mes grandes fiertés c'est d'avoir gagné les batailles de Jarnac et de Moncontour sans être décoiffé. Si vous aviez vu toutes ces brutes militaires, pleines de sueur, sous les ordres de Condé, quelle horreur ! Elles étaient toutes à me regarder comme une bête curieuse quand j'ai perdu une boucle d'oreille. Vous ne pouvez pas savoir ce que ça m'a énervé ! Je n'ai pas pu m'empêcher de crier « Sus à l'ennemi ! », et là, Condé s'est mis à rire comme un grand fou. Mon lieutenant préféré en a profité pour lui faire passer l'arme à gauche. Bien fait pour lui !

Cette anecdote m'a fait une bonne publicité dans les milieux virils, et Maman est tellement contente qu'elle me fait élire roi de Pologne, puis de France, quand mon frère Charles IX va en enfer pour s'expliquer sur le massacre de la Saint-Barthélemy.

Pendant un instant, permettez-moi de reprendre ma véritable nature, car il est assez fatigant d'écrire en tortillant de la plume. Moi, je n'aurais jamais épousé Louise de Lorraine qui a dû se retrouver un peu déçue devant les joyaux de la couronne, pendant la nuit de noces. C'est bien beau de vouloir perpétuer la race mais, quand on n'a pas de marteau, il est difficile d'enfoncer un clou. Quelle torture pour ce pauvre Ritounet d'être confronté à la vraie femelle, celle qui donne du lait, celle qui possède la porte de l'enfer sur le côté face !

Je le vois d'ici, avec sa Lorraine embigoudée, cherchant des prétextes pour planquer son serpent sans sonnette. Je me suis trouvé moi-même dans un cas similaire avec une dame qui ressemblait beaucoup plus à Jacques Dufilho qu'à Miss Univers, et je vous assure que ce n'est pas la meilleure condition pour la montée des couleurs. Lorsqu'une pareille défection arrive, l'homme essaie de trouver des excuses non vexatoires, mais il est impossible de parler de la chaleur quand le mercure est visible au fond du thermomètre. Bon ! Juste le temps de me donner un coup de houpette, et je repars au rayon des costumes.

— Oh, qu'elle est mignonne ! s'exclame Jean-Louis de Nogaret de la Valette, duc d'Épernon, en me voyant dans ma jupette plissée et mon corsage à festons.

C'est qu'il n'est pas mal non plus, mon coquin de mignon ! Ça m'excite beaucoup qu'il soit colonel d'infanterie. Par définition, les fantassins marchent à pied mais, lui, il est à voile et à vapeur pour les besoins de son avancement. Je descends de mon cheval qui va se remettre un peu de Rimmel à l'écurie, et j'arrive vers Jean-Loup en ondulant de l'arrière. Aussitôt, Joyeuse apparaît, rouge de jalousie.

— Ce n'est pas du jeu ! Aujourd'hui c'était à moi de faire des compliments à Notre Majesté, dit-il en se mouchant dans sa fraise.

Lui, c'est le favori de mes favoris. C'est aussi un homme de guerre pas comme les autres, car il se prénomme Anne. Anne, duc de Joyeuse. Pas commun pour un militaire ! Je vois la tête des bidasses d'aujourd'hui, au garde-à-vous devant un général Bigeard affublé d'un prénom féminin.

— Salut, la bleusaille ! Je me présente : Général Bigeard ! Jacqueline Bigeard, bande de petits salopards !

Pour être tranquille côté médisance, je pousse le duc de Joyeuse dans les bras de la sœur de ma femme, Marguerite de Lorraine. A bien réfléchir, la démarche est dérisoire car les deux ducs et moi avons bien du mal à cacher nos tendances. Toutefois cela nous permet de rester en famille quand on joue au petit train, avant l'invention du chemin de fer... moi faisant la locomotive, Épernon le tender et Joyeuse le wagon de queue. Ma femme et ma belle-sœur jouent les voyageuses, debout, attendant le convoi qui passe devant elles.

— Tutt ! Tutt ! fait mon beauf. Éloignez-vous de la bordure du quai. Ce train ne prend pas de voyageuses.

Je me plais à penser que si j'avais inventé ce jeu sous les traits d'Henri III, c'est moi qui serais actuellement à l'origine du TGV, car les ingénieurs tirent souvent leurs premières idées des choses les plus simples.

C'est moi qui signe ce que l'on a appelé la Paix de Monsieur, nom donné à l'aîné des frères du roi. J'aurais mieux aimé la Paix de Madame, mais, que voulez-vous, de temps en temps il faut bien faire plaisir aux anormaux. Je parviens, pour un temps, à établir un accord entre catholiques et protestants mais cela ne dure que le temps d'une messe, et les bigots des deux bords recommencent à se fracasser le bénitier. Au point de vue religieux, j'ai pourtant souvent prôné la liberté d'expression et le droit de croire en Dieu selon n'importe quel mode d'emploi. Si l'on n'a plus le droit de faire ce qu'on veut avec son culte, où allons-nous ?

La guerre des Trois Henri a foutu une pagaille mémorable dans les annales de la tactique militaire. Comment s'y retrouver dans les manœuvres lorsque le chef des royalistes s'appelle Henri III, celui des catholiques Henri de Guise, et celui des protestants Henri de Navarre.

— Attention, Henri ! Sur le flanc gauche !...

— Lequel ?

— J'en sais rien !

La panique est totale chez les chefs de brigades qui se perdent sur la qualité du général ennemi et donnent des ordres désordonnés à leurs troufions.

— A l'assaut ! Henri, recule !

— Battez en retraite, l'autre Henri avance !

— Qu'est-ce qu'on fait, chef ?

— Je sais plus... Y a qu'à demander à Henri...

Heureusement que notre dernière guerre mondiale a été plus organisée. J'ai peur à la pensée qu'il y ait eu la guerre des Trois Hitler, un en Allemagne, un en Russie, et l'autre en Amérique. Cela aurait conduit à l'asile tous les employés des agences de presse, auteurs de dépêches bourrées d'erreurs.

Il n'y a que moi, Henri III, qui pouvais me faire localiser avec précision chaque fois que j'attaquais par l'arrière. C'est ainsi que Joyeuse se fait découper le filet mignon à Coutras, et que je me coince la collerette dans les Barricades. La fuite à Blois me fait rapidement remballer ma trousse à maquillage et, à partir de ce moment, je ne suis plus d'accord avec moi-même.

Quelle idée j'ai eue de projeter l'assassinat du duc de Guise ! S'il fallait trucider tous ceux qui tentent de vous piquer votre place, toutes les entreprises du monde seraient de vrais cimetières. Je regrette beaucoup d'avoir fait ça, mais, depuis la mort de mon mignon, l'amiral de Joyeuse, je pique de grosses colères, je renverse ma poudre de riz, je piétine mes berlingots et je me fous du chocolat partout, puis, subitement, j'éclate de rire et me soûle au champagne. Épernon dira de moi une phrase qui sera récupérée plus tard par le faiseur d'opérettes Franz Lehar : « Henri III, c'est la Veuve Joyeuse ! »

Mon règne touche à sa fin. Quelle erreur d'être allé me planquer à Saint-Cloud sans me douter qu'un moinillon m'attendait au tournant pour me donner le coup de goupillon fatal ! Je suis là, bien tranquille, baissé pour relacer mon soulier, quand un homme de robe me saute dessus. Je dois dire que j'ai rendu le dernier soupir dans un moment d'espoir, croyant avoir à faire à un travesti.

Ouf ! j'enlève ma perruque, ma culotte bouffante et mes boucles d'oreilles, pour redevenir moi-même à la fin du chapitre. En conclusion, Riton aurait dû faire un effort avec sa gonzesse, la Louise de Lorraine, et lui faire un héritier pour que les Bourbons ne remplacent pas les Valois.

C'est assez désolant pour un roi aussi raffiné qu'Henri III de laisser ses appartements parfumés à un sagouin de charme qui va s'appeler Henri IV.

VOUS AVEZ DU FILET, MIGNON?
CHEZ TATA
MENU
HENRI III
SIM

Henri IV

Boudiou, que ça pue ! Je n'ai jamais enfilé des culottes aussi culottées, des chemises aussi sales, des bas aussi troués, des chaussettes aussi juteuses, des souliers aussi crasseux ! Le chapeau me colle à la tête, les gants sont empesés par la sueur, et la soie de la cape n'est qu'un carton bouilli par ma propre chaleur. La collerette récupère tout ce qui tombe de ma barbe, et ce qu'il y a dans les replis de la fraise pourrait nourrir une bonne couvée de canards. Le pauvre cheval qui se trouve sous moi est le plus beau repoussoir à juments qu'on n'ait jamais pu voir dans les haras. Les poils de sa crinière sont de véritables barbelés, et la pauvre bête ne peut même plus remuer le pinceau à crottin qui lui sert de queue. Entre la monture et moi, je suis obligé de mettre une carpette pour éviter de glisser sur le résultat chimique de nos transpirations.

En deux mots, Henri IV souffre d'un léger manque d'hygiène. Ceux qui l'approchent sentent bien qu'il n'est pas très propre. J'ai une certaine appréhension à devoir garder sur moi les fringues du Béarnais pendant ces quelques pages qui vont lui être consacrées, mais le personnage est tellement sympathique que je me boucherai les narines tout au long du chapitre. En plus, c'est un Pyrénéen, comme moi, et les montagnards sont bien connus pour se tenir les coudes.

Je frappe les trois coups et le rideau se lève.

Je ne crie pas, je hurle. Je viens de naître dans ce superbe château de Pau, et Maman Jeannette me tend un énorme sein rempli d'un bon lait entier à cent pour cent de matières grasses. Je saute sur l'objet. Mes petites mains s'enfoncent dans le coussin de soie vivante qui sent la crème et l'amour. Sans nul doute, ces premières impressions resteront à jamais gravées dans ma mémoire jusqu'à la fin de mon existence et seront à l'origine de mes fringales culinaires et sexuelles. Comme aurait pu dire plus tard mon vieux Sully : « La bouffe et l'amour sont les deux mamelles d'Henri IV. »

Mon enfance se passe furieusement bien. Je suis avide de tout goûter, tout connaître, tout savoir, devant la chaîne majestueuse des Pyrénées qui étend ses tétons pointus sous le beau ciel de Pau.

Chez nous on chante beaucoup, dans les salons, les couloirs, les cuisines. Il arrive parfois qu'une dispute éclate entre mon père et ma mère, mais ça n'est jamais bien grave. Antoine de Bourbon et Jeanne d'Albret sont un peu divisés sur les moyens de communiquer avec le bon Diou, car le premier est catholique, et la seconde protestante. Antoine et Jeannette ont deux lignes téléphoniques différentes avec le ciel, ce qui provoque parfois des interférences préjudiciables à la qualité de l'écoute. Tant que ça ne produit que des parasites, on peut quand même s'entendre, mais s'il y a des étincelles qui mettent le feu aux poutres (que je tenterai d'éteindre plus tard), cela confine à la bêtise suprême. La seule chose qui puisse me consoler c'est que, lorsqu'on se tue au nom des religions, on va plus vite au paradis.

Chez moi, dans ce domaine, c'est plutôt raisonnable. J'hérite d'une indifférence spirituelle qui libère mon cerveau de toute servitude et, si mes croyances se préparent à être en ballottage, elles n'altèrent pas mes désirs de jouissance.

Quel beau souvenir que celui de la puberté ! C'est l'époque de la recherche et de la découverte. Celle où les yeux et la main sont les seuls outils du spéléologue de l'amour. L'aventure commence. On s'encorde avec les copains pour descendre dans les puits insondables des mystères féminins, et remonter avec les théories les plus invraisemblables, les renseignements les plus faux, sur la nature des filles d'Ève.

C'est dans les cuisines du château de Pau que je fais la première expédition de ce genre. J'ai douze ans et ma situation me donne certains droits vis-à-vis des gens de maison. J'ordonne à la fille du chef-rôtisseur — bien sûr absent à ce moment-là — de se mettre sous la table aux fins d'une auscultation que nécessite son état, jugé par moi-même comme étant celui d'une extrême faiblesse. J'ai convié un interne de notre âge, fils d'un hobereau de la région doué pour les investigations physiques, à assister à la visite médicale.

Notre cabinet est protégé par une nappe de lin qui descend de la table jusqu'au sol. La patiente est allongée sur les dalles, la jupe sur la tête et la culotte aux chevilles. On peut penser que la scène suivante imposera le carré rouge, mais on se trompe car, nos intentions n'étant pas libidineuses, il n'y aura aucun geste interdit. Ça n'est qu'un compromis entre une curiosité sans véritable appétit et un appétit plein de curiosités, c'est-à-dire qu'on se met tous les trois à poil pour manger des confitures... Évidemment on s'en tartine un peu partout, ce qui nous permet un goûter érotico-gourmand dont je me souviens encore.

Mais il me faut surtout faire la preuve que je suis un homme, c'est-à-dire aller me coltiner avec les autres, sous la bannière calviniste. Je commence à me faire un petit nom à la bataille d'Arnay-le-Duc malgré mes dix-sept ans, mais ce n'est pas ma dextérité aux armes qui me vaut ce début de popularité. Non : je puais tellement de la gueule que mes adversaires se barraient à toutes jambes. On a souvent parlé des vertus médicinales de l'ail sans se douter que, dans les corps à corps, c'est la plus redoutable des armes dissuasives.

Huit jours avant le massacre de la Saint-Barthélemy j'épouse Marguerite de Valois. Deux choses nous séparent déjà : mon parfum naturel et nos confessions religieuses différentes. C'est suffisant pour que je ne sois pas en odeur de sainteté avec ma femme malgré mon abjuration, et qu'elle demande le divorce malgré sa religion. Un peu nymphomane sur les bords, la Margot !... Fallait pas que je la laisse toute seule avec un duc qui sentait bon, sans ça elle savait tout de suite trouver la poire de son vaporisateur.

Après bien des emmerdements et des morts par assassinat, je deviens roi de France. A moi la bonne garbure ! C'est super quand on est le patron... Alors que ceux qui ont régné avant moi n'étaient souvent que des pisse-froid, tyranniques ou faibles, cupides ou dépensiers, pillards ou bigots, je suis Riri le Sympa. Pour monter sur le trône, je dois encore changer de religion et redevenir catholique pour la deuxième fois, étant redevenu protestant après avoir été catholique... Je me souviens encore d'une discussion épique avec les représentants du pape.

— Il paraît que vous êtes à nouveau protestant ?

— Je proteste ! Je suis catholique depuis hier.

— C'est pas très catholique de protester.

— Je ne proteste pas parce que je suis catholique, je proteste parce que vous me dites que je ne le suis pas encore !

— Ce n'est pas en protestant que vous allez prouver que vous êtes catholique.

Et merde !... J'ai eu envie de leur dire que j'étais musulman par un ami de ma mère, ce qui m'aurait peut-être permis d'aller signer l'Édit de Nantes à Barbès.

Finalement, j'avale une hostie et je coiffe la couronne au son des grandes orgues. Paris vaut bien une messe... Tout le monde, ou presque, se rallie à mon panache blanc cassé. A partir de là, je m'occupe des Français et, surtout, de leurs femmes. Sully me donne un sacré coup de main en s'occupant de la politique en général et des agriculteurs en particulier. Tout va bien au point de vue finances et j'ai un peu de temps pour honorer ma deuxième épouse, Marie de Médicis. Ah, celle-là, c'était quelque chose ! Vingt ans de moins que moi, belle plante, la fougue italienne, intrigante en diable, elle me fait quatre enfants : Élizabeth, Louis, Gaston et Henriette. A mon avis, ces prénoms font un peu populo, mais j'aime me rapprocher du peuple. A ce propos, j'invite le lecteur à m'attendre quelques secondes. Je passe au vestiaire pour me rhabiller en Sim et je reviens pour vous raconter une histoire entre parenthèses.

Ça y est! Il s'agit d'un sketch que mon ami Francis Blanche jouait pendant la grande époque du fameux cabaret L'Amiral, et qui mettait en scène un groupe de paysans autour d'une table de ferme. Si je ne me souviens plus du texte exact, je peux néanmoins raconter l'histoire, en essayant d'y être le plus fidèle possible.

UN PAYSAN (soulevant le couvercle de la marmite) : — Quoi ? Encore de la poule au pot ! On en a déjà eu dimanche dernier.

LA CUISINIÈRE : — Not' bon roi Henri a dit qu'on devait en manger tous les dimanches.

UN PAYSAN : — On va quand même pas tuer toutes nos poules pour lui faire plaisir, à cet enfoiré !

LA CUISINIÈRE : — Faut respecter les volontés de not' bon roi Henri.

UN PAYSAN : — Une poule par semaine ça fait cinquante-deux par an. J' vais pas forcer mes pondeuses à s' casser l' cul pour faire plaisir au roi !

UN VALET (rouge de colère) : — Et moi je supporte pas la volaille !... Ça me donne du cholestérol dans les veines.

LA CUISINIÈRE : — Y a pas autre chose. Not' bon roi Henri a dit...

UN PAYSAN : — Qu'il aille se faire cuire un œuf, avec ses poules !... Moi, j' vais bouffer à l'auberge.
(Il se lève et sort)

LA CUISINIÈRE : — Faut manger c' qu'y a ! La poule au pot c'est tous les dimanches, comme a dit not' bon roi Henri.

LE VALET (se levant et hurlant) : — J'en ai rien à branler ! Ça fait quarante croupions que j' m' tape depuis la Noël, pendant qu' le roi, il s'envoie des langoustes. J' vas lui dire deux mots, moi !

(Il prend la marmite, renverse le tout par terre dans

un accès de colère et sort après avoir raflé un grand couteau de cuisine sur la table.)

LES AUTRES (criant après lui) : — Où allez-vous, monsieur Ravaillac?...

Évidemment, l'authenticité de la scène demande à être vérifiée. En attendant, je retourne au rayon des costumes pour revêtir les ornements du roi.

Ce soir, j'ai rendez-vous avec Gabrielle d'Estrées, et je vous assure qu'elle vaut le déplacement. Elle est tellement bien foutue que je lui ai fait tirer le portrait par un petit peintre en qui je crois beaucoup : un nommé Clouet. On la voit, torse nu dans sa baignoire, en train d'effeuiller des fleurettes devant une coupe de fruits posée sur une planche.

Je me demande si ma régulière est au courant de cette liaison, mais, après tout, je m'en tamponne le panache. Je suis le roi et ça suffit pour me donner le droit de m'éclater avec mes favorites. Ce qui est un peu gênant, c'est le gosse qui m'arrive presque à chaque partie de traversin. J'en aurai trois avec Gaby, plus quatre avec Margot, deux avec Henriette (d'Entraygues), et deux jumelles avec Charlotte (des Essarts), et quelques-uns au hasard de mes voyages. Deux bonnes douzaines que je connais et que je reconnais, sans compter ceux qui me ressemblent dans tous les coins du pays. J'avais bien pensé à créer les allocations familiales, mais je préfère prendre le fric directement dans la caisse du royaume.

Pour en revenir à Gabrielle d'Estrées, je la fais duchesse de Beaufort en remerciement d'un orgasme particulièrement réussi le jour de ma fête. Un vrai 14 Juillet, avec pétards et lampions !

Il y en a une autre avec qui j'aime bien faire des galipettes, c'est la marquise Catherine Henriette de Balzac d'Entraygues. Comme son nom est aussi long qu'un train de marchandises, je l'appelle Poupoune dans les moments intimes. Malgré cela je me méfie, car elle voudrait bien me mettre le grappin dessus. Heureusement Sully veille sous le lit !

Charlotte des Essarts n'est pas mal non plus, mais c'est une vraie machine à faire des gosses. Le premier coup, paf ! elle m'offre une paire de jumelles pour me faire comprendre qu'elle a des vues sur moi. Je me fais tout de suite tricoter un préservatif pour éviter d'avoir la courroie et l'étui. J'aurais dû le prêter au cardinal de Guise qui lui a également fait cinq ou six mômes sur les entrefaites et sur sa couche liturgique, en même temps. Bon Dieu de curés de l'époque ! Ils avaient du répondant sous la soutane, les bougres !

Toutes ces dames me ravissent et me plaisent pareillement. Ma joie de vivre et ma bonhommie leur fait un peu oublier que je ne suis pas un habitué des bains-douches. Quand elles s'ouvrent à moi, elles ferment les yeux et se bouchent le nez malgré les colliers d'ail que je porte pour cacher mes senteurs personnelles. Du reste, avant chaque rendez-vous je leur envoie un billet de recommandation : « Ne vous lavez pas, madame, j'arrive ! » Je ne sais plus qui m'a appelé le Vert Galant, mais je reconnais volontiers que ma verdeur et ma galanterie ont fait de moi, Henri IV, le Sim du XVIe siècle.

Mais tout a une fin, comme dirait le régisseur de l'Olympia en baissant le rideau. La fin, pour moi, est inattendue. Alors que je me rends tranquillement dans mon carrosse à l'Arsenal pour me faire vérifier l'arquebuse, en passant par la rue de la Ferronnerie j'aperçois un type monté sur une borne. Je me dis : « Tiens, on est le 14 mai, c'est le début des beaux jours, voilà un vacancier qui fait du carrosse-stop. » Horreur ! Ce que je prends pour son pouce, c'est un grand couteau de cuisine qui me transperce le pourpoint et m'envoie *ad patres* rejoindre mes ancêtres.

Voilà pourquoi il faut toujours fermer sa vitre et bloquer la portière quand on voyage sur les routes dangereuses de la vie. Il y a toujours un mal élevé qui vous fera un bras d'honneur...

VOUS M'AIMEZ BIEN CHAUDE, HENRI ?
SIM

Ravaillac

Les rôles de personnages antipathiques ont souvent attiré les comiques. Il faut se méfier de ces interprétations délicates car le public n'aime pas qu'on détruise l'idée qu'il se fait d'un artiste, ne serait-ce que pour le temps d'un film ou d'une pièce de théâtre. Il faut rester dans les rails du genre pour lequel il vous apprécie, sous peine de se faire engueuler, même par les inconditionnels. Lorsque j'ai tenu un rôle d'assassin dans *La Porteuse de pain* de Marcel Camus, ma concierge m'a aussitôt fait part de ses regrets, dans l'escalier de mon immeuble. Le balai en main, elle m'a menacé si je recommençais.

— Je ne vous aime pas, monsieur Sim, dans ce rôle...

Un de mes voisins, qui n'avait pas entendu cette phrase, est arrivé au moment où la pipelette entamait la suite. Il s'est certainement demandé ce que j'avais pu commettre comme horreurs.

— ... vous êtes méchant. Tuer les gens, comme ça, pour de l'argent, vous qui nous faites tant rire !... Faudra plus recommencer.

J'ai promis. J'ai tenu parole jusqu'à l'heure où j'écris ces lignes, mais, compte tenu du style de ce livre, je me sens obligé d'enfiler la peau de Ravaillac. Rassurez-vous, j'y mettrai toutes les formes pour poignarder Henri IV. Je suis encore un peu lui, depuis la page précédente, et ça serait idiot que je me tue moi-même sans prendre de précautions.

Le rideau se relève sur le salon d'une maison bourgeoise aux environs d'Angoulême. Moi, je suis dans la cuisine en train de passer l'argenterie au blanc d'Espagne quand Mme la comtesse Hildegarde de Mortemouille me sonne de trois coups secs. Bien que ça me pompe les oreilles, j'enfile mes gants et arrive dans le salon.

— Madame la comtesse m'a sonné ? demandé-je en crachant dans une plante verte.

— François, vous avez fait l'argenterie ?

— J' suis en plein dedans. Je sais pas où vous achetez vos couteaux, mais comme merde on fait pas mieux. J'arrive pas à enlever le poisson d'hier soir.

— Vous avez essayé le blanc d'Espagne ?

Là, je vois rouge. La Mortemouille est protestante comme ce putain de roi, et il veut déclarer la guerre à l'Espagne. Ça va nous coûter la peau des couilles pour faire plaisir aux huguenots. Je gueule.

— Le blanc d'Espagne ? J' vais m'en servir pour vous badigeonner les fesses et en faire une cible à couteaux !

On comprendra que je ne reste pas longtemps comme valet chez la comtesse... Je suis ensuite pion dans une école et, comme l'éducation n'est pas encore trop regardante, je remplace un maître qui s'est engagé dans l'armée impie du roi. Je prends ma revanche sur son enseignement.

— Asseyez-vous, bande de petits cons ! Comme je suis votre professeur d'histoire, il faut que vous sachiez qu'Henri IV est vérolé de la tête aux pieds. A force de tremper son asperge dans n'importe quelle saucière, il a le poireau à la vinaigrette.

J'ai beau expliquer au doyen du collège que je défends la foi catholique et que les huguenots me pèlent la tonsure, il me fout lui aussi à la porte.

Il ne me reste plus qu'à me réfugier chez ceux qui semblent plus près de mes croyances, les frères cisterciens. Je me planque dans un couvent de feuillants où je deviens convers, c'est-à-dire chargé des travaux manuels. Employé comme jardinier, je vois pousser ma rancune contre le roi de France plus vite que mes salades. Le soir, dans ma cellule, je lis des écrits religieux de toutes sortes et ça me fêle encore plus le ciboire. Des mauvaises langues vont dire que j'ai conspiré avec l'équipe de la reine pour faire mourir son Jules hérétique et adultère, mais je le nierai toujours. Non! C'est l'archange Gabriel qui m'est apparu, sortant d'un chou-fleur au fond du jardin, un entonnoir sur la tête.

— Je viens faire le plein de kérosène, me dit-il en me foutant son aile gauche dans l'œil.

Qué... rosène?... Si un ange me parle en latin c'est qu'il me fait confiance, pensé-je. Surtout celui-là. Il a déjà travaillé pour les juifs, les chrétiens et les musulmans. Un vrai coursier d'entreprise : il a prévenu Zacharie de la naissance de Jean-Baptiste, confié à Marie qu'elle était enceinte de Jésus, et dit à Mahomet qu'il pouvait ouvrir un cabinet de voyant extralucide dans sa caverne de La Mecque.

— François, me souffle-t-il, Henri de Navarre crée des embouteillages dans les couloirs du ciel avec ses brusques changements de direction. Tu es chargé de l'envoyer dans la tour de contrôle. Le patron voudrait le voir.

Alleluia! Je tombe à genoux devant l'archange qui vidange ses moteurs en pissant sur mes radis. Puis, après avoir refermé sa soute à bagages, il se retourne vers moi pour me donner la communion. Je referme la bouche dans un état d'extase totale, des trompettes plein les oreilles, et des lumières plein la tête. Envahi par la suprême sérénité des élus, un parfum d'Éden dans la bouche, une voix douce sort de ma gorge.

— Que m'avez-vous donné, Seigneur? C'est bon...

Un long silence s'ensuit et Gabriel met ses moteurs en marche. Avant de décoller en emportant quelques légumes, je l'entends répondre à ma question.

— Une hostie au haschisch...

Vous voyez que je ne suis pas fêlé, comme vont le prétendre certains. En revanche je suis sous l'emprise d'une volonté farouche et je vais aussitôt trouver le frère principal du couvent pour lui annoncer ma mission divine.

— Dieu m'a choisi pour être son bras vengeur. Faudrait me filer un billet pour Paris, me retenir une piaule à l'hôtel car je dois rectifier le bouffeur d'ail et lui faire passer le goût de la sauce béarnaise.

— Vous ne voulez pas vous allonger un peu ? me répond le crétin de moine qui, visiblement, ne me croit pas. Notre frère Chapier est un excellent psychanalyste, et son divan, le meilleur de la congrégation...

J'en ai rien à foutre du plumard à dingues. Une grosse colère me reprend contre cette assemblée de planqués qui n'ont aucune conversation, et je suis conduit au-dehors par les frères videurs de la boîte.

Quelques heures plus tard, je me trouve dans la diligence de Paris, le couteau de la comtesse de Mortemouille dans la main et un aller et retour dans la poche. Peut-être qu'un aller simple aurait suffi !

Pour un régicide isolé, ne faisant partie d'aucune structure, il est très difficile de connaître l'emploi du temps de celui qu'il veut supprimer. On a souvent dit que la Médicis m'avait informé sur les habitudes du roi, et qu'il faisait du shopping tous les samedis à l'Arsenal, mais je laisse planer le doute sur la source de mes renseignements. Quoi qu'il en soit, le 14 mai 1610, je suis rue de la Ferronnerie, assis sur une borne, au milieu d'une rangée de blaireaux qui attendent le passage du souverain. Je me tape un sandwich dégueulasse que j'ai acheté au minibar de la diligence. J'ai besoin de prendre des forces.

Six heures plus tard, le cortège arrive et je distingue Henri IV à travers la vitre de son carrosse. Pourvu qu'il n'ait pas bloqué sa portière, pensé-je. Quelques gorilles caracolent sur des chevaux blancs autour de la voiture. Je m'élance, fendant leur barrage, le couteau dressé.

C'est fait !... Le coq du village France ne pourra plus mettre ses poules au pot, les papes pourront continuer tranquillement leurs belotes au café des Deux Bigots, la Médicis donnera la caisse à Concini, Richelieu deviendra la star du show-baise, et moi, François Ravaillac, j'apparaîtrai dans tous les livres d'histoire.

Vous en conviendrez, le rôle de l'assassin d'Henri IV était difficile à tenir. Je vous invite dans ma loge après le spectacle pour vous faire part d'un regret que j'ai à l'égard de Ravaillac dont on n'a pas reconnu le dernier mérite. Lorsqu'il fut écartelé par quatre chevaux lui tirant bras et jambes, la foule en délire prenait des paris sur les montures qui allaient lui arracher les premiers membres. Il est donc certain que Ravaillac inventa le PMU sans le vouloir, et qu'il fut le précurseur du fameux Quarté Plus.

Eh oui ! comme dirait Guy Lux, l'écarté, c'était son dada !...

ENTREE
GRAND PRIX RAVAILLAC
VOUS AVEZ PARIÉ QUOI, VOUS ?
LES DEUX BRAS, GAGNANTS ET PLACÉS !
SIM

Louis XIII

Formidable, le hasard ! A la minute même où je commence ces lignes, on vient de me livrer un bureau de style Louis XIII. Si je loupe mon chapitre je serai impardonnable ! En revanche, le fabricant de meubles a raté le tiroir central et une grosse fente apparaît dans le bois vert qui a dû lui servir de chêne massif. Comme quoi on se fait souvent avoir par les copies. Enfin ! Je ne suis pas là pour vous parler de mon mobilier mais pour essayer de faire, moi aussi, une copie de Louis dit le Juste avec le moins possible de fissures, juste avec ce qu'il faut de fioritures.

Lorsqu'on ramène Papa Henri IV au Louvre, je ne comprends pas bien ce qui lui est arrivé. Quatre soldats de la garde le portent dans sa chambre, et ce qui m'intrigue c'est qu'il a l'air de dormir. J'ai beau n'avoir que neuf ans, je sais bien que Maman est cocue par Gabrielle d'Estrées, c'est-à-dire que Papa couche avec elle. En le voyant comme ça dans son lit, les yeux fermés, je pense qu'il a dû dormir chez Mme d'Estrées et qu'il ne s'est pas réveillé. Alors Maman l'a fait chercher pour qu'il prenne son petit déjeuner à la maison. C'est seulement quand j'apprends qu'il a reçu deux coups de poignard dans le ventre que je me rends compte que je suis roi de France, grâce à un nommé Ravaillac.

Quelle tuile ! Je vais être obligé de ranger mes billes pour me faire constamment cirer les vernis par une armée de faux-jetons, et surtout de planquer tous les instruments contondants que je verrai dans la maison. Pensez donc : les deux derniers rois de France se sont fait étriper par un moine et un presque moine ! Décidément, s'appeler Henri ne porte pas bonheur. Je suis très content de m'appeler Louis et de mourir comme tout le monde, sur le trône, d'une dysenterie qui est la forme royale d'une diarrhée carabinée.

Mais ça, je ne le sais pas encore. Pour l'instant, je suis un peu constipé de la parole, c'est-à-dire que mes mots ont du mal à sortir parce que je bégaie un peu. C'est ce qui me rend légèrement timide. Double handicap pour un dirigeant qui devra trouver un porte-parole gonflé pour le faire agir officiellement. Maman va s'occuper du royaume avec M. Concino Concini, un Italien rigolo, avec une barbiche en pointe, qui est très gentil avec moi. Ce qui fait bien rigoler tout le monde c'est quand je dis son nom tout haut : « Con... Con... ci... nono, Con... ci... ci... nini ! »

C'est un peu mon tonton sur les bords, car sa femme est la sœur de lait de Maman. Ils ont tous les deux de la chance d'être copains avec elle parce que ça rapporte drôlement. M. Concini a plein de titres et de médailles, sans rien faire, et tata Léo, sa femme, fait des tours de magie avec ma mère.

Cela me fait rire pendant un bout de temps, mais quand je commence à comprendre, je sens se dresser le poil des moustaches neuves que j'arbore depuis peu. On m'a souvent dépeint comme un enfant faisant partie des bonnes natures, de ceux qui sont les mieux élevés, des gentils souriants, mais, que je sache, il n'est pas interdit à ceux-là de se débarrasser des gens qui ne leur plaisent pas. C'est pour cette raison — bien valable ! — que je fais assassiner tonton Concini par mon copain Luynes qui va signer quelques jolis traités à mon avantage. Mon grand mérite, dans cette histoire, est de n'avoir que seize ans quand j'envoie l'Italien bouffer les spaghetti par la racine. Il est vrai que je suis un enfant en avance, puisqu'on m'a marié à quatorze ans avec Anne d'Autriche.

Imaginons que Concini continue la carrière que j'ai

volontairement interrompue. Richelieu ne serait peut-être pas arrivé au pouvoir, pour y faire tout le boulot qu'on connaît !... Marié à quatorze ans, assassin à seize ans, qui a dit qu'il fallait avoir de l'expérience pour se faire une place dans la société ? Vous avez quelque chose contre les jeunes ? Et si l'on ne profitait pas des droits que l'on a quand le poste est important, où irait la France, je vous le demande ? Après tout, Maman n'est que la gouvernante du pays, et c'est quand même moi le patron, non ? Bon... j'arrête. Si je m'énerve, je vais bégayer encore plus et je n'aurai pas assez de papier pour aller jusqu'au bout de l'histoire.

Tiens ! Pour une fois, la reine a le même âge que le roi. Anne et moi sommes nés tous les deux en 1601. Pour des jeunes mariés, nous sommes des jeunes mariés ! Quatorze ans chacun... Personne n'a jamais su que, faute d'éducation sexuelle et de vrai désir partagé, Anne d'Autriche et moi avons joué à cache-cache dans notre chambre pendant toute la nuit de noces. Que vouliez-vous que l'on fasse, à cet âge ? N'ayons pas peur des mots, nos parents, sous le couvert de protéger les mafias royales, étaient carrément coupables de débauche de mineurs, et la débauche de mineurs ne fait pas des miches de bonheur.

Il a fallu attendre vingt-trois ans de mariage pour que ma bobonne royale soit enceinte car, du côté des rouages de l'amour, on a pas mal de rouille dans l'entrecuisse. Lorsque nous étions des enfants mariés, notre devoir conjugal se bornait uniquement à des parties de saute-mouton, et notre ciel de lit ne nous servait qu'à grimper dessus pour jouer à chat perché.

Notre patience est superbement récompensée car il n'est pas donné à tout le monde d'être les parents du Roi-Soleil. En ce domaine, mes coups sont rares. Il m'arrive parfois de regretter la verdeur de mon Henri IV de père qui puisait son goût pour les femmes dans les vertus aphrodisiaques des plantes monocotylédones. Contrairement à lui, je puise mes inspirations amoureuses dans les récits d'amours platoniques et ces lectures auraient une fâcheuse tendance à diriger mes pulsions sexuelles vers la Caisse des dépôts et consignations.

Pourtant, un feu couve dans ma petite cheminée. Je brûle pour Mlle de La Fayette, mais ce feu ne ressemble qu'à une incandescence d'amadou. C'est vrai qu'elle est belle cette dame de cour, fille d'honneur de ma femme, intelligente, cultivée, obligée d'entrer au couvent de la Visitation sur l'ordre de Richelieu. Rien ne lui échappe, à celui-là !

Au sujet de mes engouements affectifs, quelque chose me tracasse au plus haut point. Me voilà attiré de façon bizarre par un homme qui porte un nom à se faire mettre dehors par les employés de l'état civil : Henri Coiffier de Ruzé d'Effiat, marquis de Cinq-Mars. Je ne sais pas ce qui me prend tout à coup, voilà que je m'entiche de lui au point de le faire Grand Écuyer de France.

En tant que Louis XIII, si je me fais rarement tâter par les bonnes femmes, je me tâte moi-même au sujet des intentions réelles d'Henri Coiffier de Ruzé d'Effiat dont j'ai un mal fou à retenir le nom. Dans la douceur de nos entretiens au coin du feu, je l'appelle Coirudeff. Ça, personne ne l'a jamais su, même le cardinal à qui rien n'échappe. Je suis un peu déçu d'apprendre que mon protégé a voulu assassiner le Premier ministre, et tant pis s'il est condamné à mourir. Après tonton Concini, c'est au tour de mon ami Cinq-Mars... Si tous mes intimes passent à la casserole pour nourrir mes ambitions, les prochains auraient intérêt à ce que je mange froid. Mais en ce siècle, et avant une éventuelle abolition de la peine de mort, se faire trancher la gorge n'est qu'une petite formalité.

Reconnaissons-le : Richelieu me réconcilie avec Maman. Je me souviens : c'était un soir, à table, nous avions du céleri rémoulade, un petit salé aux lentilles et des œufs à la neige. Il n'y a aucune raison qu'on ne se souvienne que des grands événements, la bouffe ça compte aussi. Ma mère faisait la gueule parce que mes troupes avaient battu les siennes aux Ponts-de-Cé, Richelieu cachait sa gêne en chipotant avec les lentilles, et moi je balançais des bouts de viande sous la table pour les donner au bouvard[1]. L'atmosphère était très lourde et on sentait bien que le drame couvait. Marie de Médicis s'écria tout à coup :

— Regardez ce que vous faites, Armand ! Il y a des lentilles sur votre soutane.

— Merdum, murmura le cardinal qui pensait toujours en latin pour ne pas laisser percer ses sentiments.

Depuis que j'ai l'âge de raison d'État, je me rends compte que ma vieille est un peu tordue. Le traité de Loudun a fait d'elle une véritable empoisonneuse, et son alliance avec les nobles qui se sont rebellés contre moi lui a gâté le caractère. Rien que pour l'emmerder, je pris le parti de Richelieu.

— Et alors ! Si on avait eu des frites, il n'aurait pas de lentilles sur la soutane. D'ailleurs on n'a jamais de frites, pourquoi ?

Ma mère laissa rageusement tomber sa petite cuiller dans ses œufs à la neige, ce qui mouchetta encore plus la robe du cardinal. Elle hurla presque :

— Parce que Parmentier n'est pas encore né, et on n'aura pas de frites avant le siècle prochain !

— Ça va être long comme service, tenta Richelieu dans sa barbiche.

— Quoi ?... Qu'est-ce que c'est ?... Qu'est-ce qu'il y a ? fulmina Maman. Si vous n'êtes pas content, vous n'avez qu'à aller autre part !

Personne n'a jamais su qu'Armand Jean du Plessis était très sensible à ce genre de menaces depuis son passage à l'évêché de Luçon, où il n'avait jamais mangé aussi mal. Je continuai sa défense.

— Bon... dans ce cas-là, je vais créer un restaurant d'entreprise dans la cour du Louvre, qu'on appellera *La Pyramide.* Le cardinal et moi, nous irons y bouffer tous les jours pour ne plus se brûler avec votre soupe à la grimace.

1. Bouvard : chien basset à grosse tête dont la race est éteinte.

C'est alors que je vis la reine pleurer pour la première fois. Ses larmes tombèrent dans la crème anglaise pendant qu'elle essuya ses joues avec un bout de la nappe. Trois ans de guerre contre son fils lui avaient mis les nerfs à bout, et cette querelle familiale faisait déborder le vase. Richelieu oublia l'insulte, se leva et s'approcha d'elle pour la consoler.

— Une pyramide dans la cour du Louvre !... Je n'ose y penser, renifla Marie de Médicis,... ça fait mal...

— Il ne faut pas toujours prendre les paroles de votre fils au sérieux, fit le cardinal en lui caressant les cheveux.

— Non, répondit Maman, ce qui fait mal c'est votre bague qui se prend dans mes cheveux.

Comme toujours, Richelieu sut trouver les mots qu'il fallait. Ils touchèrent le cœur de ma mère et le mien.

Tout le monde reprit des œufs à la neige et le repas se termina dans la plus parfaite réconciliation, celle que n'ont fait qu'effleurer les historiens mal informés, et à qui je suis heureux et fier d'apporter ma collaboration.

A partir de ce jour, le cardinal de Richelieu devient mon Premier ministre. Tous les médiocres qui m'entourent sont virés par ce de Gaulle revêtu de la pourpre cardinalice que je soutiens en toutes circonstances. Son goupillon se révèle beaucoup plus efficace que les sabres des militaires, épaulé malgré tout par les épées de mes vaillants mousquetaires. On s'est bien fendu la pêche dans ce qu'on a appelé la journée des Dupes. Entre nous, ce fut plutôt la journée des Pigeons dont les plus beaux représentants étaient les oiseaux de ma famille sur lesquels le cardinal et moi avons tiré nos plus belles flèches. Faire croire à ma mère, ma femme et mon frangin que j'allais me défausser du cardinal alors que je le gardais comme atout n'est pas très loin du poker menteur. Partager le pot avec un valet, contre une paire de reines, alors qu'il n'y a qu'un roi dans le jeu, est un assez joli coup. Mais, attention ! j'ai un autre roi dans ma manche, le futur Louis XIV. Personne ne s'y attendait à celle-là ! La naissance du dauphin est un peu tardive, mais ça change les données du jeu.

Quand mon fiston arrive au monde, il est déjà élégant et les eaux qu'Anne d'Autriche perd en accouchant ressemblent déjà aux grandes de Versailles. Moi, ça ne va pas très fort, et je reste sur le trône pendant cinq ans. Au sens propre et figuré à la fois, car j'ai une courante à faire doubler le chiffre d'affaires du papier toilette Lotus.

Je meurs bêtement de la colique, cinq mois après Richelieu qui m'attend au ciel, déjà occupé à piquer la place de saint Pierre.

LOUIS XIII ET ANNE D'AUTRUCHE ATTENDANT LA NAISSANCE DE LOUIS XIV

Richelieu

Une sacrée vedette, celui-là ! Si j'avais eu autant de talent que lui pour me faire plus tôt une place de star dans le show-business, j'aurais été tout à la fois le Delon du comique, le Belmondo de l'humour et le Depardieu de la fantaisie. Avec certainement quelques différences car il n'est pas sûr qu'Armand du Plessis, cardinal et duc de Richelieu, ait été un joyeux boute-en-train. Ça ne fait rien, j'ai revêtu une fois la tenue ecclésiastique dans un film de Michel Audiard et il ne me déplaît pas d'enfiler une robe de cardinal pour essayer de comprendre ce qui se passe sous la calotte d'un homme d'Église qui a préféré le champagne de la politique au vin de la messe.

Veuillez, mesdames et messieurs, baiser la grosse bagouze que je porte au doigt. A genoux, public aimé ! Je vais vous bénir la calebombe pour y voir plus clair dans mes intentions secrètes. Car, je dois l'avouer, je suis aussi fuyant qu'une action de la Bourse, aussi faux-cul qu'un emprunt de l'État. Pour mon ambition personnelle et, accessoirement, les besoins du roi, je suis capable de planquer un P.38 sous ma robe de soirée, si ça avait existé de mon temps.

Mon père et ma mère s'appellent Suzanne et François. Ça fait un peu patrons de bistrot mais qu'on ne s'y trompe pas, le seigneur de Richelieu et Mlle de La Porte sont issus d'une famille de la haute.

Enfant, j'ai toujours été attiré par les armes. Avec mon frère Alphonse, nous jouions à la petite guerre en glissant des pétards sous les jupes des servantes et, plus tard, dans les écoles militaires, j'apprends les meilleures façons de tuer les gens pour leur apprendre à vivre.

C'est grâce à mon frère que je deviens évêque après être sorti du collège de Navarre, à Paris, sans armes mais avec pas mal de bagages. Alphonse fait la fine bouche sur l'évêché de Luçon, mais moi je flaire tout de suite la bonne affaire en laissant tomber le sabre pour ramasser le goupillon. Autant pour les crosses, et prends ta mitre à deux mains, mon frangin ! Évêque à vingt et un balais, faut l' faire, comme dirait Mgr Lustiger...

J'enlève un moment mon galurin épiscopal pour vous faire part de quelques réflexions que m'inspire la vie actuelle, celle qui est la nôtre en cette fin du xxe siècle. Comment se fait-il qu'un jeune homme de vingt et un ans puisse être évêque ? Actuellement, nos jeunes gens de cet âge pointent au chômage s'ils ne sont pas étudiants, à la charge de leurs parents jusqu'à trente ans et parfois plus. Est-ce la faute d'une poussée démographique qui sature les bonnes places, ou devient-on de plus en plus idiots, pour ne pas être évêque avant cinquante ans ? Bien entendu, les relations, ça compte. Le pape a filé une dispense à Richelieu pour un évêché qui, paraît-il, n'était pas très bien entretenu par les prédécesseurs. Il fut, paraît-il, le plus « crotté » de France.

Voilà qui est dit. Je remets ma mitre et j'empoigne à nouveau ma crosse toute neuve.

J'ai toujours fait vieux. Ma figure est mince ; large au front, elle descend en pointe jusqu'au menton affiné par un petit bouc qui entre légèrement dans l'échancrure de mon grand col amidonné. Une moustache à l'anglaise sous un nez droit et osseux, un regard fixe produit par deux olives noires enchâssées dans des paupières en peau d'orange, de fins cheveux raides cachant des oreilles cartonnées, me donnent, heureusement, l'air sérieux qui convient à ma charge.

Il m'arrive parfois de confesser des rombières de haute lignée qui sont trois fois plus vieilles que moi, et ce qu'elles me disent à travers les grilles du confessionnal fait venir le rouge sur mon visage jaune. Cela a l'avantage de faire disparaître un peu l'acné juvénile qui me gêne un peu pour écouter le récit des turpitudes de la vieillesse. Ce que j'entends me fait voyager très tôt dans le labyrinthe de la nature humaine, et me prépare au parcours compliqué qui sera le mien.

L'Histoire ne dira jamais les ruses que j'ai employées pour me faire remarquer des Grands Patrons qui géraient la France de mes jours. J'en ai envoyé des signaux, de mon diocèse de Luçon, afin d'attirer l'attention d'éventuels employeurs !

C'est en 1614 que je gagne mes galons de délégué du clergé aux états généraux. Mes parents sont fous de joie. « Le petit fait partie des Grands ! » s'écrient Suzanne et François qui en profitent pour prendre des parts dans une fabrique de chaussures et lancer les nouvelles godasses à lacets qu'ils appellent des richelieus.

Comme un bonheur n'arrive jamais seul, la reine mère et son fameux Concini jettent un coup d'œil dans ma direction, et je deviens secrétaire d'État. Je ne vous dis pas le boulot que me donne le cumul des fonctions. L'évêché de Luçon, avec tous les fidèles du coin qui s'agenouillent devant moi, connaissant mes relations, me demandant de faire leur bonheur sur la terre comme au ciel, tous les curés de campagne et les évêques du voisinage me cirant les pompes pour avoir de l'avancement... Bref, je commence à avoir la calotte qui plisse quand Marie de Médicis est exilée à Blois et me demande de la suivre.

Je ne veux pas revenir sur tout ce que vous avez appris à l'école, en ce qui me concerne, mais ce que vous ne savez peut-être pas, c'est que je me suis drôlement retapé sur les bords de la Loire. Malgré son caractère difficile, Marie est une femme charmante et, en dehors des affaires du royaume qui la préoccupent, elle s'adonne à quelques loisirs en ma compagnie. Oh ! il s'agit de plaisirs bien anodins car on sent bien qu'elle n'a plus envie de se faire bénir le tabernacle, et, de ce côté-là, moi, j'ai d'autres chats à fouetter. Non, le soir, on fait griller des pommes dans la cheminée, on boit de la camomille et parfois, le matin, on va à la pêche.

Il est curieux de constater que les mémorialistes ne parlent presque jamais de la vie intime des grands personnages. Ce sont des gens comme vous et moi. En dehors de leurs soucis, Marie de Médicis se coupait bien les ongles des pieds et Richelieu ne laissait pas aux autres le soin de choisir ses caleçons. Il ne faut pas croire que les célébrités passent leur temps dans les affres de la responsabilité comme les officiers de police des polars d'aujourd'hui, ces policiers qui trimballent un visage anxieux tout au long du film... Regardez l'inspecteur Maigret : une fois qu'il a fini sa journée, il retrouve sa femme devant un bœuf en daube !

Tout bien pesé, en dévoilant les petits secrets des grands secrétaires, je suis bien content d'être une sorte de Simenon de l'Histoire.

— Ça mord ? me demande Marie de Médicis en épluchant sa banane.

— Je viens d'avoir une touche, dis-je, les yeux fixés sur le bouchon qui flotte sur l'eau de la Loire.

Le fleuve n'est pas loin du château, et nous sommes partis ce matin de bonne heure, avec un casse-croûte, pour tremper le fil dans l'eau. J'ai fait deux gardons et quelques ablettes depuis une heure. Quel repos de ne plus penser à rien, la gaule à la main, les pieds dans le sable, et la soutane aux genoux. Marie a revêtu un costume de pêcheuse composé d'un tablier de coutil et d'une robe à paniers pour ramener les poissons. Elle vient s'installer à mes côtés et lance quelques boulettes d'appât, juste sur ma plume.

— Ça avance, votre livre ? me demande-t-elle. Vous avez trouvé un titre ?

J'ai commencé un bouquin depuis que je me suis mis au vert. Chaque homme politique doit au moins en écrire un ou deux pour laisser des traces de son passage. Je réponds :

— J'ai pensé à *Astérix chez les curés* ou *Défense des principaux points de la foi catholique.*

— J'aime mieux le deuxième.

Je l'ai écoutée, ce qui a laissé le premier titre disponible et permis à Uderzo et Goscinny de s'en servir plus tard. Il leur aurait été très difficile de baser leur succès sur un plagiat notoire.

La journée se passe ainsi, en parlant de tout et de rien, du temps, du prix de la vie, des discussions qui opposent Louis XIII et sa mère, et de mes douleurs au bras droit.

— C'est la canne à pêche, m'informe la reine. Vous ne l'avez pas lâchée depuis ce matin et il commence à faire frais. On va rentrer.

Douceur de vivre, paroles faciles, joies simples. Demain il faudra se remettre au boulot, réconcilier Marie et Louis, protéger le roi contre ses ennemis, me protéger contre la mère, le fils et le Saint-Esprit. Amen...

Je deviens enfin ministre de Louis XIII en 1624. J'arrive au bureau un peu crevé, il faut le dire. Jusque-là, mon ascension n'a pas été de tout repos. J'ai presque quarante ans, et pour avoir été député du clergé, orateur de l'Ordre, Grand Aumônier de la reine, secrétaire d'État à la Guerre, exilé à Avignon après l'assassinat de Concini, coiffé cardinal, il m'a fallu donner des coups de crosse à droite et à gauche. Je revends mon petit pas-de-porte de Luçon à un autre évêque, non sans avoir placé une pancarte à l'entrée : « Prière de laisser l'évêché aussi propre que vous désirez le trouver en entrant. »

La fameuse journée des Dupes a été mon plus grand coup. A partir de là, c'est moi le patron et je prends mon pied à tirer toutes les ficelles du pouvoir pour éviter de me faire couillonner par la famille Habsbourg : des Autrichiens qui jouent Dallas depuis sept ans...

Parfois j'ai des défaillances nerveuses avec mes architectes qui agrandissent la Sorbonne et bâtissent le Palais-Royal. Quel boulot, déjà, pour avoir un plombier ! Et puis ces bagarres avec l'extérieur n'arrangent pas ma santé. Les voisins me cassent les pieds, j'ai la tête comme une courge et le bras droit qui déconne.

Veuillez m'excuser d'employer des mots directs pour traduire mes états d'âme, mais il m'arrive de regretter de m'être foutu dans ce guêpier politique, et j'ai des moments de grande colère. Ma santé n'est pas brillante, et j'ai de grandes crises de foie, et de foi. Vous n'avez qu'à ouvrir n'importe quel livre proposant mes portraits : j'ai l'air aussi empesé que mes grands cols durs.

Les seuls moments de détente, ce sont mes chats qui me les donnent. Le soir, quand tout le monde est parti, je m'enferme dans mon bureau et je caresse Pompon qui sera mon dernier minou. Quand je le regarde jouer avec une souris, c'est moi que je vois jouer avec les hommes.

LA MERE, LE FILS ET LE SAIN D'ESPRIT

D'Artagnan

D'après Alexandre Dumas (le papa de l'autre...), d'Artagnan était compréhensif, éclairé, généreux, humain, sensible, adroit... bref, il avait toutes les qualités requises pour faire un héros. On ne sait pas toujours à quel point il est difficile de paraître courageux. C'est très joli de foncer droit devant soi, la flamberge au vent, pour embrocher le traître, mais a-t-on pensé à la peau de banane qui peut mettre fin à toute action d'éclat ? A-t-on réfléchi aux conséquences d'un élan mal calculé qui vous fait arriver à quatre pattes devant un ennemi ? Il faut vraiment avoir confiance en soi pour se lancer à l'attaque, le sourire aux lèvres, sûr de remporter la victoire.

Moi, quand je pense à la trouille que j'ai lorsque je suis témoin d'une bagarre, au désir de me barrer vite fait d'une échauffourée, je me sens bien loin des motivations des d'Artagnan ou autres Cyrano de Bergerac. Je crois que je réfléchis trop. En quelque sorte, je dois être un peu lâche devant le danger, mais le fait d'arriver en bonne santé à l'orée du troisième âge, de ne pas avoir pris des coups qui m'auraient encore plus gâté le physique, prouve qu'en ce domaine la couardise peut être bénéfique.

J'admire d'Artagnan. Ah ! ce que j'aurais voulu avoir un géniteur comme le père Dumas, un homme de lettres qui aurait écrit mon chemin en me protégeant de sa plume. Invincible par sa volonté, je chevaucherais ma vie en sautant les haies du destin, animé par une confiance qui me ferait pousser toutes les portes à la pointe de l'épée... Bon ! On se calme, et on se regarde dans la glace...

Cinquante-cinq kilos, petit et chauve, je suis l'étroit mousquetaire. Faut pas rêver, bonhomme ! Eh oui, que voulez-vous ? Tout le monde ne peut pas avoir l'étoffe d'un bretteur de génie. Déjà, avec mon Opinel, j'ai tendance à déraper quand je tartine du pâté, alors imaginez les dégâts si je devais embrocher une brigade de spadassins qui me sauterait sur le plumet !

Quand je suis « monté » à Paris, mon M. de Tréville s'appelait Jean Nohain, et il était capitaine des gardes de la télévision. Avant de faire partie de son équipe, j'ai eu des tas d'obstacles à franchir, comme le héros d'Alexandre Dumas, mais j'ai l'impression que l'auteur, par sa volonté d'idéaliser d'Artagnan, lui a fait la part trop belle.

Le vrai, celui qui inspira Alexandre, Charles de Batz-Castelmore d'Artagnan, a dû avoir des emmerdes moins glorieuses. Je me suis renseigné en Gascogne, où j'ai retrouvé l'un de ses descendants, possesseur de la tradition orale de sa famille, et qui m'a fait quelques confidences tendant à faire croire que le d'Artagnan réel avait quelques faiblesses dans le pommeau. D'abord, il me ressemblait étonnamment d'après une gravure de l'époque et, ensuite, on peut lire une certaine prudence dans l'expression de son visage. Comme je me retrouve un peu en lui, j'accroche son épée à ma ceinture, je chausse ses bottes et pars sur les chemins de mon aventure à la recherche de sa vérité.

Comme beaucoup de garçons campagnards, je veux quitter la charrue pour l'uniforme, et c'est ce qui me pousse à Paris pour entrer dans la garde mobile de ce temps-là. Gendarme du roi, l'honneur pour carnet de contraventions et l'épée pour crayon à bille, le succès de mes premiers procès-verbaux est dû au hasard le plus pur.

— Faut pas stationner là ! dis-je au croquant qui vient de garer sa calèche en double file, devant l'entrée du Palais-Royal.

Ce qu'on ne sait pas c'est que moi, d'Artagnan, je suis d'abord affecté à la circulation, avant d'être mousquetaire à part entière. Je suis chargé par le commissaire Flambant de la Motte de réprimer les stationnements abusifs aux alentours de la résidence royale, et je tombe une fois de plus sur un contrevenant. Il me regarde, l'air arrogant, et répond :

— J'en ai pour une minute, monsieur l'agent. Juste le temps d'essuyer les moustiques qui sont collés sur les dents de mon cheval.

Quoi ?... On ose me répondre ainsi ? Des moustiques en plein hiver ? Tant pis, il l'aura voulu ! Je dégaine la phrase clef :

— Vos papiers !

Le type me tend une sorte de laissez-passer infect, sur lequel je lis difficilement son nom.

— Vous vous appelez Athos, comte de la Fère, domicilié à Saint-Duentin ?

— Non, rectifie-t-il, c'est pas Saint-Duentin, c'est Saint-Quentin.

— Moi c'est pas ce que je lis.

Comme tous ceux qui sont dans leur tort, il essaie de se justifier en se lançant dans une explication qui m'échappe mais dont la durée commence à provoquer un début d'embouteillage.

— C'est à cause de l'humidité... J'ai une veste qui prend l'eau quand il pleut, et ça fait déteindre les caractères du laissez-passer.

— C'est possible, fais-je, mais moi je ne lis pas Saint-Quentin, je lis Saint-Duentin !

— C'est parce que vous avez le Q dans la pliure. La queue du Q a déteint sur le haut du rond.

On le sait, je suis susceptible. Je mets la main sur ma rapière, prévoyant une atteinte à ma dignité.

— Sur le haut du rond du quoi ?

— Sur le haut du rond du Q ! poursuit-il en élevant la voix. Comme vous avez un gros Q, avec la queue sur le côté, ça fait un D...

Dans un cas comme celui-là, d'Artagnan ne peut que défourrailler. Le malappris se prépare à frotter les dents de son cheval sans tenir compte de sa moquerie. L'épée sortie, je le somme :

— Tournez, tournez donc, monsieur le Railleur, que je ne vous frappe point par-derrière !

— Me frapper ?... Moi ! dit l'autre en pivotant sur ses talons, et en me regardant avec autant d'étonnement que de mépris. Allons donc, mon cher, vous êtes fou !

Il achève à peine que je glisse sur un pavé et lui allonge sans le vouloir un si furieux coup de pointe qu'il fait un bond en arrière, jusque sur la chaussée. Un carrosse de quatre chevaux donne un brutal coup de frein, et l'embouteillage devient complet. Je recule pour me mettre à l'abri derrière une malle-poste, mais le cheval de mon adversaire, relevant la tête, déclenche son alarme en hennissant. Son museau me percute les cervicales, et je suis projeté sur le croquant, le front en avant. Il perd deux dents, et moi mon pantalon.

Le différend se règle chez M. de Tréville, patron des mousquetaires. Ce qui me permet d'être enlevé de la circulation, et d'avoir un ami en la personne du contrevenant Athos qui, d'ailleurs, me présentera plus tard à deux de ses meilleurs camarades : Porthos et Aramis. Comme moi, ils sont flics de Sa Majesté Louis XIII.

— Un pour tous, tous pour un ! crié-je en levant mon gobelet d'étain devant mes potes.

— Un Ricard, sinon rien ! répond Porthos, toujours en avance sur son temps.

Soyons modeste, ma gloire n'est basée que sur une somme de malentendus qu'Alexandre Dumas a exploités pour plaire à ses lecteurs. Je ne suis qu'un homme comme les autres, avec ses défauts et ses faiblesses. De plus, comme je suis aussi maladroit qu'un jongleur borgne, mes balles me tombent toujours à côté de la main. Je dois mes involontaires succès au rebond qui les fait me revenir dans la paume lorsque je ne les y attends plus.

Mazarin entend parler de mes prouesses et me prend à son service personnel. Personne n'a jamais su les liens qui nous unissaient. C'est lui qui m'a appris à faire les macaroni à l'andouillette de Palerme, recette assez difficile à exécuter car on ne fabrique pas d'andouilles à Palerme, sauf dans les cas d'extrême urgence. En échange, je lui ai appris à pisser contre les murs de la bibliothèque Mazarine où il m'a battu au concours de hauteur par un soir de grand vent. Ces petits riens n'ont pas tardé à nous réunir et nous nous appelions Jules et Charly dans l'intimité.

Beaucoup de gens pensent que Constance Bonacieux a existé. Voilà encore une affabulation d'Alexandre ! Il m'a vraiment fait faire n'importe quoi, celui-là ! Vous me voyez, moi, d'Artagnan, aller faire des ronds de jambe, le chapeau bas, pour une gonzesse qui va me mettre dans un coup aussi fourré qu'une dinde aux marrons ? M'envoyer chez les English pour récupérer les ferrets de la reine — qui, paraît-il, n'étaient que des copies de chez Burma —, aller voir le duc de Buckingham qui avait sauté Anne d'Autriche pour lui chouraver ses diams, et risquer ma vie sur un rafiot troué en mer du Nord ! Non, alors ! Question rigolade, j'ai plus facile à me mettre sur l'oreiller. J'ai quelques radasses de première, des gagneuses d'affection pas bégueules pour deux ronds, des copines du Sud-Ouest spécialisées dans le recel de quéquettes.

Ah, j'oubliais ! Il y en a un autre qui s'est permis des extravagances sur mon comportement — on ne peut plus simple ! —, un nommé Gatien de Courtils. Vous connaissez ? Moi, pas. Il a écrit, à ce qu'on dit, des libelles à mon sujet. Des libelles ? Quoi-t-est-ce ?

Je veux tout de même rassurer mes admirateurs en leur disant que j'ai été dans quelques bons coups. Par exemple, c'est moi qui mets un terme aux troubles agissements du fameux Fouquet, le copain de Mazarin, celui qui piquait dans la caisse de l'État. En bon gendarme, je ne fais que lui passer les menottes mais quel plaisir d'arrêter un tripoteur de flouze national, un suceur de contribuables, comme il en existera toujours pour transformer les bas de laine des braves gens en chaussettes trouées.

Bon… évidemment, si je n'avais pas commis quelques actions d'éclat, personne ne saurait qui je suis, et je n'aurais jamais attiré l'attention des écrivains. Le seul truc qui pourrait me remettre au goût du jour en 1992, ou 13, c'est le traité européen de Maastricht. C'est là qu'à la fin de ma vie j'ai rengainé mon épée et baissé mon chapeau définitivement… Comme le feront, peut-être, au même endroit, d'autres nobles représentants de la France : Valéry Giscard d'Estaing, comte à Rebours, Jacques René Chirac, vicomte de Surlui-même, et François Mitterrand, prince du Coup de Jarnac. Les trois mousquetaires d'un futur roman de sape et d'épée…

L'ETROIT MOUSQUETAIRE

Louis XIV

Certains parents élèvent leurs enfants en leur laissant la plus complète liberté afin de ne pas les traumatiser et leur donner des complexes pour plus tard. C'est la méthode dite de l'enfant roi, qui peut tout faire, tout dire, tout exiger, afin que, devenu adulte, il ne soit pas obligé d'aller se faire resserrer les boulons chez un psy.

Les rois de France ont souvent porté la couronne à l'âge de la patinette, mais la grande noblesse oblige... Les futurs dirigeants sont soumis à l'éducation sévère de leurs précepteurs, et leur état d'enfants ne leur permet pas d'être déjà les rois des emmerdeurs, comme il arrive souvent chez les rejetons de familles plus simples. Moi — et j'en remercie mes parents — j'ai bénéficié d'un élevage intelligent, fait de beaucoup d'amour et de quelques taloches..., mais, à la minute même, il me vient le désir impératif de revêtir la barboteuse du petit Louis XIV, afin de me défouler dans la dentelle.

Je suis assis sur ma petite chaise à tablette, le bavoir autour du cou, la cuiller à la main, et je tape dans ma purée en hurlant comme un dingue :

— Ouaaaaaaaaah ! Hiiiiiiiih ! A boudou boudou ! Beuh ! Splatch !...

La purée gicle vers le mur. Au passage, ma nourrice en prend un échantillon en pleine figure et elle me regarde fixement d'un œil repeint au jambon. C'est drôle ! Je remets ça !

— Bouhouhouhou ! Ouaaaaaaaaah ! A budu bidi ! Berk ! Splatch !

Ce coup-là, je laque une partie de la porte d'entrée et ma nourrice me présente le nouveau crépi de son autre œil. Le surplus lui tombe sur les genoux, dévoilant un regard ennuyé mais encore paisible. Elle confisque ma truelle à bouffe et dit avec respect :

— Il faut que Votre Majesté mange plus calmement pour qu'elle ait une bonne digestion.

Je restitue ma dernière bouchée dans un renvoi sonore afin de lui donner raison et — surtout — de rigoler. Après l'éclatement des bulles d'avant-garde aux coins de mes lèvres, la bouillie est récupérée par mon bavoir, et je projette le reliquat sur le corsage de la grosse dame qui me tend ma timbale.

— Votre Majesté n'est pas raisonnable, se permet ma nourrice. Elle doit apprendre à bien se tenir à table.

Au lieu d'aspirer le liquide, je souffle. C'est l'un des moments les plus agréables de mes repas. Ma tablette est recouverte d'une sorte de plâtre dans lequel je tape avec le plat des deux mains pour faire jaillir les éclaboussures. Le sens de l'humour de ma nourrice n'étant pas le même que le mien, mes repas se terminent souvent par un regrettable malentendu.

— Je signale à Votre Majesté qu'elle vá se prendre une fessée dont on parlera longtemps dans les manuels d'Histoire...

Se permettre de menacer le roi est un privilège que, seuls ceux qui le torchent pendant son premier âge détiennent, en l'absence de ses parents. J'ai trois ans et mon cerveau n'a pas encore enregistré les données de la rancune. Le fait d'oublier rapidement les intimidations de ma nounou me permet de me livrer encore à ces merveilleux débordements qui font la qualité des joies de l'enfance, et manque tellement aux adultes lorsqu'ils sont pris dans les carcans de cette foutue bienséance, souvent génératrice de raideur et d'ennui.

Jamais on ne vous a parlé des rapports de Louis XIV avec sa nourrice. C'est un voile qui devrait être soulevé. C'est fait !... et ça n'est pas fini ! Ce à quoi vous venez d'assister prouve encore plus que je suis un monarque débordant de vitalité, aimant tout ce que me propose ma condition unique : la beauté des femmes, la beauté des arts, la beauté de mon « métier de roi » !

Oui, je sais ! Je dépense pas mal de fric pour satisfaire à mes besoins de représentation. Mais que serait le Roi-Soleil s'il ne produisait pas d'éclairage ? Jusqu'à présent il y a eu quelques-rois-lampes-de-poche, alors je me dois bien de créer l'énergie nouvelle qui fera briller longtemps mon souvenir.

Malgré tout, il y a une chose que vous devez savoir, et dont on n'a jamais, jamais, parlé. Lorsque j'ai établi les premiers plans du château de Versailles, il n'y avait qu'un minable rendez-vous de chasse sur son terrain actuel, un corps de logis en brique qui servait de planque à papa Louis XIII pour tirer le gibier à plume et les poules à poil... On sait qu'en ce dernier domaine, mon père n'était pas le champion de la mitrailleuse, et ça n'est pas dans une cabane à lapins qu'on peut s'offrir des bécasses de haute volée.

Fort de ces réflexions, j'ai donc décidé d'agrandir le baise-en-campagne paternel pour en faire le complexe immobilier de luxe qui attire tant de visiteurs. Mais quel boulot ! Je me souviens d'en avoir parlé pour la première fois à la reine un dimanche à midi, après le café.

— Dis-moi, Maïthé, ça te dirait d'avoir une résidence secondaire, pas trop loin de Paris, où on pourrait passer le week-end ?

On ne peut pas dire que Marie-Thérèse d'Autriche soit l'Annie Cordy du XVIIe siècle. Côté fantaisie, elle est plutôt en manque. D'un caractère effacé, je ne l'ai jamais vue bondir de joie sur le tremplin de mes projets.

— Une maison à la campagne ? questionne-t-elle, le regard déjà antibucolique. Je ne me vois pas faire et défaire les valises toutes les semaines ! Tu as pensé aux fourmis dans ta perruque ?

Et voilà ! La reine de France recommence à faire appel aux auxiliaires pour couper les cheveux en quatre ! Moi, j'aime la campagne, ça me repose du bureau et, de sa retenue pastorale, j'en ai rien à labourer ! Je tente néanmoins de la convaincre.

— Papa m'a laissé un terrain à Versailles. On pourrait faire construire...

— Ça va coûter cher ?

La réponse à cette question est dans ma tête. Je suis certainement le mieux placé pour m'accorder des crédits personnels et il n'y a aucune raison pour que mon surintendant, ce salaud de Fouquet, vive sur un pied plus grand que le mien !... Rien que pour lui boucler le clapet, j'ai envie de le faire mettre en taule. On verra plus tard... Je réponds à Maïthé :

— Cher ? L'État, c'est moi ! Mazarin n'est plus là pour tenir les comptes et piquer dans la caisse. A partir d'à présent, je prends les choses en main et le pognon où il se trouve.

La reine repose sa tasse et reprend le vouvoiement que nous utilisons en public et dans les grandes circonstances. Le protocole s'accorde mieux aux mises en garde politiques et matrimoniales.

— Que Votre Majesté ne compte pas sur moi pour me faire déchirer la traîne le vendredi soir dans les embouteillages. Si Elle veut aller faire du jardinage, c'est pas moi qui tiendrai le râteau.

Le ton est définitif. Qu'importe ! J'irai rentabiliser Versailles avec des nanas qui aiment bien se faire culbuter dans les massifs d'hortensias. Côté jardinage, j'ai déjà les outils sur moi. Pour l'entretien des pelouses, il n'y aura qu'à s'adresser au Le Nôtre Center, une entreprise dont j'ai apprécié les mérites à Vaux-le-Vicomte, chez ce malin de Fouquet. Pour la construction, je demanderai à Le Vau qui fait du solide, et je confierai la décoration à Le Brun pour que ça brille de partout.

Durant l'établissement des plans, je me demande parfois s'il est bien raisonnable de prendre l'argent du pays pour satisfaire mes goûts de faste et d'évasion. Si j'étais socialiste, je construirais des habitations à loyers modérés sur mon immense parc des Yvelines, des terrains de sport et des maisons du peuple, mais je suis un roi qui réfléchit. Admettons que le château de Versailles soit remplacé par des logements sociaux... avec tous les inconvénients qu'ils risquent de créer. Les troubles qui ont agité le pays pendant les événements de la Fronde ont provoqué un chômage important et la délinquance, dans les localités suburbaines, est en recrudescence. Vous voyez d'ici ce que ce changement de programme pourrait entraîner? Une concentration de loubards versaillais à la place de mon chef-d'œuvre, avec les désordres qu'engendrent ces sociétés à haut risque..., avec mes mousquetaires obligés de se transformer en vigiles pour éviter l'attaque des vieilles marquises et les vols dans les diligences, avec une nouvelle forme de petit banditisme qui, plus tard, pourrait s'étendre à des villes comme Mantes ou Vaulx-en-Velin. Mille fois non! Je suis le Roi-Soleil, nom d'une bougie!

Et qui c'est qui a donné du boulot au bâtiment qui se plaignait de la crise? Qui c'est qui a été le premier promoteur des grands ensembles, des complexes de luxe? Qui c'est qui a été le Bouygues de la matière noble, l'enchanteur Merlin-Plage de la pierre de taille, hein?... C'est Loulou Quatorze, celui qui pensait à la grandeur de la France et au confort de ses appartements.

Non!... Je renvoie Marie-Thérèse d'Autriche à la cuisine car elle est décidément trop terne pour luire à mes côtés. Les premiers bâtiments terminés, je fais rajouter quelques bricoles par le petit Mansart, à qui j'avais préalablement confié la construction du château de Chagny pour y loger ma poule, Françoise Athénaïs de Rochechouart de Mortemart. Avec un nom pareil, on comprend aisément qu'elle ait besoin de pièces en enfilade!

Et puis, comme j'en ai marre de me taper la route de Paris à Versailles, et que je ne supporte plus la pollution faite par les chevaux en surnombre qui pètent dans l'atmosphère de la capitale, j'emménage définitivement au château. Mansart m'y rajoute les locaux de mon gouvernement, et les appartements des gens de ma Cour. Ça fait beaucoup de monde mais, comme on le sait, j'aime contrôler le travail de mes collaborateurs et les intrigues de mes copains. Une telle organisation fait gagner du temps à tout le monde, et la marquise n'a que quelques mètres à faire en quittant son appartement pour attendre son amant de ministre à la sortie des bureaux... ce qui permet également au mari de la marquise de se taper la femme du ministre dans l'aile adjacente. Je suis fier d'avoir favorisé ainsi les échanges socioculturels et le cocufiage d'entreprise.

Une de mes erreurs, c'est d'avoir balancé Louise de La Vallière pour Françoise Athénaïs de Rochechouart de Mortemart. On va appeler cette dernière la Montespan, c'est plus facile. Quand j'ai appris, plus tard, qu'elle était impliquée dans l'affaire des poisons, j'ai eu une sacrée trouille rétroactive à la pensée d'avoir bu ses paroles pendant si longtemps. De toutes les femmes qui m'ont le mieux frotté le dos au réveil, c'est la Montespan qui m'a donné les plus belles douches du corps et de l'esprit. Car elle était coléreuse, la bougresse !

— Louis, avoue-le ! Tu as encore couché avec la bonne ?

Ça recommence ! Cette phrase, je l'ai entendue mille fois depuis que Mme de Maintenon est gouvernante des enfants que j'ai eus avec la Montespan. Sept ou huit, je crois. Chaque fois que je la rate sur l'oreiller, elle essaie de m'assommer à coups de traversin. Jalouse comme un inspecteur du fisc qui contrôle un gros contribuable, elle m'abreuve d'avertissements catégoriques lorsqu'il m'arrive de faillir à mes devoirs physiques.

— Je te préviens, si tu me rates encore au milieu du voyage, je fais mes valises et je rentre chez moi. Si tu t'y prenais comme ça avec La Vallière, elle n'a pas dû voir beaucoup de pays !

Que dire à une dame qu'on laisse tomber quand le tuteur a du mou dans les racines ?... Rien ! C'est vrai, la duchesse de La Vallière a parfois été obligée de descendre en marche mais, entre deux coups de pompe, je lui ai fait tout de même plusieurs enfants. Quatre, je crois. Je m'excuse en baissant aussi mon chapeau.

— Ne m'en veuillez pas, Françoise Athénaïs, à ma décharge, je suis un peu fatigué.

— On ne peut pas dire que ce soit votre décharge qui m'ait fatiguée, rétorque la Montespan du tac au tac.

Elle me plaît, la marquise, quand elle est comme ça. Malheureusement, elle compense mes faiblesses par des sucreries qui lui donnent du gras sur les entournures et, obligée d'inventer une robe spéciale pour masquer ses rondeurs, elle fera définitivement ses bagages pour laisser la place à la bonne, une autre Françoise, celle qui s'occupe de mes gosses.

Les mauvaises langues ont raconté que je l'avais épousée secrètement pour ne pas payer les charges sociales des employés de maison, alors que j'ai fait de la simple Françoise d'Aubigné la marquise de Maintenon, avec un marquisat en prime. A ce tarif, j'aurais pu me payer toutes les bonnes portugaises et espagnoles de France et de Navarre. Je l'épouse à la mort de la reine. Quand Maïthé dévisse, je perds le sel de l'adultère, et comme il me faut quelqu'un à cocufier, j'officialise en douce mes relations avec la super bonniche. Cela va me permettre de nouer d'autres intrigues et de retrouver les plaisirs de l'interdit. Du reste, Mme de Maintenon me fout une paix royale en ce qui concerne les papouilles. Le soir, à l'heure où les époux jouent au petit ramoneur, elle écrit des traités de pédagogie dont les meilleurs n'ont jamais été édités. Par exemple celui qui, à mon avis, était très en avance sur son temps : *Les enfants de la balle s'épanouissent à Roland Garros.*

On peut dire qu'avec ma deuxième Françoise les soirées sont calmes. Bien calés sur nos oreillers, tandis que je lis la dernière pièce du petit Molière, elle tricote un pull à col roulé.

— C'est pour qui ? je demande.

— Pour ton frère jumeau, l'hiver arrive...

C'est vrai qu'à partir des mauvais jours, il ne doit pas faire chaud à la Bastille. Mon frangin a beau avoir un masque de fer, ça ne protège pas des gerçures.

Comme toujours avant de m'endormir, je suis tracassé par ce foutu édit de Nantes. Nous en parlons toujours un peu après qu'elle ait rangé son ouvrage sur la table de nuit. Je questionne :

— Tu crois qu'il faudrait le révoquer ?

— Bien sûr ! Henri IV a donné trop de privilèges aux protestants, et tu vas bientôt t'en mordre le jabot.

— Oui, mais... dans un autre sens, ça risque de provoquer des conversions en masse, des émigrations, des révoltes...

Françoise me tourne le dos dès qu'elle sent arriver mes doutes. J'ai toujours pensé que mes réflexions sur la politique lui donnaient sommeil.

— J'hésite..., fais-je en soufflant la bougie.

Je tourne puis me retourne dans le lit, cherchant la solution de ces problèmes importants et ne la trouve pas. La marquise a toujours été de bon conseil... Je rouvre les yeux dans le noir et lui demande :

— Eh ! Maintenon !... que vais-je faire ?

— T'as qu'à écrire des chansons, ponctue-t-elle après m'avoir donné un bécot. T'as trouvé un bon titre là... et ça change les idées.

Je ne sais pas écrire les poèmes, alors je m'endors en mettant l'édit de Nantes sous l'oreiller avant d'aller faire un tour dans le jardin de mes rêves, pour oublier les soucis du pouvoir.

Avant d'aller m'expliquer avec le Grand Patron qui règne sur l'univers, je remercie ces gentils Français si patients devant les guerres que j'ai menées pour mon royaume, et je leur suis reconnaissant d'avoir accepté de se faire vider les poches au profit de mes goûts dispendieux. C'est au moment où ils avaient du mal à nourrir leurs petits qu'ils m'ont donné le titre de Grand.

Il faut, toutefois, que je me livre à une dernière confession qui expliquera pourquoi les peuples de la terre se sont toujours fait plumer par ceux qui les dirigent. J'ai reçu de mon père, Louis XIII, une consigne qu'il avait reçue lui-même de mon grand-père, Henri IV, et que je passe à Louis XV avant de clamser. Cette consigne date de la création du monde, et sera valable jusqu'à sa fin. Elle est uniquement transmissible entre les élus qui dirigent ceux qui ne le seront jamais : « Ce sont les moutons qui nourrissent le berger. »

EH, LOUIS ! TU ME FAIS DE L'OMBRE

Fouquet

Si les bergers peuvent grossir grâce aux moutons, ils sont impitoyables entre eux. Il ne faut à aucun prix tondre les brebis du collègue d'en face, surtout si ce dernier est le propriétaire de l'herbe qui produit la laine.

Alors, pourquoi, moi, Fouquet Nicolas, vicomte de Vaux et marquis de Belle-Isle, me suis-je fourré dans un tel sac de nœuds ? D'accord, j'ai un peu pillé les finances pour alimenter mes besoins personnels, mais quoi ! Je ne suis pas le premier, ni le dernier, à pomper les réserves nationales !... Manque de chance, je suis tombé sur Louis XIV, un prétentieux qui ne supporte pas que l'appartement du voisin soit mieux décoré que le sien. Tout part bêtement de là. On invite son patron pour un petit raout en famille et, quand il découvre que vous êtes mieux logé que lui, il part en claquant la porte. C'est pas petit, ça, pour un type qui se dit grand ?

Dans le fond, pour garder ma place et ne pas finir en taule, j'aurais dû vivre dans un trois pièces cuisine, à Aubervilliers, au lieu de m'installer dans un château à Vaux-le-Vicomte. Avec un plan d'épargne logement remboursable en vingt ans, en faisant des économies sur ma paye, en lavant mes chemises moi-même, en ayant un vélo pour aller au ministère, je ne me serais pas fait remarquer. Pour vivre heureux, vivons caché, dit-on.

Seulement, voilà : moi, je ne peux pas planquer ma véritable nature dans une chambre de service pour plaire au roi, et les toilettes communes à l'étage c'est pas vraiment ma tasse de thé. Depuis toujours notre devise familiale est « *Quo non ascendet!* » qui veut dire : « Jusqu'où ne montera-t-il pas ! » Je suis monté très haut, sur la grande échelle sociale, il est vrai, mais si j'avais su que le Roi-Soleil était en train de scier le dernier barreau, je me serais contenté d'un escabeau.

Quand je pense que j'ai fait mes études chez les jésuites, la façon dont je mène ma vie est en complet désaccord avec ce qu'ils m'ont enseigné. Jugez plutôt : je prends la route la plus droite pour aller au but, alors que par les chemins tortueux on arrive avant tout le monde, étant donné qu'il y a moins de police pour contrôler votre vitesse.

Ma soif de réussite rapide me conduit à être conseiller au parlement de Metz à l'âge de seize ans. Vous en connaissez beaucoup, vous, des minets qui donnent leur avis au parlement, au lieu de poursuivre de problématiques études sur des patins à roulettes, le Walkman sur les oreilles ?

Très tôt je deviens maître des requêtes, et intendant de l'armée royale, pendant la Fronde. Là, je commence à m'en mettre plein les poches en rognant sur les fayots du réfectoire, les boutons des uniformes, la poudre à canon..., bref, tout ce qui fait l'ordinaire de la remarquable organisation bordélique du monde militaire. Vive la Fronde ! Avec elle, je me suis payé un sacré lance-pierres... précieuses.

Boum ! Je suis bombardé procureur au Parlement de Paris. Que serait un procureur, s'il ne se procurait rien lui-même ? Chargé des affaires des autres, j'augmente ma garde-robe. Chargé des intérêts des autres, j'augmente mon capital. Le soir, en rentrant chez moi, je soigne mon coffre-fort qui commence à souffrir d'obésité, et lui ouvre la porte pour lui donner les médicaments nécessaires à son état : une grosse poignée de louis d'or avant chacun de mes somptueux repas, deux brassées de titres de rente pour activer ma digestion, et trois piles de bons du Trésor à prendre en une seule fois au coucher.

Enfin, surintendant des finances, je flatte habilement

les frisettes de Mazarin pour qu'il m'accorde d'autres avantages et qu'il ne mette pas son nez italien dans les trous de mon fromage. Cependant, il m'arrive de mouiller un peu du portefeuille quand le Cardinal me pose des questions.

— Dites-moi, Fouquet, vous avez encore changé de carrosse ?

— Oh ! il ne s'agit que d'une occasion, Votre éminence.

— Ça fait combien de chevaux, ça ? demande-t-il en appuyant sur les ressorts pour vérifier la suspension.

Avec lui, je sens le piège dans le moindre de ses mots, mais si Fouquet n'était pas malin, il y a longtemps qu'il serait au minimum vital non garanti. Je réponds en essayant de noyer l'hippocampe[1].

— Pas beaucoup. C'est une six-chevaux, dont deux juments qui ne tirent pas beaucoup.

— Vous faites combien aux dix kilomètres ? insiste-t-il.

— A peine un litre d'avoine, et encore c'est pas du super !

Ce qui est super, c'est que Mazarin a la méfiance assez volatile, de par son essence italienne. Elle s'évapore facilement à la première boutade, et, là-dessus, j'en connais un bout. On s'accorde à dire que je suis brillant, léger, drôle, et que je me joue des embûches, comme l'écureuil que l'on nomme aussi le fouquet et que j'ai, par conséquent, pris pour emblème. Peut-être qu'un jour, dans un siècle futur, certains organismes modernes qui épargneront l'argent des retraités dans leurs caisses prendront-ils également l'écureuil comme enseigne. On aura sans doute oublié que mon écureuil à moi s'employait à cueillir les noisettes des autres, pour que je puisse faire mon beurre.

Quel plaisir de claquer son fric sans tenir de comptes ! A la fin du compte, oui, j'en aurai pris du plaisir ! Même dans le boulot, je me marre. J'ai l'instinct animal, et seul

1. Expression signifiant « noyer le poisson-cheval moteur ».

le moment présent est important car il me donne les joies que je ne suis pas sûr d'avoir demain. Un exemple : Mazarin vient de casser sa pipe, la place est libre aux côtés de Louis XIV, et je me vois déjà récupérant ses œuvres d'art dans mon bureau ministériel. Sans attendre ma nomination, je me fais imprimer des cartes de visite, j'achète le dernier modèle au salon du carrosse, et j'engueule les ouvriers qui lambinent sur la construction de mon château de Vaux-le-Vicomte. Colbert !... Dans ma hâte joyeuse, je l'avais oublié, celui-là... Un fils de marchand de lacets qui voudrait bien me faucher mes vernis, un petit gestionnaire de sous-préfecture qui a fait engraisser la grosse fortune de Mazarin, un envieux qui rêve de prendre mon fauteuil aux Finances, un jaloux qui bave devant mes fringues et mes résidences, un médisant qui voudrait bien que le Roi-Soleil me foute à l'ombre. Après ces légères réserves, on sent bien que je n'aime pas Colbert.

Qu'à cela ne tienne, je vais leur en mettre plein la vue, à ces gagne-petit ! Je vais inviter le gratin à Vaux-le-Vicomte : La Fontaine, Molière, Poussin, Mme de Sévigné, Corneille, Bossuet, Jean-Pierre Brialy[1]. Ils verront de quel brois précieux je me chauffe et, pendant que j'y suis, je dédie cette fête à Louis XIV... Na !

Bon !... Quand on connaît la suite, j'aurais mieux fait d'offrir un casse-croûte sur le pouce dans un bistrot de campagne ! Mais faillir à ma réputation ? Que nenni ! Si c'était à recommencer, il est certain que j'achèterais une fermette en Normandie, à retaper moi-même grâce à M. Bricolage et, faute de célébrités, j'inviterais le concierge du Louvre et le balayeur des Tuileries autour d'un salon-jardin en plastique. Mais Fouquet je suis, Fouquet je reste !

En cette journée d'août 1661, le temps est superbe. Depuis le matin, la valetaille s'affaire au Fouquet's Château, et mes architectes décorateurs mettent la dernière main aux plis des tentures, redressent les

1. Acteur et chroniqueur mondain, ancêtre du nôtre.

tableaux de maîtres, déroulent les tapis d'Orient, accrochent les tapisseries. Comme toujours, il y a une foule de détails à régler le jour des inaugurations, et le grand escalier d'honneur ressemble à une véritable fourmilière. Les uns descendent, les autres montent, portant mille fardeaux différents qui sont les choses oubliées au dernier moment, ou rajoutées pour satisfaire la vue d'ensemble. Les dos se courbent sous les meubles de prix et les têtes disparaissent sous des monceaux de fleurs.

Dehors, les jardiniers s'emploient à tailler les bordures au ciseau, arroser les massifs, découper les haies, ratisser les allées, coiffer les arbres. Un essaim d'abeilles à grands chapeaux butine les jardins pour accorder la nature à ma richesse... Et moi, encadré par la porte principale, je promène mon regard de l'extérieur à l'intérieur. Je suis devenu le phare qui éclaire la mer de la Réussite. Un gros, très gros, sentiment d'orgueil me monte des pieds à la tête en pensant à l'effet que vont produire ces munificences sur les possesseurs du pouvoir central. Je vais leur prouver que les petits peuvent s'élever au niveau des grands quand la force de leur poignet est capable de forcer les serrures de leurs tiroirs à secret. A moins que je ne me trompe (!) le roi va en prendre un bon coup sur le diadème quand il va voir ça ! Si mes calculs sont exacts (!) il va me demander de remplacer Mazarin pour profiter de mes talents de gestionnaire. La tronche de Colbert, quand je vais dire oui !...

Le soir de ce fameux jour, tout est prêt. Les premières calèches arrivent : du tout-venant, des invités de pacotille, petits baronnets et vicomtesses de figuration, qui font des baisemains sur ma surintendance... Je ne les considère que comme les derniers éléments de ma décoration car ils sont là uniquement pour faire joli, pour donner de la mouvance à mes œuvres d'art statiques.

— C'est ravissant chez vous ! me dit la baronne de Piéautrain en lorgnant la tonne de Baccarat qui fait mon lustre de l'entrée.

Je l'envoie au buffet pour que les petits fours la fassent encore plus gonfler entre les baleines de son corset. Le comte de Moisy la Miette arrive aussitôt, tellement pressé de me parler placements que son dentier se décroche et manque de me tomber sur les chaussures. Il ravale le tout avant la catastrophe.

— Z'voulais vous demander conseil pour mes étangs de Zologne... Ne pourrait-on pas les z'inclure dans les pêches royales afin d'avoir le roi sur mes z'eaux ?

S'il y a autant de flotte dans ses étangs qu'il m'envoie de salive sur le plastron, le roi devra pêcher la carpe avec un scaphandre. Je l'envoie au buffet pour caler son dentier avec du pain de mie.

Tel un phalène doré, je papillonne dans les salons, glanant ci et là les compliments des courtisans dont la qualité augmente au fur et à mesure des arrivées tardives. Plus la fonction de l'invité est importante, plus son nom est étoilé, plus il prend du retard sur l'horaire pour me faire des avances. Seuls, les artistes de talent se tiennent en retrait après leur arrivée discrète.

— Ah, monsieur Molière ! Vous étiez là ?

— Oui, monsieur le Surintendant, mais je ne pourrai pas rester longtemps car je suis en pleine écriture d'une nouvelle pièce.

— Quel en sera le titre ?

— *Les Fâcheux,* je pense.

— Dans ce cas, restez donc ici, et regardez autour de moi. Vous en apprendrez plus que votre plume pourra vous en dire.

J'aime bien ce que fait Molière mais, à mon avis, les chansonniers passent avec le temps. Dans quelques années on n'en parlera plus.

— Nicolas !

Une légère bourrade dans le dos me fait me retourner et le joli minois de Marie de Rabutin-Chantal se présente à moi, souriant.

— Madame de Sévigné ! m'exclamai-je, ravi. Vous répondez mieux à mes invitations qu'à mes soupirs, mais je suis heureux que vous soyez là !

C'est vrai, je me la serais bien faite, l'écrivaine qui se

ruine en timbres-poste. Elle est encore pas mal pour ses trente-cinq ans.

— Vous n'avez pas reçu mes lettres ? me demande-t-elle.

Oui ?... Non ?... Je ne sais plus. J'ai trop de travail avec les relevés de comptabilité, les bilans trimestriels et les truquages de comptes. Il va falloir que je vérifie si ma correspondance personnelle n'est pas interceptée par ce pignouf de Colbert. Je m'excuse.

— Ne m'en veuillez pas, marquise ! Je suis débordé par le courrier.

— Moi aussi, soupire-t-elle. Quelle engeance ! On devrait pouvoir se parler dans une sorte de tuyau au lieu d'écrire des lettres qui se perdent.

Dans mon cas, cette idée n'est peut-être pas la meilleure car, s'il y a des gens qui doivent leur célébrité au progrès, d'autres peuvent en souffrir. Si Mme de Sévigné parlait « dans un tuyau », l'absence de ses lettres l'aurait laissée dans l'anonymat.

Mais qu'est-ce qu'il fait, Louis XIV ? Et l'exactitude, c'est pas la politesse des rois, non ? Je file à la cuisine pour voir si le rôti ne brûle pas. Les légions de cuistots sont à pied d'œuvre et se mettent au garde-à-vous dès mon arrivée, lâchant les couvercles pour présenter l'écumoire. Ça mijote de partout, ça bouillonne, ça grille, ça crépite, ça fumotte, ça glougloute. Pour sûr que le Roi-Soleil va s'en mettre plein la lampe et me demander d'où je tiens mes recettes.

Je reviens dans les salons aux accents d'un orchestre de chambre et sous les applaudissements des flatteurs de service. Dans son coin, un homme écrit sur ses genoux. C'est Jean de La Fontaine, un homme affable.

— Vous devriez vous méfier, monsieur Fouquet, murmure-t-il à mon oreille.

— Grands dieux ! mais de quoi ?... je m'étonne.

— Des gonflements, des enflures, des grosseurs anormales. Il y aura toujours quelqu'un pour vous reprocher les œdèmes de l'orgueil.

Je ne suis pas amateur de paraboles et préfère

détourner la conversation. Le petit carnet qu'il tient sur ses genoux m'en donne l'occasion.

— Vous écriviez une nouvelle fable ? Peut-on connaître son titre ?

— Oui. *La grenouille qui veut se faire aussi grosse que le bœuf.*

Je me demande où les artistes vont chercher leurs idées. Cela restera un mystère pour moi.

Soudain, un grand remue-ménage se fait entendre audehors, et un laquais se précipite dans ma direction, rouge, soufflant, la perruque en casquette. Le roi est là !... Le roi est là !

Il fonce sur le perron pendant que la noblesse se présente en haie d'honneur. Un lourd silence s'installe, ne laissant entendre que le bruit du carrosse royal s'arrêtant en bas des marches. Louis XIV en descend, aidé par une nuée de servants, enrubanné du haut en bas, des nœuds de satin partout, la moumoute comme un soufflé à l'orange, la main sur le pommeau d'or et les pieds sur des talons rouges. « Pourvu qu'il ne s'approche pas trop du buffet, pensé-je, on va le prendre pour une pièce montée... »

— Sire, soyez le bienvenu en ma modeste demeure.

Le roi semble ne pas écouter mes paroles car il regarde avec intérêt le soleil que Le Vau a fait dessiner sur la façade du château.

— C'est quoi, ça ? s'étonne-t-il sèchement.

Je me demande si le décorateur a eu une bonne idée de reproduire l'emblème du roi sur mon propre mur... J'essaie d'arranger les choses.

— Bof !... Un petit soleil légèrement voilé... et, d'après la météo...

— Je sais, m'interrompt le roi, le temps risque de se couvrir. Comment se fait-il que vous ayez des jets d'eau qui fonctionnent, alors que mes fontaines de Versailles sont encore sèches ?

Merde !!!... Ce con de Le Nôtre a dû laisser tomber son chantier pour finir le mien. Les entreprises n'en font qu'à leur tête. Il ne faut pas que je me noie dans une histoire d'eau...

— Je ne sais pas, Votre Majesté. Peut-être la sécheresse..., les nappes phréatiques?... La météo a annoncé...

Avant de gravir les marches, il me répond d'un ton encore plus sec que ses bassins de Versailles :

— Je sais. Il y a des risques d'orage...

Qu'est-ce qu'il a, aujourd'hui, le big boss? Des ennuis avec sa femme? Des déboires politiques? Un bon gueuleton va lui changer les idées. Lorsque je l'escorte au milieu de la haie de ses courtisans tous à plat ventre sur le parquet pourtant dit de Versailles, il lance des regards bizarres autour de lui. C'est curieux!... l'effet que j'escomptais semble amoindri par un je-ne-sais-quoi qui m'échappe. Peut-être est-il malade? Au milieu du grand salon d'apparat, le roi est devenu pâle. Sous les moulures dorées des plafonds, entre les murs recouverts de tableaux de maîtres, les lourdes tentures pourpre et bleu, frôlant les sculptures, marchant sur la soie des tapis au son d'un menuet, Louis XIV me donne l'impression de rapetisser. Vu d'ici, je pense même que son costard aurait besoin d'aller chez le teinturier.

Il fait malgré tout quelques civilités à gauche et à droite, tâte discrètement les tissus des fauteuils, passant la main sur les Aubusson et les Gobelins, renifle même les carafes de porto. Je me demande ce qu'il a!

— Ça va, mon poulet?

Qui ose s'adresser au surintendant Fouquet de cette façon? Je me retourne, la riposte prête, et je découvre Ninon de Lenclos dans ses plus beaux atours. Je l'ai un peu tripotée dans les salons de Mme de Lafayette, mais j'ai abandonné pour ne pas faire jaser la galerie... J'aurais bien voulu entrer dans l'enclos de Ninon, malheureusement il y avait déjà un monde fou : le grand Condé, Coligny, d'Estrées, etc., etc. A côté d'elle, Mme Claude ressemble à la mère Teresa. Elle continue sa demande d'information.

— Qu'est-ce qu'il y a? T'as l'air soucieux...

— Tu as vu le roi? On dirait qu'il a avalé sa canne.

Coquette comme à son habitude, elle s'évente un peu et s'approche de mon oreille.

— Il est jaloux ! Crois-moi, nous, les femmes, on connaît ça. Personnellement, je n'aime pas du tout quand une autre porte la robe qui va éclipser la mienne. Tu lui fais voir une maison qui risque d'être plus belle que la sienne alors qu'il est encore dans les plâtres à Versailles.

C'était donc ça ! Je cours auprès du roi que je retrouve sortant des cuisines.

— On va manger tout ce que je viens de voir là-dedans ? s'inquiète-t-il.

— Nous serons six cents à table, Votre Majesté, m'excusé-je. Il ne s'agit que d'une petite réunion intime, à la fortune du pot...

Colbert jaillit à son tour des cuisines. Il tient une grosse boîte de caviar.

— Vous avez plutôt du pot d'avoir de la fortune !... Qu'est-ce que c'est que ça ?

— Du caviar, fais-je timidement.

— Faites voir, dit le roi en arrachant la boîte des mains de Colbert.

Il goûte du bout de l'index et, regardant les deux ou trois perles qui ornent son ongle, laisse éclater sa fureur.

— Quoi !... Du gros grain gris ? Du meilleur ! De l'introuvable ! Venez, Colbert, on rentre à Versailles. Il doit y avoir encore des œufs de saumon dans une baraque du chantier !...

C'est ainsi que Louis XIV a quitté mon château de Vaux-le-Vicomte. Un mois plus tard, Colbert me fait arrêter pour m'envoyer bouffer l'ordinaire du fort de Pignerol jusqu'à la fin de ma vie.

Dans le fond, je ne regrette rien. J'ai vécu mieux qu'un roi pendant cinquante ans, les années où l'on a le plus d'appétits en tous genres, et pas encore trop de cholestérol. La plupart des gens font le contraire. Ils se privent lorsqu'ils ont envie de tout et, à la retraite, ne peuvent plus rien avaler. Moi, j'ai pris mon existence à l'envers. J'ai consommé avant, et j'ai payé après, au temps de la vieillesse où l'on a moins de besoins.

En tant que financier, j'ai toujours su que la vie était la première victime de la dévaluation...

FOUQUET ! VOUS AVEZ PRIS UN PLAN D'EPARGNE LOGEMENT POUR FAIRE CONSTRUIRE VOTRE CHATEAU ?
EUH... NON, SIRE
SIM

Louis XV

Me voilà à nouveau déguisé en roi mais, cette fois-ci, je suis assez content d'avoir les traits fins, le visage ovale et les yeux noirs de Louis XV le Bien-Aimé. Ça va dégringoler les nanas, c'est moi qui vous le dis ! A quoi servirait d'être un beau mec plein d'avenir pour ne pas profiter des avantages de ma situation ? Planquez vos garces, manants ! Cachez vos héritières, noblaillons ! Le tireur fou arrive sur vos terres !

Ah, on pourra dire que je m'en suis payé du bon temps avant de daigner m'occuper des affaires de la France ! L'exemple de mes grands-pères m'a suffi. Comme moi, ils sont tous montés sur le trône à l'âge des couches-culottes pour rester dans les emmerdements toute leur vie. Très peu pour le numéro 15 !... J'ai décidé une fois pour toutes de m'entourer de bons spécialistes de direction pour les menus détails du pouvoir monarchique, et d'un bel assortiment de gagneuses pour me flatter le blason.

Afin d'appliquer cette sage décision, je laisse le volant à quelqu'un de ma famille, Philippe d'Orléans, débauché notoire qu'on appelle Fifi la Régente, chez Michou de Saint-Germain. C'est lui qui, un soir de beuverie, a fait un bras d'honneur à Mme de Maintenon et à la princesse des Ursins. J'en ai encore le hochet frétillant à la pensée de ces deux vieilles peaux lâchant leurs faces-à-main dans le citron pressé, et partant, outrées, en remuant du panier à fesses. Malgré ce petit manquement à la règle, c'est un bon régent à la mort de mon arrière-grand-papa, et cela me permet de voir l'avenir sous les meilleurs auspices. Parce qu'à cinq ans, je me fous royalement de la destinée du pays.

Quand je commence à regarder les filles de plus près, crac, Fifi la Régente remballe ses affaires dans une crise d'apoplexie due à l'abus de tous les plaisirs. C'est la tuile ! Je ne suis vraiment pas mûr pour prendre en compte les conneries des adultes, et je laisse la clef de mes tiroirs au couple infernal, le duc de Bourbon et sa coquine, Agnès de Prie.

Les vieux dégueulasses me poussent dans les bras d'une Polonaise de vingt-deux ans, alors que j'en ai à peine quinze. Je deviens le mari de Marie Leszczynska, fille du roi des Polaks. La première fois que j'ai essayé d'épeler son nom, il a fallu que j'aille chez le dentiste pour qu'il remette mes plombages en place mais, la deuxième fois, je me suis dit qu'avec une telle orthographe, elle ne pouvait que faire l'amour comme une contorsionniste. Ça n'était pas pour déplaire à ma curiosité naturelle, et je tombe sur une vorace, une goulue de la bête à deux dos, une athlète du crayon à migraine. Je vais lui faire des mômes dans tous les coins. Dans l'entrée principale, le grand salon, le petit salon, la cave, le grenier, partout où je peux loger mon impatience. Sur des centaines de coups, il y en a dix qui portent. Versailles est devenu une nurserie. Parfois, quand les enfants s'amusent dans la galerie des glaces, et qu'ils se reflètent dans les quatre cents miroirs, j'ai l'impression d'être le père d'une partie de la Chine.

Quand Bourbon ne fait plus l'affaire aux affaires, c'est mon ancien prof qui le remplace. Je suis heureux car je trouve que Fleury est un joli nom, et, pour lui prouver ma confiance, il devient le cardinal André-Hercule de Fleury. Il est superbe à la tête de l'État, dans sa grande robe rouge à godets et sa cape plissée. On dirait une pivoine, et je l'appelle Hercule dans l'intimité, lorsqu'il tente de m'expliquer le rétablissement de l'équilibre budgétaire est dû à des mesures d'économie et à une meilleure administration financière. Moi, je continue à m'en balancer la bourse. Des sous, j'en ai ! Alors, à quoi bon se faire du mauvais sang, surtout qu'il y a des tas de mignonnes qui m'attendent à l'hôtel du Parc-aux-cerfs de Versailles.

J'ai toujours aimé les tendrons (c'est marqué en toutes lettres dans le Petit Robert 2, dictionnaire des noms propres pour des histoires qui le sont moins), sans doute parce que je suis marié à une vieille de sept ans mon aînée, un peu déformée par les cloques royales. Je ne vois pas pourquoi on ne consommerait que du réchauffé quand on peut cueillir des salades fraîches. Et puis, je n'ai pas d'excuse à fournir, je suis maître après Dieu. De toute façon, ça aide pour draguer la minette sans perdre son temps avec des ronds de jambe. L'inconvénient, c'est qu'elles sont un peu intimidées, les poulettes, devant ma grandiose présence.

— Tu as quel âge, ma jolie ?

— J'ai seize ans, Monsieur le roi de France.

Charmante ! Elles sont toutes charmantes comme celle-ci, vêtue de mousseline rose avec un chapeau à fleurs, assise sur le canapé du bout de ses petites fesses tremblantes.

— Comment t'appelles-tu ?

— Yvette Mouchardeau, Monsieur le roi de France.

Je l'ai remarquée en allant à la chasse, l'autre jour, apeurée, derrière un buisson, un panier de pissenlits à la main. C'est mon premier piqueur qui s'est chargé de l'entremise avec son père, l'un de mes métayers. On ne peut rien refuser au roi quand la dîme est diminuée en échange.

— Appelle-moi Majesté, lui dis-je, en dégrafant son corsage.

— Bien, Votre Gesté, répond-elle, déjà soumise.

Ces petites nigaudes m'ont toujours excité de par leur perverse ingénuité. Qu'importe si leurs maladresses de langage sont compensées par une instinctive virtuosité amoureuse. Je défais les rubans neufs noués pour me plaire, les lacets achetés pour me les faire tirer, les crochets cousus pour que je les dégrafe. Parfois, je trouve de la ficelle, selon le niveau social de la famille.

— Tu n'as pas peur ?

— Non, répond-elle, les yeux baissés et la rougueur au front. Papa m'a dit que ça valait le coup.

Le brave homme ! Je suis heureux qu'il mette un peu plus de beurre dans ses épinards quand sa fille sera passée à la casserole. Je me débarrasse de tous mes cuirs et de tous mes satins avant de poser mon auguste personne près du tanagra des fougères.

— Tu veux que j'éteigne les chandelles ?

— Comme Votre Gesté voudra...

— Appelle-moi Louis, dis-je, en pensant que mon prénom est plus approprié aux étreintes.

Je lui ferme sa bouche en cerise avec un premier baiser que je garde en pleine lumière pour mieux profiter d'une suite qui s'avère toujours étonnante, remplie d'imprévus, parsemée de gestes heureux et de faux mouvements.

— Aïe !

En principe, c'est moi qui crie. A cet âge, les jeunes maîtresses ont des empoignades malheureuses qui retardent un peu le déroulement des opérations, mais avec de la patience et un peu d'eau fraîche, je suis prêt à reprendre.

— Dis-moi quelque chose, fais-je lorsque je devine les premières vibrations de ma partenaire.

— Quoi ? dit-elle après réflexion.

J'ai remarqué qu'en ce domaine les jeunes femmes sont moins bavardes que les vieilles ; ces dernières semblent compenser par la parole ce qui manque à leur physique. Étant donné que mes recrues du Parc-aux-cerfs font partie d'un cheptel de basse extraction, je ne dois pas m'attendre à des conversations amoureuses relevant des entretiens de la Sorbonne.

— Dis-moi ce que tu penses... Tu aimes ça ?

— Oui, monsieur.

Évidemment, il y a cette satanée différence d'âge qui construit les infranchissables barrières des générations. Les hommes mûrs qui ne se sont jamais tapé de jouvencelles ne sauront jamais à quel point il est difficile d'établir certaines communications. Néanmoins, j'insiste.

— Je t'ai dit de m'appeler Louis. Allez... dis-moi ce que tu ressens... C'est bon ?

— Oui, Monsieur Louis.

Et zut ! On a beau être roi, il y a des choses qui ne s'achètent pas. Dans ces conditions, je ne m'endors jamais sur la boîte à ouvrage, et referme le couvercle dans une conclusion rapide. Grand seigneur avec les bergères, j'ôte un rubis de mes doigts.

— Tiens, c'est pour toi. Pour que tu te souviennes d'avoir couché avec Louis XV. Tu es contente ?

— Oh oui ! Merci, Monsieur Quinze !

N'y aurait-il pas eu quelques fuites parmi le personnel de mon hôtel du Parc-aux-cerfs ? L'opinion publique s'émeut de mes libertinages, et l'image monarchique en prend un coup sur les parties génitales. Le cardinal de Fleury vient de prendre l'ascenseur pour le ciel, je mets mes partouzes au placard et m'installe aux commandes pour m'occuper, enfin, des problèmes de la France. Je suis un peu en retard au bureau car il y a trente-trois ans qu'on m'y espère.

Fallait aussi que je m'y attende : je ne sais pas trop comment ça marche ! Les uns viennent me donner des conseils que les autres dénigrent, je suis pris entre deux feux sans savoir s'il faut les éteindre ou les rallumer, les dossiers s'empilent sur ma table de travail et dans ma corbeille à papiers...

Heureusement, Mme Poisson vient mordre à l'hameçon pour me prodiguer son estime et son talent. Elle se dépense sans compter dans ma couche et mon bureau, en prenant toutes mes affaires en main.

J'ai rencontré Jeanne-Antoinette Poisson — devenue Mme Le Normant d'Étioles par son mariage avec un fermier général — au cours d'un bal masqué qui n'était pas le meilleur endroit pour juger de la beauté d'un visage. Peu de temps après, elle était à poil dans ma chambre, circonstances favorables pour la promotion sociale de celle qui devint la marquise de Pompadour, propriétaire, par mes largesses, du titre et des terres du même nom.

Quel changement par rapport aux écervelées du Parc-aux-cerfs ! Alors que ces bêtasses m'abordaient par la bande (dessinée), j'ai tout à coup l'impression de faire l'amour avec une encyclopédie. Car elle est cultivée, la Pompadour ! Entre deux soupirs elle me cite Voltaire, Fontenelle, Crébillon. Lorsque je suis fatigué, elle tente de raviver mon ardeur en me parlant des *Essais* de Montaigne, ou me raconte *Les Précieuses ridicules* après une panne sèche. J'ai parfois le sentiment qu'on a remplacé mes draps de lit par les pages d'un bouquin. Mais je suis un amant comblé. Je parfais mon éducation en allant applaudir les pièces de théâtre qu'elle monte en son château de Crécy, et assiste à la naissance d'un tube qu'elle compose : *Nous n'irons plus au bois / Les lauriers sont coupés*.

La guerre de Sept Ans me tape carrément sur le système neuro-végétatif. J'ai l'air, comme ça, de porter haut ma confiance sur l'issue des combats, mais je me mélange les baguettes au-dessus du plan des manœuvres. Voilà que les Anglais s'attaquent à la France en compagnie des Prussiens, et qu'on se retrouve dans le camp de l'Autriche. Les Russes se mettent contre les Prussiens, et les Allemands cognent sur la Silésie pendant qu'on paume le Canada et que l'Espagne met ses castagnettes dans la bagarre générale. Et attendez !... C'est pas fini !... Les Allemands, les Russes et les Suédois viennent au secours des Français et des Autrichiens, et... Oh, et puis merde !... Quand c'est fini, l'addition est lourde. Malgré les mises en garde de ma Pompadour, je suis bien obligé de lui dire : « Nous n'irons plus au bois, les colonies sont coupées, et l'Angleterre que voilà ira les ramasser ! » Sacrée cueillette : je perds le Canada, la Louisiane, quelques Antilles et le Sénégal.

Pour tout arranger, la marquise de Pompadour, que j'ai un peu délaissée, s'en va rejoindre les grands personnages de l'Histoire de France au rayon des souvenirs. Après Mme Poisson, je tombe sur Mme Bécu. C'est pas vrai ! Mais qu'est-ce que j'ai fait au bon Dieu pour qu'il envoie dans mon plumard des bonnes femmes qui ont des noms à tenir un balai ? Heureusement, la particule camoufle un peu l'origine : elle empêchera de faire croire aux enfants des écoles que Louis XV se tapait des concierges.

Jeanne Bécu... Pardon ! la comtesse du Barry n'est pas une oie blanche malgré la marque de foie gras qui porte son nom. Pour moi c'est une volaille bien tendre qui arrive dans ma basse-cour, et j'ai bien envie de la gaver avec mon entonnoir personnel, de la faire courir autour du lit pour lui muscler les cuisses, de la nourrir au grain de folie. Devant ses vingt-cinq ans frais et dodus, ma soixantaine a envie de pousser des cocoricos.

Je sais ! Choiseul ne l'aime pas. Il va jusqu'à dire qu'elle est la fille naturelle d'un moine. Et alors ? C'est rassurant pour moi si son père travaille chez le bon Dieu ! Les relations, ça compte, non ? Les mauvaises langues disent aussi qu'elle a été pensionnaire d'une maison galante, et, là, je suis dans le doute. Nos nuits d'amour ne me procurent que de faibles indices.

— Tu me donnes mon petit cadeau, mon Loulou ? Qu'est-ce que ça prouve ? On sait bien que les rois ont toujours comblé leurs maîtresses. Mme du Barry sait bien que j'ai donné l'Élysée à Mme de Pompadour, et il n'y a aucune raison qu'elle ne me demande pas de lui prouver mon amour.

J'ai justement sur moi le titre de propriété du château de Louveciennes que je viens de faire construire pour le lui offrir. Elle le prend, le plie en quatre, et le glisse sous sa jarretière.

— Je garde tout ? demanda-t-elle, prouvant ainsi qu'elle n'est pas vénale.

Et ces attentions charmantes qu'elle a pour moi, lorsqu'elle m'attend, nue, sur le lit, fumant ces nouveautés qu'on appelle cigares !

— Viens, mon coco, je suis prête.

C'est pas mignon, ça ? Évidemment, elle semble ne pas trop aimer les préliminaires. Cela dénote sans doute son impatience à me rendre heureux.

— Attends, je vais t'aider, dit-elle en écrasant son cigare dans la boîte à bonbons.

C'est la première fois que je n'ai presque rien à faire avec une femme. Elle me déshabille, guide tous mes mouvements, et, dès que c'est fini, se relève de suite pour faire sa toilette. Lorsqu'elle revient cinq minutes après, elle est rhabillée, sur le départ. Vous en trouverez beaucoup, vous, des femmes qui ont la finesse de ne pas s'incruster après l'amour, de ne pas continuer à vous caresser le torse alors que vous avez surtout envie de dormir ?

— Salut, mon Loulou. Je reviens demain si t'as envie.

Et ça, c'est pas délicat ? Éviter de me mettre dans l'embarras du rendez-vous établi que je ne pourrai peut-être pas respecter, quelle force de caractère ! Non, Choiseul est jaloux. Il a trop de travail en tant que ministre. Du reste la comtesse me dit souvent qu'il faudrait l'envoyer se reposer à la campagne. Encore une preuve de son généreux caractère.

Je le reconnais : quand Mme du Barry me demande quelque chose, il m'est impossible de le lui refuser. Choiseul est renvoyé à la douceur de ses foyers pour laisser la place à une équipe de spécialistes : Maupéou, Terray et d'Aiguillon. Pendant quatre ans, ce triumvirat tape sur la table du pouvoir alors que je m'achemine lentement vers l'hôtel des allongés.

Avant de vous inviter à mes funérailles, je voudrais vous faire une confidence. Si vous avez des meubles Louis XV dans votre salon, regardez bien la forme de leurs pieds. C'est moi qui ai créé ce style en dessinant les jambes de Mme Bécu, comtesse du Barry !

QUEL STYLE CE LOUIS XV !
SIM

La marquise de Pompadour

Rien que pour le plaisir de porter un nom aussi rigolo, je vais encore changer de sexe et emprunter les fringues de la marquise. J'ai toujours envié les gens qui portent des patronymes à musique. Ça donne envie de danser, de sauter, de rire. En plus, Pompadour sent la rose et la poudre de riz. Ce nom évoque les parfums des fleurs veloutées et des dessous féminins. Pompadour... pompons d'amour, atours bonbon, bonbons d'amour...

Imaginons un président de la République s'appelant Pompidou. Un nom qui ne se parlerait pas, mais qu'on chanterait. « Pompon... pidou ! Pidou, pidou, pompon lapidou ! » Quel dépoussiérage dans la rocaille patronymique de nos chefs d'État ! D'un seul coup, la France se trouverait dégaullisée, décotynisée, désauriolisée, avant qu'elle ne soit giscardisée et mitterranisée. Pompidou ! A-t-on trouvé mieux, après Pompadour ?

Bon, d'accord ! Avant de me nommer ainsi, je m'appelle Jeanne Poisson mais, du moins, ce nom va m'apprendre à nager dans les eaux troubles de la réussite. Au lieu d'être remarquée par un maquereau, c'est un fermier général qui demande ma main à mon père. Mon père ! Ce zéro au sourire le plus mou, que des malversations financières conduisirent en exil après un coup qui passa si près de lui que son château tomba.

M. Le Normant d'Étioles, mon mari, m'arrache à la vindicte des voisins de mes parents et m'apprend les us et coutumes de la haute société en me présentant dans tous les salons réputés pour leur bonne fréquentation.

Je m'aperçois très vite que, si l'on veut réussir dans la vie, il faut se servir de clefs vivantes pour ouvrir les portes. Mes clefs se nomment Mme de Tencin avec qui je parle philosophie, Mme Geoffrin qui sponsorise l'Encyclopédie avec d'Alembert, toutes deux brillantes sous-maîtresses des maisons closes de l'esprit où les poètes viennent prendre leur pied en disant des vers.

Je suis jolie, cultivée, élégante. « Un vrai morceau de roi », me dit Charles-Guillaume, mon bienfaiteur matrimonial. Il n'en faut pas plus pour me donner des idées de grandeur et me faire gravir les échelons qui vont me hisser à la cour de Louis XV.

Youpi ! hurlé-je, en me lustrant la façade devant mon miroir. Le roi m'invite à son bal masqué ! Être l'épouse d'un fermier — même s'il est général — ne me suffit plus. Avec Le Normant d'Étioles, je commence à m'étioler et j'ai envie que quelqu'un d'autre allume mes vingt-cinq bougies. Louis XV, beau mec, belle situation... Marié, mais qu'est-ce que ça peut faire ? A mon époque, les alpinistes du succès ne s'embarrassent pas des versants abrupts.

Je vais être présentée au roi ! Mon Dieu !... Je suis debout au milieu du barbecue princier où les tendres poussins s'offrent à l'appétit d'un ogre qui n'a qu'à lever le petit doigt pour choisir sa brochette. Brûlante de trouille, j'ai des tisons ardents dans le corsage et de la braise dans le pantalon à dentelles. Louis XV s'approche de moi. Son regard est un coup de soufflet qui attise ma combustion et met le feu à mon visage, heureusement caché sous le masque. Un aide-mémoire lui rappelle mon nom et mes qualités.

— Je serais fort aise de vous revoir, Madame, me dit-il d'une voix à me faire mettre à poil tout de suite.

Je sais ! Je sais ! On peut douter que la future marquise de Pompadour se soit fait des réflexions aussi crues. Mais que voulez-vous, n'oublions pas que je réagis selon mes propres hormones. Sous la robe style pompadour, som-

meille le pensionnaire de R.T.L. qui ne pourra jamais se départir du style Grosses Têtes *qui est, peut-être, proche des pensées intimes des grandes salopes du* XVIII*e siècle.*

Donc me voici devant Louis XV, biche effarouchée, tremblante des genoux, mouillée à l'estuaire à bonheur, et sèche de la glotte.

— Si vous revenez à la cour, madame, je vous montrerai mes jardins, conclut le roi en reprenant sa revue de détails.

Comment les hommes peuvent-ils faire pour deviner ce qu'il y a sous l'amas de tissus superposés qui nous sert de robe, sous le brocart qui nous aplatit la poitrine jusqu'au cou, sous le masque qui nous cache la figure ? Surtout en ce moment où les femmes ressemblent à de gros paquets cadeaux, à des sapins de Noël croulant sous la dorure. Peut-être qu'avec le progrès, elles montreront leurs culs en l'an 2000, sous des ceintures qui leur serviront de jupes ?

J'ose à peine penser à ça lorsque le roi vient me retrouver à la fin du bal pour m'inviter à cette danse communautaire appelée menuet. Il n'a de moi que la main gantée, mais il m'enlace du regard, ses yeux se collant aux miens, son souffle embrasant mes lointains soupirs, sa pensée frottant la mienne.

— Vous ne venez pas souvent ici ? demande-t-il. Je fais un bal tous les samedis, j'espère vous y voir.

— Les désirs de Votre Majesté sont les miens.

Et pan ! Vous voyez la subtilité, le sous-entendu ? En deux mots, la femme est capable de signer un bail pour la postérité. Dès lors, ce sont les menus cadeaux qui affluent : un collier de rubis, un solitaire, une rivière de diamants, un logement à Versailles, une charge aussi lucrative que lointaine pour mon mari, les terres de Pompadour qui me font marquise, et quelques bricoles immobilières telles que l'hôtel d'Évreux, le futur Élysée... et les châteaux de La Celle, Bellevue et Champs.

Quel travail, mes enfants, pour décorer tout ça ! Allez vous y retrouver dans l'ébène, le cuivre, l'étain, l'écaille, l'ivoire et la nacre, le bronze doré ou ciselé, que les fils d'un petit ébéniste nommé Boulle veulent me refiler. Allez choisir entre les styles Henri III, Henri IV, Louis XIII, Louis XIV, et maintenant Louis XV. Voilà que mon coquin donne dans le meuble ! Moi, je n'aime guère le Louis XV à cause des pattes en arc de cercle. On dirait une bergère qui en a pris un coup dans le tiroir.

Les gens qui n'ont pas d'argent ne sauront jamais à quel point il est difficile de choisir quand on peut tout se payer... Toutes les erreurs sont possibles, alors qu'un pauvre a tout de suite le bois blanc qui s'impose pour sa décoration. J'arrive tout de même à meubler l'Élysée à force de recherches chez les antiquaires, et je peux enfin recevoir. A Versailles, c'est moins pratique car il faut indiquer l'adresse aux amis et, croyez-moi, les résidences de banlieue ne sont pas faciles à trouver quand vos hôtes ont oublié de vous donner le plan de route.

Ma vie avec Louis est douce et calme. Bien sûr, je ne le vois pas souvent car les pays de l'Europe se rentrent dedans à tire-larigot et il passe un temps fou au-dessus des cartes d'état-major avec ses généraux. J'en prends mon parti. Lorsqu'on est la compagne d'un chef d'entreprise, il faut admettre qu'il soit retenu à son siège en dehors des heures de travail normales.

Il lui arrive, lorsqu'il a besoin d'oublier le flingage européen, d'appuyer sur une autre détente : celle de l'esprit. Je le reçois dans ma propriété de Crécy où je monte des spectacles de variétés dont je suis la vedette. Je fais un énorme tabac avec mon groupe, *Les Pompadour's Swinger*s, composé de trois garçons qui jouent de la harpe à bretelles et de moi-même en tant que chanteuse d'orchestre.

Il faut me voir faire mes solos à l'épinette, les jambes écartées sous ma crinoline en strass, brillant sous les lampions de la rampe. La sono du porte-voix est à fond la caisse quand les fans hurlent à l'écoute de *Nous n'irons plus au bois*.

— Nous n'irons plus au bois...

— Oua, oua, oua, répondent mes choristes.

— ... les lauriers sont coupés...

— Yé, yé, yé !

— La belle que voilà...

— Oua, oua, oua..

— ... ira les ramasser.

— Yé, yé, yé !

Ça bastonne dur aux claviers et ça chauffe un max dans la salle quand je reprends le thème principal.

A genoux sur l'avant-scène, accrochée au porte-voix, je matraque les paroles qui sont le repère commercial de la chanson.

— Entrez dans la danse ! Voyez comme on danse !

Là, c'est de la folie collective. Les spectateurs sautent sur eux-mêmes entre les chaises du parterre, tapent dans leurs mains en déchirant leurs dentelles, cassent les meubles et lancent leurs perruques en l'air. Des minettes s'évanouissent, d'autres s'éborgnent avec leur face-à-main tandis que je continue.

— Sautez ! Dansez ! Embrassez qui vous voulez !

Le triomphe est à son paroxysme quand retentissent les accords de la fin et que je me roule sur le dos après avoir jeté ma culotte à rubans dans la salle.

Le roi trouve que je suis trop en avance sur mon temps et n'aime pas ce qu'il appelle de la musique de sauvages. Ses préférences vont au théâtre — dont je maîtrise assez bien toutes les disciplines —, notamment celui du jeune Voltaire. Je fais une adaptation comique d'une de ses œuvres d'avant-garde, *La Mort de César*. La liberté de ma mise en scène surprend un peu les critiques qui disent de moi : « Mme de Pompadour déplace le ton de la pièce. Pourquoi ne garde-t-elle pas la facture cornélienne que respecte Voltaire ? Les discours pathétiques de César sont gommés par une mise en scène trop moderne, et la tragédie en souffre lorsque notre marquise le fait mourir écrasé par un rouleau compresseur, au lieu d'être poignardé. »

Tout cela m'amuse beaucoup. Les artistes du royaume sont à mes ordres et, malgré les multiples cabales que la cour monte contre moi, je tiens le coup. Je sais bien que la famille royale ne m'aime pas du tout, mais le roi est dans mon lit ! De moins en moins, il est vrai. Les soucis de la guerre lui donnent des ratés dans le moteur, et moi je commence à tousser un peu. Entre ma toux et ses raclements de gorge, on a parfois l'impression de faire l'amour dans un garage.

C'est une des raisons pour lesquelles je me rapproche de l'Église. Quand les années passent, il est bon de prendre une assurance « Vie éternelle » aux Mutuelles de Dieu.

Je pistonne Choiseul auprès du roi, ainsi que mon petit frère Abel, qui est resté Poisson. Comme il n'a jamais rien cassé au point de vue situation, je le fais nommer à la manufacture de Sèvres.

Mes activités de conseillère de Louis XV s'amenuisent peu à peu. Mon palpitant commence à dérailler, et je m'en vais, de ce pas, faire un dernier tour dans les bois pour y couper mes derniers lauriers. Ils seront, je l'espère, en bonne place dans les cache-pot de votre mémoire.

N'AURIEZ-VOUS PAS VU LE ROI, MADAME DE POMPADOUR ?
EUH... NON, VOTRE MAJESTE

Louis XVI

Oh ! là ! là !... J'ai essayé de retarder le plus possible l'arrivée de celui-là, vous comprenez aisément pourquoi. Se faire couper la tête n'est agréable pour personne, et si je veux respecter l'Histoire, il va falloir que je monte sur l'échafaud à la fin du chapitre.

Comme l'a dit Victor Hugo, l'échafaud est une sorte de monstre fabriqué par le juge et par le charpentier. Pourquoi n'y a-t-il pas eu des Badinter et des Halimi à l'époque du roi-serrurier ? Pauvre Capet ! Il était fait pour être roi comme moi je suis fait pour être pilier de rugby. L'abolition de la peine capitale lui aurait évité de bouffer de la sciure, et peut-être qu'on lui aurait fait cadeau d'une remise de peine ?

On m'a dit que son intelligence n'avait pas tout à fait obtenu la moyenne au concours d'entrée dans la vie. « L'important, c'est la santé ! » disait son bourreau en affûtant la lame. Indécis et timide, voilà qui, en surprime, n'arrange rien quand des millions de sujets sont accrochés à vos basques pour que vous les protégiez. Dans le fond, Louis XVI devait être un brave type. Il y a tant de gens comme lui, aucunement faits pour être patrons. Voilà encore un exemple de la loterie à la naissance... Ce hasard aveugle qui vous propulse dans un berceau doré alors que vous êtes juste bon à vagir dans un couffin d'osier. Des fois, c'est le contraire : vous arrivez au monde dans une écurie, et vous êtes le Jésus de la réussite.

— Louis, vous avez encore joué avec ma montre ! Regardez-moi ça, il y a plein de confiture sur le cadran.

C'est le duc de Vauguyon qui m'élève. Il vient de me surprendre derrière une commode Louis XV, son oignon dans une main et une tartine de gelée de groseilles dans l'autre. Le duc est dur. Pour un duc dur, c'est un duc dur ! A la mort de mon père, le dauphin Louis (Encore un ! Comment voulez-vous vous y retrouver avec tous ces Louis !), c'est lui qui est chargé de mon éducation de futur roi de France. Je vais succéder à mon papy et on ne peut pas dire que ça me branche vraiment. Être constamment brimé par ce Vauguyon qui m'entraîne dans les chemins stricts de la religion au lieu de me laisser jouer avec les pendules, ça me bloque le balancier !

— Si Votre Majesté ne sort pas de derrière ce meuble, je ne lui apprendrai pas à lire l'heure.

Touché ! Le duc connaît mes goûts pour les mécanismes compliqués de l'horlogerie et de la serrurerie. Je rampe à ses pieds, lui rends sa toquante, mets ma tartine de confiture dans la poche de ma culotte, et fais le signe de croix en beurrant mon costume avec la gelée de groseilles.

— Bien ! fait Vauguyon. M. de Choiseul vient de me faire parvenir un portrait de votre future femme.

Et c'est reparti ! Vivement que l'on soit en République pour arrêter la reproduction des hommes de race royale, ces pauvres étalons obligés de s'accoupler avec des pouliches de haras étrangers afin que leurs entraîneurs puissent rester dans la course.

— Qui est-ce ? je demande en examinant le médaillon.

— Une Autrichienne, fille de l'empereur de Germanie et de la reine de Hongrie.

Encore une étrangère ! Si ça continue, le château de Versailles va ressembler à un dortoir pour travailleurs immigrés et, après, on s'étonnera de voir fleurir des idées nationalistes. Je flanque le portrait dans le tiroir de la commode.

— Touche pas à ma pote ! s'emporte mon éducateur dans une phrase de lèse-majesté.

Je reprends le médaillon et l'examine avec plus de soin. Elle n'est pas mal, la Viennoise ! Un peu blondasse à mon goût, couleur gaufrette, avec des dominantes roses qui rappellent un peu la couleur d'une glace à la framboise. Ma gourmandise naturelle me dit que les meilleures pâtisseries sont souvent viennoises. Malgré tout, j'émets quelques réserves.

— Le duc de Choiseul ne pouvait pas me trouver une Française ? Une bonne Bretonne, par exemple ? Ou une grosse Normande ? On affirme qu'elles sont solides à l'ouvrage, et moi, je ne serais pas contre une alliance entre le camembert et la fleur de lys.

Vauguyon m'explique que nous avons besoin de renforcer notre alliance avec l'Autriche, et s'embarque dans les motifs compliqués qui vont m'obliger à me farcir Marie-Antoinette.

C'est fait. A seize ans, je deviens l'époux de la corbeille de framboises qui en a quinze et, comme j'ai la tête en forme de poire, quelques amis plaisantins me conseillent d'ouvrir un magasin de fruits...

Comment voulez-vous, à notre âge, être experts en matière amoureuse ? Nous sommes puceaux tous les deux et il nous faudrait un mode d'emploi détaillé en matière anatomique. Déjà attirée par les moutons qu'elle élèvera plus tard à Trianon, la voilà dans la chambre avec un agneau qu'elle glisse dans le plumard, entre nous deux. J'en suis fort irrité. Mettez-vous à ma place ! Vous êtes bien tranquillement couché à côté de votre femme, et un agneau se débat sous les couvertures.

— Comment voulez-vous que j'y arrive ! dis-je à Marie-Antoinette. Votre bestiole vient de donner un coup de patte sur mon coucou, et maintenant l'oiseau est coincé dans la cage.

Précisons que, depuis notre mariage, le soir je répare une horloge suisse dans le lit conjugal pendant que ma femme fait des câlins à son agneau. Je me suis fabriqué une sorte de plateau-établi sur lequel je fixe mon ouvrage, mais la précision en souffre. Faute d'avoir d'autres jeux, nous passons nos soirées ainsi. Au matin, quelques courtisans flatteurs me font des compliments étonnés.

— Quelle ardeur, Votre Majesté ! La satisfaction de

votre épouse s'entendait jusque dans l'aile gauche du château !

Je n'ose pas leur dire que le mouton a bêlé toute la nuit. L'accent autrichien de Marie-Antoinette suffit à semer la confusion et me faire passer pour un virtuose du Kāma sūtra.

Quatre ans après mes épousailles, je grimpe sur le trône. Papy Quinze vient de nous quitter à l'horizontale, et à moi les emmerdes ! Ma première journée de bureau est catastrophique. Je nage dans les classeurs, barbote dans les dossiers, patauge dans le casier à courrier, patouille dans les chemises à instances, dans les archives. Des piles de requêtes, de demandes, de sollicitations s'entassent sur les meubles. Les tiroirs sont bloqués, et moi aussi.

Je fais venir Turgot que l'on dit meilleur économiste de France, dans l'espoir qu'il mettra un peu d'ordre dans tout cela, mais il s'y prend comme un manche. Je le nomme contrôleur général des Finances, mais il se fait lancer des tomates par les riches. J'appelle alors Malesherbes, et c'est la même chose. Il se fait virer avec Turgot. Necker arrive à son tour. Comme c'est un Suisse, je pense qu'il doit s'y connaître en matière de banque. Hélas ! malgré toute sa bonne volonté, il a un mal fou à joindre les deux bouts.

— Votre Majesté a encore fait des dépenses inconsidérées.

Je baisse un peu la tête devant son regard inquisiteur. Je pioche un peu dans le budget de l'État pour renouveler mon outillage de serrurier, mais de là à m'accuser d'être responsable de notre gros déficit, il y a loin !

— Oh, Necker ! Ce n'est pas pour quelques tournevis et une paire de pinces qu'on va m'accuser de voler l'argent du peuple !

— Il ne faut surtout pas que le peuple sache qu'il s'agit d'une panoplie complète de tournevis en platine, dont les manches sont sertis d'émeraudes et de diamants, que la paire de pinces est en or massif, et qu'elle fait deux mètres de haut pour encadrer la porte d'entrée de votre atelier !

— Et alors, m'excusé-je, c'est à leurs outils qu'on reconnaît les bons ouvriers !

Comme les autres, Necker est viré. Le moins qu'on puisse dire, c'est que les affaires de la France ne vont pas très bien, et que ça commence à bouger dans les chaumières. Je me console un peu dans les bras de Marie-Antoinette à qui j'ai, enfin, dégrippé le mécanisme avec ma burette opiniâtre. Quatre enfants sont sortis de son joli petit ventre. Entre-temps, elle me donne quelques conseils sur l'art et la manière de gérer le royaume, et moi, bonne poire, je l'écoute au lieu de lire mon avenir dans le marc de Bourgogne. Ce qui se serait avéré nettement plus bénéfique pour tout le monde.

Quand je repense à tout ça, je me dis que j'aurais mieux fait de naître dans une famille d'ajusteurs à Boulogne-Billancourt et d'épouser la fille d'un quincaillier. Nous aurions ouvert une petite boutique près de la Bastille qui est le quartier de Paris où l'on vend le plus de serrures, et j'aurais vécu jusqu'à quatre-vingt-dix ans au moins.

Parce que moi, je le maintiens, les histoires de guerre d'Indépendance américaine, le traité de Versailles, la crise avec les nobles, les états généraux, la Révolution, l'Assemblée nationale constituante, la pression du tiers-état, la prise de la Bastille, la guerre avec l'Autriche, les Girondins, dans le fond, je m'en bats l'œil ! Ça n'est qu'après le serment du Jeu de Paume que je me rends compte que je participe à un jeu de cons !

— Ça ira, ça ira, ça ira ! insiste Marie-Antoinette en enfilant ses culottes, le matin, avant d'aller jouer à colin-maillard avec ses copines.

Mais pourquoi n'ai-je pas eu plus de choses dans le cigare ? Parfois j'ai envie de me barrer à la campagne pour réparer les charrues, de changer de nom, de vivre avec des chèvres... Vous qui ne serez jamais roi, restez dans l'ignorance des fardeaux que cette charge fait porter.

Comme si tout cela ne suffisait pas, voilà qu'un des soupirants de ma femme veut m'envoyer dans la Meuse avec toute ma famille pour échapper à tous ceux que je me suis mis à dos. Un nommé Fersen. Un Suédois qui va mettre le feu aux poudres avec ses allumettes.

Quel voyage ! Un roi ne doit jamais fuir au moment des départs en vacances ! D'abord, il faut charger le carrosse avec les valises et les malles qui prennent toute la galerie, puis entasser à l'intérieur les jouets des petits, les papiers importants, les cabas de victuailles, et le panier du chat. Je suis coincé entre les gosses qui n'arrêtent pas de chahuter, et Marie-Antoinette qui prend toute la banquette. A chaque cahot de la route, un ballot de vêtements me tombe sur la tête, et le crétin de mouton que j'ai sur les genoux se met à gueuler. Toujours faible, je n'ai pas su dire à ma femme qu'il n'était pas raisonnable d'emmener sa brebis favorite.

Quitter la région parisienne au moment des beaux jours, merci ! Nous sommes stoppés par des contrôles de harnais effectués par les bourreliers de la police, et de fréquents accrochages de brancards aux carrefours sont signalés. Chaque fois j'ai peur d'être reconnu malgré ma fausse moustache, mon maillot de corps, et ma casquette à visière. A vingt kilomètres de Paris, c'est la première alerte. Nous sommes arrêtés par un argousin de la route qui s'adresse au cocher.

— Papiers du véhicule et permis d'atteler !

Le cocher lui montre le vrai faux passeport établi par mes services. Après lui avoir jeté un coup d'œil, le policier fait le tour du carrosse et revient à la hauteur du conducteur.

— Vous ne savez pas qu'il est interdit de galoper dans les agglomérations ?

— Je ne galopais pas, monsieur l'agent.

— Si, vous galopiez ! Vous êtes en infraction pour excès de vitesse. Qu'est-ce que vous transportez à l'intérieur ?

Marie-Antoinette s'enfonce la perruque jusqu'aux

yeux, je plonge la tête entre les pattes du mouton, et les enfants se mettent à pleurer. J'entends le cocher répondre.

— Des péquenots qui partent en vacances.

Je ne relève ni l'affront ni la tête car, si le flic me reconnaît, le cours de l'Histoire risque d'être changé avant mon arrivée à Varennes. Le grincement de la portière qui commence à s'ouvrir précise le danger mais la voix du cocher stoppe le contrôle de police.

— Ah, j'ai oublié de vous montrer quelque chose...

C'est alors que, projetant mon regard entre le dos du mouton et la visière de la casquette, je vois le poing du cocher s'élever au-dessus du crâne de l'agent. Un formidable coup de masse s'abat sur son képi. Il en profite pour aller brouter les pâquerettes du fossé pendant que le carrosse démarre sur les chapeaux de roues. Quelques instants plus tard, par l'ouverture qui me sépare du cocher, je lui demande ;

— Qu'est-ce que vous lui avez montré ?

— Mon permis à poings !

Quel voyage infernal ! Nous mettons plusieurs jours pour parcourir une cinquantaine de lieues, soit un peu plus de deux cents kilomètres. La voiture est devenue une vraie porcherie. Le maquillage de la reine s'est renversé dans les victuailles, les enfants se mouchent dans les rideaux, et le mouton vient de pisser sur ma perruque que j'enlève toujours pour dormir. A peine réveillé, j'aperçois un panneau en bord de route : SAINTE-MENEHOULD.

— Stop !

Je ne crie pas, je hurle. Mon estomac ne peut plus supporter les conserves. Il vient de me remonter jusqu'aux yeux pour découvrir le pays des fameux pieds de porc à la Sainte-Menehould, et il m'intime l'ordre de m'arrêter dans le meilleur restaurant de la ville.

— Vous n'êtes pas raisonnable, Louis, me dit la reine. Vous savez que les pieds de porc vous ont toujours donné la migraine car vous avez la tête fragile.

Je me contrefous de ce que dit Marie-Antoinette. Mon système gastronomique est en manque depuis le début du voyage, et l'enseigne d'une auberge « *Trois Couronnes* » me fait du charme au détour d'une allée. Le carrosse s'arrête.

A ce point du récit, il est bon de mettre les choses au point. De nombreux historiens ont plus ou moins pris une certaine liberté avec la vérité en affirmant soit qu'un facteur m'avait reconnu lors de mon étape à Sainte-Menehould, soit qu'un habitant de la ville aurait alerté les autorités locales, soit même que mon cocher se serait transformé en dénonciateur. Tout cela est faux, bien entendu. L'histoire est beaucoup plus banale, plus bête, plus quotidienne. Elle tient des malentendus imbéciles qui détruisent les plans les plus intelligents, elle est celle du manœuvre idiot donnant un coup de pied dans la cale qui retient l'échafaudage des ingénieurs.

Nous sommes à table, digérant un repas qui me réconcilie avec les endroits publics. Marie-Antoinette, toujours soucieuse de sa ligne, a picoré une salade et un yaourt du bout des lèvres ; les enfants ont englouti leur jambon-purée et un monceau de desserts. Moi, c'est un gueuleton qui n'a pas eu l'approbation de la reine au moment de la commande. En effet, comme l'aubergiste n'avait plus de pieds de porc, j'ai fait porter notre emmerdeur de mouton aux cuisines pour qu'on lui pane les arpions. Déjà, la scène de ménage attire évidemment l'attention sur nous, et je me ratatine sous ma casquette pendant les amuse-gueules. C'est lorsque je demande la note que tout se gâte.

— Additions séparées, ordonne Marie-Antoinette au maître d'hôtel, pressentant peut-être la fin dramatique du voyage.

Probablement ensommeillé par le début de ma digestion, je ne vois pas que la reine paie son écot avec un louis d'or sur lequel mon visage apparaît en relief. Pour tout arranger, le patron étale son livre d'or sur mon assiette de fromages et, mû par un réflexe conditionné, j'y vais de ma dédicace : « Merci pour votre accueil. Je reviendrai. Louis XVI. »

Comme quoi une bouteille de bourgogne et deux armagnacs peuvent provoquer des accidents de la circulation historiques.

En arrivant à Varennes, un comité d'accueil nous attend sous la direction d'un type que je n'ai jamais rencontré et qui, paraît-il, est le fils du receveur des postes de Sainte-Menehould. Allez dire après ça que le courrier ne marche pas bien au moment des vacances !...

Pendant quelque temps, après cette tentative d'escapade qui me fait perdre quelques points à la bourse des valeurs monarchiques, j'essaie de faire remonter mes actions en jurant sur la Constitution que je ne recommencerai plus. Après une autre scène de ménage avec Marie-Antoinette, je déclare la guerre à l'Autriche dans un mouvement de colère. Comme une tuile n'arrive jamais seule, les salopards de révolutionnaires viennent sonner chez moi pour m'enfermer au Temple avec toute ma famille.

Ma première nuit en taule est assez éprouvante. Jusqu'au matin, j'essaie de crocheter la serrure, mais son modèle m'est inconnu. Quand le jour se lève, la cellule révèle un spectacle plus qu'affligeant. La reine a les paupières qui tombent dans ses godasses, et moi je ne suis pas loin de marcher sur la peau de mon ventre.

— Quelle heure est-il ? demande ma moitié, dont il ne reste plus que le quart.

— Sept heures, dis-je en consultant un réveille-matin de ma fabrication que j'ai pu sauver du désastre.

— Il faut réveiller les domestiques, Louis. Le réveil de la reine est sacré.

C'est bien ce que je pensais. Marie-Antoinette en a pris un coup sur le cassis, et j'ai bien peur qu'elle ne perde la tête avant l'heure. Je lui explique avec douceur que les gens de maison qui nous sont restés fidèles se trouvent enfermés dans la cellule mitoyenne, et qu'il m'est impossible de communiquer avec eux.

— Regardez ! Là... au milieu du mur, il y a un trou.

Effectivement, à hauteur d'homme, un trou permet d'observer ce qui se passe dans la cellule voisine. J'y colle mon œil et voit mon chambellan et la camériste de ma femme.

— Dites à nos gens l'heure au trou[1].

Je leur communique la dérisoire information et la journée se passe au fil du temps qui défile et qui passe. Cinq mois après, je monte sur l'échafaud.

Bon… on arrête ici. C'est bien beau, la comédie, mais comme j'ai une fâcheuse tendance à me mettre complètement dans la peau de mes personnages, j'ai trop peur de ressentir la douleur morale et physique de Louis XVI lorsqu'il a mis son cou sous le couperet de la guillotine. Quel manque de bol il a eu, ce roi-là ! Cela faisait à peine un an que le docteur Guillotin avait mis au point son sinistre coupe-cigares… avec l'aval de Louis XVI !

Moi aussi il m'est arrivé de donner un show place de la Concorde, où fut guillotiné le pauvre Louis Capet. Le spectacle était présenté par Robespierre et Jean-Marc Thibault…

1. Cette phrase fut rapportée par le chambellan de Louis XVI dans sa ville d'origine. Depuis, la sous-préfecture d'Eure-et-Loir s'appelle Nogent-le-Rotrou.

LOUIS XVI
3e prise
COUPEZ !
SIM

Napoléon Ier

La carrure du petit caporal est beaucoup trop importante pour que je la revive entièrement sous son chapeau et dans sa redingote grise qui ne sont pas les moindres détails de la légende napoléonienne.

Napo est l'un des personnages de l'Histoire de France dont on se souvient le plus. D'abord parce qu'il n'est pas trop loin de nous dans le temps passé, et ensuite parce qu'il fut exceptionnel dans ses actes et sa nature.

Tous les acteurs ont rêvé d'interpréter Napoléon au théâtre ou au cinéma : de Dieudonné, dans le film d'Abel Gance à Serge Lama, au théâtre Marigny. Moi aussi j'y avais bien pensé, mais les producteurs m'ont trouvé trop maigre pour jouer un petit gros ; ils me voyaient plutôt dans un rôle genre ET. Maintenant que j'ai les moyens de me produire moi-même, que je suis le Cecil B. de Mille de la présente fresque historique, ces réserves ne tiennent plus. Me voilà Napoléon à mon tour, afin de vous dévoiler ses petits secrets, sa pensée profonde, son comportement intime, tous ces petits détails qui ont fait le grand homme connu de façon trop superficielle.

Puisque l'âme est immortelle, je vais investir la sienne, la squatteriser pour découvrir les tiroirs à secret de sa mémoire posthume. Attention ! le médium est en transes. Esprit es-tu là ? Trois coups pour oui !...

— Oui ! Voilà, je suis là ! Y a pas l' feu, non ?

Oh ! là ! là ! là ! là ! là ! là ! Mais pourquoi Maman Laetitia frappe-t-elle si fort à la porte de ma chambre ?

— Napo ! Réveille-toi !... Tu vas rater le bateau pour le continent.

Moi qui suis si heureux en Corse depuis les dix premières années de ma vie, me voilà obligé de m'exiler en France pour apprendre, sans préméditation, l'art et la manière de devenir empereur des Français. Si j'avais su ! Dans ce cas-là — cela va peut-être vous surprendre d'après ce qu'on vous a dit de moi — j'aurais loupé le foutu rafiot qui m'emmène vers le collège d'Autun et à l'École militaire de Brienne.

Tout a commencé au moment où j'ai quitté l'île de Beauté pour forger dans les études les outils qui me seront nécessaires à la réfection d'une partie de la planète. Pourtant, à dix ans, je ne suis pas plus ambitieux que les petits Corses de mon âge. Mes goûts me porteraient plutôt à la sieste et aux jeux à l'ombre car, avec une famille qui répond au nom de Ramolino, on ne peut pas être incité à l'énervement. J'ai déjà le front soucieux en pensant que tout le monde va croire à mon courage hors du commun.

— Napo !

Je vois le visage de ma mère au-dessus du mien. Elle me secoue comme un prunier car je me suis rendormi.

— Si tu rates le bateau, finies les études en France !

C'est une maîtresse femme, Madame Mère. Les treize enfants qu'elle a eus prouvent également qu'elle n'est pas ramolino du moule à gosses, et que papa Bonaparte doit être souvent au garde-à-vous devant ses désirs de maternité. Je me sens tiré par le col de ma chemise de nuit.

— Si dans une heure tu n'as pas quitté la Corse, je te fais engager comme arpète chez M. Moriccelli !

Non ! Pas ça ! D'un bond je suis debout. La menace est trop grave. Je ne veux pas travailler chez un menuisier corse. La prescience d'un autre destin m'apparaît tout à coup à la vitesse de ma toilette et de mon habillage fulgurants. J'avale mon café dont je renverse la moitié sur le devant de mon gilet, j'embrasse Maman Laetitia et j'attrape le bateau par la queue. Je monte dessus à la dernière limite, presque soulevé par la passerelle qui se replie.

A côté du chaperon qui m'accompagne, je regarde s'éloigner le port d'Ajaccio, la main droite plaquée sur le devant de mon gilet pour cacher la tache de café. Elle a bizarrement pris la forme d'une carte de l'Europe.

Dès lors, ma ligne de vie est tracée par le Suprême Dessinateur. Jamais je ne ferai nettoyer la souillure dont les traits et les contours m'indiquent la marche à suivre jusqu'à la fin de ma vie.

Lieutenant, lorsque je sors de ma garnison, l'un des premiers artisans de l'indépendance de la Corse, c'est moi. Malheureusement, je ne pense pas encore à poser des bombes dans les villes, et me ramasse lamentablement avec mes idées. Pourtant, les chiures du marc de café étaient bien distinctes à l'endroit de mon pays de naissance, entre le deuxième et le troisième bouton du gilet. Mon aide de camp me fournit la réponse.

— J'ai peut-être recousu le bouton un peu trop bas, mon lieutenant.

Dorénavant, il me faudra mettre une plaque de mica transparent pour protéger le plan de carrière que je porte sur l'estomac. Ce qui est une bonne idée, car il me suffit d'interpréter ses signes pour provoquer ma nomination de chef d'artillerie au siège de Toulon.

Grâce à moi, les Anglais rentrent à nouveau chez eux, et je fais la sieste à l'ombre de mes premiers lauriers.

— Bonaparte ! Réveillez-vous ! Vous allez rater votre nomination au grade de général de brigade !

Mon tempérament méditerranéen me fait ouvrir un œil tranquille sur le député Barras, penché sur moi avec les deux étoiles qu'il me destine. J'écarte discrètement ma main du gilet qui ne me quitte plus et vérifie si la proposition est bonne. Parfait ! Au milieu de la tache de café, une ligne en forme de flèche me montre la direction de l'Italie, et j'accepte d'y être commandant de l'artillerie.

Entre-temps, ma famille est venue s'installer en France. Papa est mort, mais il reste assez de monde vivant pour que la smala des Bonaparte fasse entendre ses mandolines à des lieues à la ronde. Qui ne connaît pas les familles corses n'a aucune idée de la foire du Trône. Ça chante, ça rit, ça pleure, ça accuse, ça pardonne, ça gifle, ça embrasse... Bref, ça vit comme ça dort, avec la même force, la même intensité, la même passion. Quel plaisir de voir à quel point les miens apprécient ma réussite ! Surtout quand Barras revient avec la médaille de général en chef de l'armée de l'intérieur.

— Bonaparte ! Au boulot ! Nous sommes le 13 Vendémiaire !

— Et alors ?...

— C'est le jour de l'insurrection contre le Directoire, voyons !

Un coup d'œil à mon horoscope caféiné. Ça gaze. Une fois de plus l'affaire sera bonne. Elle me vaut d'être nommé général en chef de l'armée d'Italie, et, une semaine après, j'épouse Fifine de Beauharnais, Martiniquaise, spécialiste de la canne à sucre horizontale. C'est encore un coup de Barras qui me la présente. Bien qu'âgée de trente-trois citrons plus jaunes que verts, elle a encore le punch qui dessoiffe.

Le lendemain d'un mariage un peu bâclé, faute de temps, je somnole encore, le nez enfoui sous l'aisselle de Joséphine. Un parfum de cannelle me pénètre par les narines, et un goût de sucre roux m'entre dans la bouche.

— Napoléounet ! Réveille-toi ! C'est l'heure de partir à la campagne !

Décidément, je ne pourrai jamais faire la grasse matinée. Si ma femme se spécialise aussi dans les brusques réveils, un jour j'irai dormir à l'hôtel des Invalides.

— Quelle campagne, Fifine ? fais-je, la mèche dans les yeux.

— Ben !... Celle d'Italie !

Bon, d'accord ! Ça va pas traîner, c'est moi qui vous le

dis ! Je vérifie mon gilet et ses indications me paraissent de bon augure, un coup de peigne sur mon épi frontal et hop, à cheval ! Vous me connaissez : les longs séjours à la campagne ne sont pas mon fort. Je vous mène tout ça tambour battant et je reviens sous les vivats de la foule.

Cela inquiète un peu les directeurs du Directoire qui m'indiquent la direction de l'Égypte où, là-bas aussi, du haut de ses pyramides, quarante siècles me contemplent. Ils ont raison car mes victoires sont impressionnantes et, lorsque à nouveau je rentre en France sous les applaudissements, je me demande secrètement si le « petit caporal » n'est pas en train de se faire rouler par des scaferlati [1] supérieurs.

Tout s'arrange le jour du 18 Brumaire, autrement dit le 9 novembre 1799. Après avoir renversé le Directoire avec l'aide de plusieurs copains, je fonce à la maison pour renverser Fifine sur son lit, dans l'espoir d'avoir un héritier. Contrairement à mon habitude, de ce côté-là, c'est plutôt la défaite. Malgré ses beaux harnais, Joséphine est un peu bridée de la sous-ventrière, et ma graine d'Aiglon s'en va au vent mauvais de sa stérilité. Tant pis ! j'aviserai plus tard... Pour l'instant, je suis Premier consul.

La fête corse en famille, je ne vous dis pas ! Cochon sauvage, haricots de Corte, fromages et vin du pays. Au dessert on chante *La Boudeuse, L'Ajaccienne,* au son de l'accordéon et des guitares. Un chanteur est venu spécialement de l'île pour interpréter une œuvre folklorique qui va traverser les siècles : *Marinella.* Il s'appelle Valentino Rossi. Ça ne m'étonnerait pas qu'il transmette son talent à ses descendants. Maman Laetitia le boit des yeux, lui fait un triomphe et se tourne vers moi.

— Tu vois, Napo... je te le disais bien de ne pas rater ton bateau pour le continent. Tes sœurs et tes frères ont eu moins de chance que toi.

Autour de moi, je les vois tous. Joseph, Lucien, Maria-Anna, Louis, Marie-Paulette, Marie-Annon-

1. Tabac fin par rapport au caporal ordinaire.

ciade, Jérôme. Si, un jour, je peux faire quelque chose pour eux...

Grand patron au sein de l'éphémère Ire République, je peux taper sur la table de l'administration pour lui imposer le régime énergique qui — je ne le sais pas encore — ne la guérira jamais de ses carences au fil des siècles futurs. J'affirme ma personnalité médiatique avec un costume de scène qui ne ressemble à aucun autre par sa simplicité : une jaquette et un chapeau. Voilà le trait de génie ! La trouvaille publicitaire me distinguant de tous ces dirigeants encouronnés, emmédaillés, emplumés, qui lassent les seuls journalistes de l'image que nous ayons jusqu'à aujourd'hui : les peintres. Lorsque je serai mort et enterré, on pourra voir les reportages de mes faits les plus marquants dans tous les musées du monde.

Je réorganise les Finances, la Justice, crée les lycées, la Légion d'honneur, la Banque de France, le Code Napoléon, et signe le Concordat pour mettre les curés dans ma poche. Ouf ! je m'endors, un peu fatigué, entre les bras de Fifine.

— Napoléounet ! Réveille-toi ! Tu repars en Italie !

Et hop ! me voilà reparti pour un deuxième voyage organisé au pays des nouilles aux œufs frais. Pour varier le menu, je leur pane l'escalope à Milan, et fais un effet bœuf à Marengo. Je reviens aux fourneaux français avec la toque de consul à vie.

Chaque fois que je dois changer mon gilet, ou si la tache de café s'estompe avec des lessives qui ne respectent pas les couleurs, un peintre renommé la ravive, ou en redessine la forme. Pour rien au monde je ne me séparerais de cet oracle pictural perpétué par Ingres, ou David, dans le plus grand secret de leurs ateliers. Personne ! Vous m'entendez bien, personne ne saura jamais que je cache mon planning sous la main droite. Vous êtes les seuls à savoir que je n'ai jamais souffert de maux d'estomac...

Lorsque le Sénat m'offre la couronne impériale, en 1804, j'ai trente-cinq ans. On dira que les Corses sont des flemmards ! Il est vrai qu'on m'a toujours réveillé de bonne heure, et qu'il me faudra attendre l'île d'Elbe et Sainte-Hélène pour faire la grasse matinée. En attendant, c'est le pape Pie VII qui me couronne à Notre-Dame de Paris. Celui que j'appelle Pissette dans l'intimité est complètement dévoué à ses ordres et aux miens, car je pense que les conquérants habiles ne sont jamais brouillés avec les prêtres. Si Barnaba Chiaramonti est le Pie qui chante mes louanges, c'est parce qu'il me prend pour la Menthe Claire de ses vieux jours.

Oui, je sais bien que certains d'entre vous connaissent mon histoire à fond, ou en surface, mais personne ne peut connaître le prix qu'il m'a fallu la payer. La mégalomanie est un luxe hors de prix dans le cas où les désirs excessifs de gloire et de puissance se réalisent. Il faut régler la note aux conditions établies avec le diable, et il est le seul à ne pas accorder de crédit à sa clientèle. Qui peut penser que Napoléon s'est parfois écroulé sur son lit de camp, loin des pitiés ou des critiques, seul avec ses joies ou ses désespoirs ?

Parfois je me demande quelle aurait été ma vie si j'étais resté à Ajaccio. Quelqu'un d'autre aurait pris ma place au pouvoir, la France aurait eu un autre guide plus ou moins fou que moi, pour en arriver malgré tout à l'époque où vous lisez ce bouquin, avec les mêmes satisfactions et les mêmes emmerdes.

Bon ! J'arrête la philosophie nostalgique pour reprendre le cours de mon long fleuve agité. Si ma tenue vestimentaire est simple, je veux une cour impériale digne des fastes de l'Ancien Régime, et je distribue allégrement du prince et de l'altesse aux membres de ma famille. Si l'on ne se sert pas soi-même dans le coffre à honneurs, à quoi servirait d'en détenir la clef ? Moi, je me bombarde roi d'Italie, Joseph sera roi d'Espagne, Louis roi de Hollande, Jérôme roi de Westphalie, Marie-Annonciade reine de Naples, Lucien sera ministre de l'Intérieur, Maria-Anna grande duchesse, et Marie-Paulette princesse.

A partir de 1805, je mets la gomme pour faire une Europe nouvelle à mon profit, mais cela me donne tellement de boulot qu'il m'arrive de m'endormir n'importe où et n'importe quand.

— Sire ! Votre Altesse ! Mon général ! Réveillez-vous ! Les Russes arrivent avec les Autrichiens !

Soult et Murat me secouent sur mon lit de camp d'Austerlitz. Rien à craindre de l'ennemi. Mon gilet m'a renseigné la veille avec une superbe tache de café en forme de soleil. La bataille ne sera qu'une formalité.

— Sire ! Votre Altesse ! Mon général ! Réveillez-vous ! Les Prussiens attaquent !

Cette fois-ci je me suis endormi sur mon cheval cinq minutes avant la bataille d'Eylau. Davout me remet en selle et Ney me donne un quart de jus. Ce coup-là, la victoire est imprécise. Va falloir que je prenne de la vitamine C.

— Sire ! Votre Altesse ! Mon général ! Réveillez-vous ! Les Autrichiens rappliquent !

En frappant à la porte, un de mes grognards vient mettre fin au petit roupillon qui m'a surpris dans les toilettes. Le temps de remonter culotte, de vérifier mon gilet, et je suis prêt à perdre 34 000 hommes pour gagner la bataille de Wagram.

Je ne vous parle pas d'Ulm, de Trafalgar, d'Iéna, de Friedland, qui ajoutent une tendinite et de l'urticaire à mon état de santé, et surtout pas de la bataille de polochons que Joséphine m'a imposée pendant un de mes retours à la maison. C'est à partir de là qu'on a pu me voir dans la pose définitive qui renforce mon image : la main droite sur la poitrine et la gauche sur les reins, à cause du lumbago chronique dû aux lancements de traversins.

Aux ennuis que j'ai eus en Espagne, s'ajoute la brouille dans mon ménage. Tous mes essais de reproduction avec Fifine Napoléon sont des bides noirs et, en plus, je me demande si elle ne me fait pas cocu avec mes généraux qui reviennent en permission entre deux bagarres... Moi je commence aussi à regarder ailleurs, pour trouver une meilleure pondeuse. Le jour où je signe la paix de Vienne, la guerre éclate au bercail.

— Qu'est-ce que c'est que cette lettre ? s'emporte Madame Napoléon Ier, en découvrant une enveloppe cachée au fond de mon chapeau.

— Le... le plan de la bataille de... de... Schmurf sur Alzète, inventé-je, pâle et bredouillant.

— Et ton général s'appelle Marie-Lou ?

Vous avez tout compris ! A la fin de la scène de ménage, je renvoie Joséphine au château de la Malmaison avec de l'argent de poche et un certificat, pour accueillir Marie-Louise d'Autriche dans mon lit. A peine le temps de changer les draps, je plante le futur roi de Rome dans son terrain vierge.

Assuré de ma descendance, je m'octroie un peu de repos et une paix relative dans les bras de Marie-Lou jusqu'au matin où...

— Napolinou ! Réveille-toi ! C'est l'heure d'aller à la campagne.

— Quelle campagne ? fais-je en mélangeant mes idées et en remettant de l'ordre dans ma mèche de cheveu.

— Ben !... celle de Russie !

Debout d'un bond, je saute dans mon pantalon et avale une tasse de café sur le pouce... Horreur ! j'en renverse la moitié sur mon gilet, maculant les présages qui y sont inscrits depuis plus de trente ans. Impossible d'organiser ma manœuvre contre le tsar Alexandre qui me force à prendre ma retraite anticipée sans prime de licenciement.

J'essaie bien de trouver un travail à mi-temps dans la campagne, en France, mais un boiteux nommé Talleyrand me met sa canne dans les jambes en disant du mal de moi à mes employeurs. Le 4 mai 1814, j'échange mes clous contre un billet pour l'île d'Elbe où je me repose neuf mois dans un super-hôtel de tourisme.

Un matin, une accorte soubrette ouvre les rideaux de ma chambre.

— Monsieur ! Réveillez-vous ! Il faut prendre la route, Napoléon !

Qui n'a pas emprunté la route Napoléon, à travers les Alpes ? De Cannes à Grenoble. En quelques jours, pendant ma remontée vers Paris, j'aurais — paraît-il — couché dans tous les hôtels qui jonchent le parcours. Depuis presque deux siècles les touristes, refaisant mon voyage, s'allongent sur des lits dont je me serais servi ! Le désir mercantile des hôteliers me taxe d'un repos incompatible avec mon impatience à reprendre le pouvoir.

Pendant cent jours pleins je bosse comme un fou pour restaurer mon image de marque, et virer ce gros lard de Louis XVIII qui m'a piqué mon fauteuil. Crevé, je n'ai même pas le temps d'aller voir Marie-Lou qui donne la becquée à mon aiglon. Je m'endors sur les dossiers de la fin du Premier Empire.

— Sire ! Votre Altesse ! Mon général ! Réveillez-vous ! Wellington vous attend à Waterloo...

Ney et Kellermann sont devant moi. J'ouvre un œil sur le bol de café fort qu'ils me tendent pour me donner du nerf. Mon réveil est si brutal que je me balance une partie du déjeuner sur le plastron et l'autre sur la carte des opérations prévues en Belgique. Ma table de travail ressemble à la plus morne des plaines.

On comprendra aisément pourquoi Waterloo me fut fatal. Impossible de me fier aux indications que le marc de café avait inscrites sur ma poitrine le jour où j'ai quitté la Corse et le giron de ma mère, à l'âge de dix ans.

Après un coup de barre bien excusable, je loue une villa de vacances dans une agence anglaise, et je me retire définitivement à Sainte-Hélène.

Jusqu'à mon dernier sommeil, pendant cinq ans, personne ne me réveillera plus de bonne heure, et je prendrai tranquillement mon café sur la terrasse. Mon fidèle Las Cases écrira le *Mémorial de Sainte-Hélène* dans lequel il relatera mes propos mais, comme je me suis toujours méfié des chroniques, j'ai préféré apporter à ma légende les détails inconnus que vous venez de découvrir sous ma propre plume.

CHERCHEZ L'ERREUR

1ER PRIX : UN SEJOUR A SAINTE-HELENE

Louis XVIII

Comme l'a chanté Jacques Brel : « J' vous ai rapporté des Bourbons... »

Ce Bourbon-là est le moins présentable de la lignée car il est un peu trop gros dans son emballage. Il déborde de sa chemise, de son froc, de ses godasses, par la faute d'une obésité due à son isolement des affaires. Pas de pot pour un numéro 18 qui ne sort jamais à la loterie du pouvoir à cause d'un joueur qui se nomme Bonaparte et qui rafle toutes les mises.

Moi qui aime les voyages, je n'hésite pas à empoigner les valoches de Louis Dix-huit, qui s'exile le jour de la fuite à Varennes de son frangin Louis Seize. Ah ! je suis à l'aise dans le quarante-cinq fillette !

Ma famille me marie à Marie-Joséphine de Savoie. Je n'ai jamais pu avoir d'enfant avec elle, ni avec les autres, d'ailleurs, car elles me trouvent toutes trop lourd et aucune n'a jamais pu me supporter sur l'abdomen plus de trente secondes. Vous allez me dire qu'on peut très bien se mettre sur le côté, mais j'ai toujours aimé regarder les choses en face, dans les moments difficiles. Cent trente-deux kilos tout nu, ça creuse beaucoup plus vite le matelas que ça ne remplit le devoir conjugal.

Donc me voilà en route pour mon premier exil. J'arrive à Coblence, où des émigrés français, déjà présents, m'ont retenu une chambre à deux lits pour que je sois plus à l'aise, et là, j'ai vraiment le temps de penser à la mort de Louis XVI.

Bien entendu, dans les familles royales nous avons de la peine quand nous perdons l'un des nôtres, mais elle est très atténuée par les avantages qu'on en tire. Le roi est mort, vive le roi ! Je me bombarde aussitôt régent, et puis roi de France. A Coblence, c'est la nouba à la bière, et je prends cinq kilos en huit jours.

Je perds un peu de poids grâce au remue-ménage des armées révolutionnaires, puis impériales. Ce Napoléon qui me colle aux fesses m'oblige à demander ma note en catastrophe dans tous les hôtels où je prends pension. Ce qui provoque des quiproquos à la caisse.

— Je vais vous régler la note de l'appartement 12 pour Sa Majesté Louis Dix-huit, informe mon secrétaire.

Comme les préposés à l'hôtellerie sont (déjà !) les futurs fonctionnaires du tourisme, l'automatisme fait son effet.

— L'appartement 18, pour Sa Majesté Louis Douze ?

— Non, précise mon secrétaire, je voudrais la note du 12 pour Sa Majesté Louis Dix-huit.

— Il est arrivé quand ?

— Le 14.

— Ah bon ?... moi je ne suis là que depuis le 22, je vais regarder le registre.

Le secrétaire donne d'autres renseignements nécessaires à l'enquête.

— Je vais vous régler la suite du roi qui donne sur la cour.

— Vous réglez pour la cour du roi qui part tout de suite ?

La vie d'un souverain en exil est faite des ennuis domestiques de M. Tout-le-Monde : les réservations, les billets de transport, les bagages perdus, les départs précipités, et autres avatars dus, en ce qui me concerne, à la poussée napoléonienne qui me fait atterrir à Vérone en 1794. Peu de temps après, l'armée du général Bonaparte m'oblige à demander l'addition à la caisse de l'hôtel. Je reste un moment à Blankenburg, d'où je m'éjecte pour aller en Lettonie, à Mitau. J'habite un château-hôtel pendant deux ans, et je refiche le camp à

Varsovie, puis je reviens à Mitau, avant de partir en Angleterre.

La cuisine de restaurant me fait prendre deux mentons et un ventre supplémentaires. Je m'emmerde tellement chez les Anglais que je bouffe leurs plats sous anesthésie, c'est-à-dire que je prends une bonne cuite avant d'avaler des langoustines au chocolat, du jambon à la menthe, du rosbif crème Chantilly, du munster à l'orange, du clafoutis à la moutarde, un café et l'addition, s'il vous plaît !

Pour moi, l'addition est toujours trop salée à cause du Corse qui « l'empire » de plus en plus. Ah ! celui-là, on peut dire qu'il a vaporisé la fleur de lys à l'eau de Javel ! Alors que nous, les rois, on se passait tranquillement le relais, voilà qu'un inconnu entre sur la piste pour nous faire un croche-pattes. Il m'en fait voir, le gaillard !

Et pourtant ce n'est pas faute d'avoir intrigué pour rétablir la monarchie bien malade ! J'essaie tout, même de constituer une sorte de CIA, d'Intelligence Service, de Deuxième Bureau, pour former un réseau d'agents royalistes.

L'espoir revient quand l'empereur prend ses premières gifles. Mes potes anglais et Talleyrand commencent à m'envoyer des friandises diplomatiques pour faire grossir mon importance politique. Non seulement je reprends du poids dans mes assises, mais j'ai aussi la tête qui enfle quand mon titre de roi s'officialise. On me hisse sur le trône en 1814.

— Ho ! hisse ! Ho ! hisse ! crient les dockers qui sont venus de Calais avec moi en se chargeant du déménagement.

Cet intrigant de Fouché qui s'est allié avec Talleyrand pour me remettre en place dirige le chargement comme il a dirigé sa carrière. La grue me balance encore au-dessus du fauteuil.

— Un peu plus à gauche, ordonne Fouché.

— Pas question ! rectifie Talleyrand. Un roi trop à gauche n'est pas une manière adroite.

Mon gros corps tombe enfin sur le trône. Pour y rester

le plus longtemps possible, je gouvernerai dans une sorte de centre, avec priorité à gauche et à droite, selon le temps, la vitesse du vent et l'âge du capitaine. Je signe la Charte constitutionnelle en ménageant les acquis de la révolution et de l'Empire, ceux de l'Ancien et du Nouveau Régime.

Question régime, j'ai vraiment du mal à m'y mettre. Je retrouve la bonne bouffe française, et ma position, enfin confortable, fait que je m'empiffre encore plus qu'avant. C'est ainsi qu'à l'issue d'un déjeuner fastueux, je vois arriver mon sommelier avec les liqueurs d'usage. Le plateau tremble sur sa main.

— Sire ! un grand malheur...

— Quoi ? je m'étonne, vous avez renversé la fine ?

— Na... Napoléon...

— La fine Napoléon ? La trois étoiles VSOP ?

Mon sommelier a du mal à tirer le bouchon qui lui obstrue le goulot. Finalement il y arrive.

— Majesté... Napoléon revient !

Hein ?... Quoi ? Qu'est-ce qu'il me dit l'alcoolique des cuisines ? L'usurpateur est de retour ? Je vais encore être obligé d'appeler mon agence de voyages pour prendre un billet en catastrophe ?

Vous imaginez ma vie, bande de prolétaires inconscients ? Jamais je n'aurais dû m'installer dans un lieu qui porte la poisse [1]. On ne devrait pas avoir le droit de virer les locataires comme ça, sans préavis avant la fin du bail ! Et allez donc trouver autre chose quelques jours avant la Pentecôte ! Toutes les locations valables sont déjà retenues dans les coins où il y a du soleil, et je suis contraint de me rabattre sur le Nord, en Belgique. Après un déménagement à la cloche de bois, j'arrive à Gand qui n'est pas le meilleur endroit pour faire de la bronzette...

Je m'en serai tapé, des kilomètres, en soixante-neuf ans de carrière ! Si les transports de mon époque avaient inventé les cartes de réduction, j'aurais économisé un fric fou en bougeant ma viande. Pendant plus de trois

1. Tuileries : endroit où l'on fabrique les tuiles.

mois, je glande à Gand, le long de l'Escaut et de la Lys — cette rivière dont le nom évoque, avec un certain humour, l'emblème de la royauté.

Un jour, la bonne nouvelle arrive. Le réceptionnaire de l'hôtel me happe au passage, dans le hall.

— Sire, je viens d'avoir un courrier des Tuileries. Votre appartement est libéré.

Quand on a passé sa vie à faire les valises, les préparatifs du départ ne sont qu'une formalité. A toute vitesse, je balaie mes instruments de toilette dans la salle de bains, empile mes fringues dans les malles, après avoir astiqué ma couronne que je me colle sur la tête pour distribuer les pourboires au personnel.

Aux Tuileries, la décoration est de très mauvais goût. Les insignes napoléoniens sont sur tous les murs, et je fais gratter tout ça, une deuxième fois, pour les remplacer par mon propre label. J'espère, ce coup-là, que ce Bonaparte de malheur a trouvé à Sainte-Hélène l'île de mes rêves, celle qui l'empêchera de revenir me déloger. Renseignements pris, il ne sait pas nager...

En cette année 1815, je peux enfin poser mes bagages dans les appartements de cet unique hôtel de France où je vais rester neuf ans en pension complète. Malgré de gros ennuis à l'extérieur comme à l'intérieur de l'établissement, je ne souffre d'aucune perte d'appétit.

Si je termine ma vie en vidant les poches de l'état, je me remplis enfin l'estomac avec la bonne bouffe française. Rien d'étonnant que l'époque de mon règne s'appelle la Restauration !

SIRE, NAPOLEON ATTEND POUR EMMENAGER
LOUIS XVIII
VARSOVIE
BLANKENBURG
MITAU.
LOUIS XVIII
PARIS.
GAND.
COBLENCE.
SIM

Louis-Philippe

Allez savoir pourquoi Charles X ne m'inspire pas ! Je n'ai pas envie d'apprendre le rôle du frère de Louis XVIII à qui il succéda pendant une petite demi-douzaine d'années. Cabot je suis, cabot je reste. J'aime les personnages consistants, porteurs de grandes aventures et de sentiments extrêmes, présents sur l'écran pendant tout le film. Parlez-moi plutôt des grands Charles qui nous ont passionnés avant celui-là ! De ces Charles Marteliers et Magnifiques... De ces stars de l'Histoire auxquelles les producteurs n'auraient jamais proposé *Les Charlots en vadrouille* ou *Le Retour des Charlots*.

Celui qui ne m'intéresse pas était pourtant le petit-fils de Louis XV, le frère de Louis XVI et de Louis XVIII. Il avait, paraît-il, l'esprit aussi borné qu'une route départementale malgré les grands itinéraires empruntés par les gens de sa famille. Connu pour sa conduite légère et pour ses lourdes dépenses, il réussit à se rendre impopulaire au point de se faire virer par le peuple de Paris qui, à cette époque, savait encore prendre des décisions raisonnables.

Je me trouve superbe en Louis-Philippe Ier. Regardez mes cheveux crantés, mon impeccable raie de côté et ma houpette frisée qui me donne l'air d'un bébé bien portant. Quelle différence avec Charles X dont la tête allongée faisait plutôt penser à une aubergine mal gratinée ! Avec mon costard à épaulettes, mon col à palmes et mes décorations, je ressemble à un sucre d'orge. Enfin un roi propre, qui sent l'eau de toilette, et rassure la bourgeoisie d'affaires bien repassées !

Disons que mon père, le duc d'Orléans, connu sous le pseudo de Philippe-Égalité, n'était pas le dernier venu. Il m'a appris à faire pousser les billets de banque en arrosant les jardiniers, au lieu de se crever soi-même dans les champs d'oseille. Question pognon, chez nous, on était plutôt gâtés ! Malheureusement, l'ambition de Papa l'a conduit à la guillotine, dans la charrette des nobles, et sa dernière phrase grandiose fut pour le bourreau qui traînait un peu dans ses préparatifs : « Dépêchons, mon ami ! Il va pleuvoir ! »

J'ai donc de qui tenir en matière de personnalité mais, en cette période trouble où l'on raccourcit les têtes des aristos en rallongeant les pantalons du peuple, la conjoncture m'oblige à cacher mes attaches. Fuyant les armées contre-révolutionnaires, je me planque en Suisse pour enseigner les mathématiques et ouvrir un compte numéroté ; en Allemagne pour échanger mes francs contre des marks ; en Scandinavie pour allumer la Suédoise avec mes billets de banque ; aux États-Unis et en Angleterre pour tâter du dollar et de la livre.

Pour que le fric ne sorte pas de la famille, j'épouse la fille de mon cousin Ferdinand qui a la belle situation de roi, à Naples. Quand je rentre en France, Louis XVIII me refile, à contrecœur, l'immense fortune de la branche d'Orléans dont je suis le plus joli bourgeon.

A partir de là, je multiplie mes dividendes et ma progéniture. Marie-Amélie est une vraie machine à sous. A chaque coup de levier, elle me dégringole un gosse dans le tiroir-fesse : les ducs d'Orléans, de Nemours, d'Aumale, de Montpensier, le prince de Joinville, la princesse de Wurtemberg, celle de Saxe-Cobourg, et la future reine des Belges. Cinq garçons et trois filles qui n'auront pas à se faire de mouron pour le futur. C'est pas le jack-pot, ça ?

Comme je sens le vent venir de loin, je fréquente les milieux capitalistes qui vont me porter au pouvoir, et les reçois dans ma modeste villa de trente pièces, à Neuilly. Rien que des copains et leurs femmes, reçus en toute simplicité à l'occasion de petites bouffes que j'organise à la fortune de mon pot !... Ambiance sympa, entre gens décontractés.

— Salut, Louis-Fifi ! Je t'ai apporté une centaine d'actions des pétroles algériens de Sahvo Duflouz...

— Fallait pas, Casimir ! réponds-je en faisant couler l'or noir au fond de mon gousset.

Tu parles ! Le Casimir Perier est déjà régent de la Banque de France, et il peut bien me faire des menus cadeaux s'il veut être mon ministre, plus tard. Sa femme l'a bien compris, car elle est la première à m'ouvrir son guichet en dehors des heures de service.

— Tiens, Louis-Fifi ! Moi aussi, je t'ai apporté quelque chose...

— Oh ! qu'est-ce que c'est ? fais-je à un autre employé de banque qui me tend un joli paquet noué d'une faveur.

— Une cassette remplie de napoléons.

Jacques Laffitte, gouverneur de la Banque de France depuis un bon bout de temps, est plein d'attentions à mon égard. Il sait que l'empereur me donne bien plus de plaisir depuis qu'il a la consistance de l'or... Je nommerai sans doute Laffitte président du Conseil.

— Ça c'est pour vous, mon cher Louis-Philippe !

Thiers pourrait être mon fils. Il a vingt-quatre ans de moins que moi et m'honore de sa politesse admirative. Je tiens beaucoup à le garder dans mes relations car c'est un jeune avocat plein de talent, qui pourra peut-être m'être utile lorsque je serai roi.

— C'est de la folie, mon petit Thiers ! m'exclamé-je en découvrant un exemplaire du code pénal, relié pleine peau.

Quant à Guizot, fin politique et écrivain de talent, il arrive toujours en retard aux rendez-vous. Celui-là n'a pas son pareil pour prouver à ceux qui l'attendent que ce sont eux qui sont en avance sur l'horaire. J'en ferai certainement un diplomate.

En résumé, je ne fréquente que les milieux libéraux, car j'ai horreur de la misère des autres qui risque d'être contagieuse si l'on ne s'en préserve pas. Afin de démontrer qu'il existe, enfin, un monarque proche du peuple, je prends une grande mesure d'égalité sociale... une décision expliquant ma nature généreuse. Je ne veux pas être roi de France, mais roi des Français ! Aucun homme de gauche ne pourra me reprocher de ne pas avoir fait un effort pour réduire les inégalités sociales ! Et, plus tard, le gouvernement de Mitterrand suivra mon exemple en supprimant les 1res classes dans le métro. Comme on ne peut pas tirer tout le monde vers le haut, il est moins fatigant de le faire descendre pour amoindrir la lutte des classes.

J'ai bien d'autres idées de ce genre pour prouver aux Français que je me préoccupe d'améliorer leur sort, mais le corps législatif me barre la route avec la lenteur de ses décisions. Chose regrettable, quand on examine mes projets :

1° — Interdire la pratique de la musculation sportive pour ne pas donner de complexes aux avortons.

2° — Standardiser tous les carrosses et calèches de luxe, pour créer moins de jalousie chez les cyclistes.

3° — Remplacer le vol-au-vent financière par du pain perdu, pour ne pas faire grossir les riches.

4° — Instaurer un impôt sur la beauté physique, pour rassurer les laiderons.

5° — Combattre la reproduction des mille-pattes, pour faire plaisir aux culs-de-jatte.

Toutes ces lois ne verront malheureusement pas le jour pendant mon règne, mais je ne désespère pas de l'imagination des futurs justiciers du pouvoir ! Sans distinctions d'appartenance politique, ils se feront élire en sachant très bien que la libéralité est la forme la plus étroite de la largesse...

Prudemment, dans le but de ne pas choquer une République qui est encore dans ses couches de bébé, je me fais d'abord nommer lieutenant général du royaume. Après une révision rapide de la Constitution de mon prédécesseur, Louis XVIII, j'enveloppe la jeune Marianne dans ses premiers langes tricolores. Je ne la nourris plus exclusivement au lait catholique, et je lui permets de dire des gros mots dans la presse. Autrement dit, la France est bleue, blanche et rouge : la religion d'état n'est plus forcément celle du pape, et les journalistes peuvent s'essayer au « bébête-show »... avec prudence.

Comme la charité bien ordonnée commence par soi-même, je me colle tout de même la couronne de roi-citoyen sur la tête, ce qui m'autorise à gouverner tout en régnant. Si ma monarchie bourgeoise me procure quelques avantages, elle ne va pas sans pépins. J'ai à subir un grand nombre d'insurrections et j'échappe de justesse à de multiples attentats. Putain ! comme dira Marguerite Gautier au père Duval, que la vie est difficile !

Outre quelques tentatives d'assassinats qui ne font que déchirer mes épaulettes et décoiffer ma banane, je sors indemne de l'explosion préparée par un bandit corse nommé Fieschi. Me rendant à la Bastille pour la fête de la Révolution de 1830, nous sommes bien tranquillement installés dans les voitures du cortège, ma famille, ma suite et moi-même, quand ma femme m'adresse la parole lors d'un ralentissement.

— Regardez, Louis-Philippe, comme les gens sont gentils. Ils vous ont apporté des cadeaux.

En effet, parmi mes admirateurs dont la longue haie s'étire sur notre passage, les plus riches brandissent de superbes cannes à pommeaux, et les plus modestes nous envoient d'appétissants légumes. Si je n'ai pas le temps de les accepter, ces charmantes attentions populaires me touchent au plus haut point !

— Oh ! Louis-Philippe, regardez ! Là, devant notre carrosse... On dirait une pendule !...

Effectivement, dans le virage, on peut apercevoir une sorte de grosse horloge posée à même le sol, près d'un réverbère. D'une forme audacieuse contrastant avec le style néo-gothique Louis-Philippe, elle est ceinte d'un ruban tricolore, juste au-dessus du cadran. On peut y lire l'inscription : « *Pour le roi* ». Sans doute s'agit-il d'un cadeau collectif à mon intention, offert par l'union des commerçants du quartier.

— Cela me touche beaucoup, je confie à mon épouse. D'après son apparence futuriste, cette pendule doit avoir un mécanisme à toute épreuve !

— Vous croyez qu'elle sonne ? demande Marie-Amélie.

Elle ne sonne pas : elle éclate, elle pète, elle saute ! Une épouvantable déflagration nous donne l'heure de mettre les bouts très loin d'ici. Dix-neuf personnes n'auront plus jamais besoin de consulter l'horloge pétante. Au premier top, le temps s'est arrêté pour dix-neuf Parisiens, badauds de la vie, qui ont profité de la minute présente pour mourir en une seconde... Dans le domaine des revendications brutales, les gens qu'on vise ne sont jamais atteints. Cela se vérifie dans la grève primaire qui paralyse l'usager innocent, à l'attentat à la bombe qui tue les clients d'un drugstore...

Moi, responsable amnistié par un hasard qui protège les grands, je continue mon bonhomme de chemin royal, sans prévoir que l'échafaudage de la Première République va me tomber dessus en 1848. J'en sors, couvert de plâtre, devant les ouvriers mécontents et les financiers en fureur.

Ça révolutionne tellement, en ce mois de février, qu'après avoir remis mes frisettes en place et raccommodé mon costard, je file les clefs de la France à mon petit-fils, le comte de Paris. Pensant ainsi que le pays ne sortira pas des biens de la famille, je me tire en Angleterre pour y finir mes jours dans les pantalons prince-de-Galles et les vestes en tweed.

Deux ans plus tard je m'étrangle avec mon breakfast.

LOUIS-PHILIPPE
ROI DES FRANCAIS
SIM

Napoléon III

— Encore un petit coup de Napo, ma chère Marianne ? Il y a presque un demi-siècle que vous n'en avez pas dégusté. Celui-là est un peu plus vert que le premier millésime, mais il a du corps et de la cuisse. Bon à boire avec une république au gratin pour commencer, et un empire à la crème pour finir.

La France s'est remise à la table des Bonaparte et le nouveau maître d'hôtel se nomme Charles-Louis-Napoléon. C'est le neveu de Napoléon Ier, fondateur des châteaux-hôtels et relais de campagnes napoléoniennes. Il vient de rouvrir l'établissement familial dans l'espoir d'y recevoir les Français pour leur servir le boire et le manger.

En regardant le portrait que le peintre Flandrin a fait de lui, et qui se trouve au château de Versailles, on peut penser que Napoléon III a tout du maître d'hôtel anglais. La coiffure plate et bien ordonnée, le petit bouc aristocratique, et les fines moustaches du major Thompson, brunissent un visage blanc et régulier qui pourrait rassurer le plus méfiant des consommateurs. Comment résister à ce bel ensemble ? Me voici donc devant vous, chers clients, pour vous servir ma carrière sur un plateau.

Mon paternel, Louis Bonaparte, frère de l'Empereur, a toujours cru que ma mère l'avait trompé, et que j'étais issu d'une partie de jambes en l'air à l'auberge des Cocus. Il est possible que maman Hortense de Beauharnais ait eu la cuisse légère, mais ça vous marque l'enfance à tout jamais lorsque votre père vous colle cent lignes chaque fois que vous l'appelez papa. C'est pour cette raison majeure que je me barre en Suisse allemande avec ma reine Hortense de mère. J'y fais toutes mes études dans la langue de Goethe, et j'en conserverai toujours un fort accent teuton. Même, en tant qu'empereur des Français, on aura l'impression que je pile des patates chaudes avec mon dentier.

Malgré ces débuts difficiles, je n'échangerais jamais ma jeunesse contre celle des princes habituels. La mienne est aventureuse, pleine d'imprévus, de plats ventres et de rebondissements. J'arrive comme capitaine d'artillerie au régiment de Berne, et je jette un sacré jus avec mon corps en uniforme, auréolé de la gloire encore toute fraîche des Bonaparte. Tout ce qu'il faut pour me proclamer héritier du trône impérial ! A la mort de l'Aiglon, je me prends pour un aigle, et cela suffit pour me faire planer, en rêve, au-dessus de la belle France de tonton Napoléon Ier.

Comme tous ceux qui veulent s'emparer de la caisse de l'État, je commence à trafiquer dans la politique en démolissant le jeu de construction des gens en place. Je tape fort sur Louis-Philippe en montant des coups fourrés à Strasbourg et à Boulogne, mais je me retrouve en taule au fort de Ham, dans la Somme. Si je suis condamné à l'emprisonnement à vie, ça ne m'empêche pas de draguer dans les communs du château fort. Les prisons des gens d'importance n'ont rien à voir avec Fleury-Mérogis (quoique !), car elles sont dotées d'un confort qu'on ne voit pas toujours dans les beaux quartiers. J'ai six pièces, avec un salon de réception, et une ravissante lingère vient chercher mon linge sale deux fois par semaine. Cela donne un peu de vacances à mes pensées subversives.

— Posez ça là, et venez sur mes genoux, dis-je à la mignonne qui entre pour la première fois dans mes appartements.

J'ai toujours pensé qu'entre maître et servante, il fallait détruire les barrières conventionnelles qui nuisent au rapprochement des classes. La petite pose son panier à linge sur la commode de l'entrée, et vient mettre le sien sur mes genoux. Il est d'un galbe parfait, tressé d'un osier qui se remet à trembler sous le vent de mes caresses. Plusieurs années de détention me permettent d'envisager quelques séances récréatives de ce genre avec la nettoyeuse de sous-vêtements, et nous jouons souvent ensemble à la laverie artisanale.

— Bonjour, madame la lingère. Que diriez-vous d'échanger votre baril de lascive contre un instant de bonheur ?

— Oh ! monsieur le client ! Vous ne voulez pas dire que vous avez l'enzyme glouton ?

Comme je salis beaucoup, la coquine vient chercher mes frusques pratiquement tous les jours et j'ai le temps de lui faire deux enfants entre les lessives. Nous voilà propres !... Qu'importe ! Lorsque je m'évade, en 1846, j'ai l'intention de dédommager ma lingère si mes affaires s'arrangent.

Mon évasion est digne de ma vie d'aventures. La tenue d'un maçon nommé Badinguet me sert pour faire la belle, et je quitte le fort de Ham, méconnaissable, aussi plâtré que Zizi Jeanmaire dans les ballets de Roland Petit. Presque déguisé en truelle, je m'enfuis sous les yeux éteints de mes gardiens qui vont m'appeler Badinguet dans les années futures, en souvenir de l'ouvrier à qui je dois la liberté.

L'Angleterre est mon point de chute. J'y rencontre une actrice, Miss Howard, qui mettra ses moyens physiques et financiers à ma disposition. Quand je vous disais que j'étais un homme à femmes ! Enfin !... « à femmes » est un bien grand mot, car la Howard est loin d'être une miss de concours... A vue de nez, elle peut faire allusion dans les salons éclairés au butane, mais, dès qu'il y a une éclaircie dans la chambre, on a envie de sonner le couvre-feu. Si je paie ses largesses qui financent ma campagne politique en France par des câlins trompeurs, je me méfie beaucoup de ses dents à l'anglaise. J'évite de justesse l'accident classique du coupe-cigares en regagnant mon pays après la révolution de février 1848. Un mois plus tard, je suis élu à l'Assemblée constituante.

C'est pas beau, ça ? A partir de ce moment, mes projets se réalisent et les honnêtes bourgeois m'installent sur le fauteuil de président de la Deuxième République. J'en ai la moustache victorieuse et le bouc en train !... Pas bête, malgré ce que dit de moi Totor Hugo, j'essaie de contenter tout le monde pour me satisfaire moi-même.

Mon plus beau coup est d'avoir rétabli l'Empire, cher à ma maison Bonaparte. Personne n'a jamais su que le coup d'État permettant son retour m'a été inspiré par mon oncle, au cours d'une séance de spiritisme chez le baron Haussmann. Un soir de l'été 1851, nous nous sommes réunis autour du guéridon à fantômes, mon demi-frère le duc de Morny, mon ami Persigny, l'avocat Rouher, le baron et moi. La table ne tarda pas à bouger.

— Mauricette, es-tu là ? demanda l'avocat qui nous sert de médium.

Précisons qu'avec mes amis nous avons l'habitude d'appeler Mauricette Chevassu, ancienne pensionnaire de la Patte-de-Velours, qui fut un des bordels les plus renommés de Paris au temps de notre adolescence. Spécialiste du rodage des jeunes, elle nous faisait des prix de groupe pour nous assouplir le piston dans son petit garage. La pauvre contremaîtresse s'était éteinte, un jour, épuisée par la cadence infernale que lui imposaient ses employeurs. En mémoire du bon temps passé avec elle, nous la contactions par les voies surnaturelles après des repas bien arrosés. Selon le code des coups frappés pour déterminer les lettres de l'alphabet, quelle n'a pas été notre surprise d'entendre la réponse suivante :

— Mauricette a été mutée au paradis. Ici, c'est Napoléon Ier, et je voudrais parler à mon neveu.

Pressentant que l'entretien allait être plus sérieux qu'à l'habitude, j'ai pris le relais du brave Rouher.

— C'est toi, tonton ?

C'est ainsi qu'à la place de la conversation graveleuse que nous avions parfois avec Mauricette Chevassu, s'est établi le coup d'État du 2 décembre 1851. Le mode d'expression des esprits frappeurs n'étant pas d'une extrême rapidité, il nous a fallu trois ans de contacts avec Napoléon. Au cours de cent cinquante rendez-vous, il a été usé les pattes de quatre guéridons Louis XIII, celles de deux tables à jouer Régence et d'un tabouret Directoire. Raison pour laquelle j'ai obligé les ébénistes de mon époque à cacher les pieds de style Napoléon III avec des franges.

Respectant les consignes de feu mon oncle, j'élimine l'Assemblée législative impopulaire de 1849, et me fait passer pour l'ardent défenseur du suffrage universel en accomplissant des voyages triomphants dans plusieurs départements. Par une manœuvre toujours inspirée par tonton, je rends inévitable un conflit entre l'Assemblée et moi. C'est alors qu'aidé par des copains de guéridon et d'autres qui se rallient à ma cause, je réalise mon fameux coup d'État.

Pendant que nos ennemis dansent la polka au cours d'un bal à l'Élysée, j'envoie mon pote d'Espinasse — à qui j'ai promis le grade de général et le ministère de l'Intérieur — envahir le Palais-Bourbon. Par un plébiscite des Français, je deviens leur empereur. Et après, on ira me dire que les esprits n'existent pas !

Après ma lingère et mon actrice anglaise, je donne dans la comtesse espagnole. Il me faut une foutue patience pour pouvoir enfin lui faire danser le flamenco en l'accompagnant avec ma guitare à coulisse. Pendant trois ans, je vais chanter moi-même sous les fenêtres d'Eugénie de Montijo, en essayant d'escalader sa balustrade. Finalement, elle cède... Pas la balustrade, mais l'Espagnole.

Voyez-vous, quand je me regarde dans la glace de ma salle de bains des Tuileries — où j'ai réinstallé la cour impériale, lorsque je pense avoir un pouvoir absolu sur mon peuple —, eh bien, mes moustaches de maître d'hôtel deviennent celles d'un conquérant. Je donne des ordres à mes chefs de rang, et le service est impeccable. J'ordonne en cuisine, et l'ordinaire devient exceptionnel. Le son de ma voix doit ravir oncle Napo du haut de son trône céleste.

— Haussmann, faites-moi des boulevards ! Bâtissez des immeubles !...

Le baron trace les plus belles avenues de Paris et les borde de ces superbes vaisseaux qui, dans l'avenir, vont faire honte aux immeubles en préfabriqué.

— Eugénie, à poil !

L'impératrice enlève aussitôt ses jarretelles andalouses pour danser la séguedille au son de ma flûte enchantée.

— Paysans ! Industriels ! Au boulot !

Le laboureur et ses enfants charruent dans les brancards ; le duc de Morny fait naître Deauville et pousse les chemins de fer.

— Couché, le chien !

Dans la foulée, je donne des ordres mineurs pour montrer que rien ne m'échappe.

— Fermez le ban ! Ouvrez les boutiques !

Je remets des décorations et j'encourage le commerce. Ça tintinnabule sur les uniformes et ça sonne dans les magasins.

— Gégène, ne mets pas les doigts dans ton nez !

J'ai l'œil à tout. Mon fils doit avoir une bonne éducation avant d'aller se faire trucider par les Zoulous à vingt-trois ans.

— Eugénie, à poil !

Bon ! Elle ne veut plus...

Passons aux choses plus sérieuses en nous occupant de l'essor des banques. Je vais avoir de gros besoins d'argent si je veux rappeler le bon temps des conquêtes à mon tonton-qui-êtes-aux-cieux. Sur ma lancée autoritaire, j'ouvre la guerre de Crimée, envoie des troupes en Chine, m'empare de la Cochinchine, intervient en Italie, me débats en Algérie, et prends une claque au Mexique.

— Tonton, pourquoi tu tousses ?

Il m'arrive encore de contacter Napoléon pour lui faire part de mes projets d'expansion, et dans le but de lui faire plaisir. Les craquements de la table de spiritisme ressemblent de plus en plus à de la bronchite chronique.

Quand je perds la guerre de 1870 contre la Prusse, il n'y a plus d'abonné au numéro que je demande sur le plat du guéridon. Tonton ne tousse plus...

Capturé à Sedan, en taule chez Bismark puis exilé en Angleterre, je revis une partie de ma jeunesse aventureuse. Pendant trois ans, alors que mon bouc perd ses poils dans le corsage d'Eugénie et que ma moustache trempe dans le porridge, je pense encore reprendre du service au Grand Hôtel de France. J'oublie que j'ai soixante-cinq ans et qu'un vieux grognard nommé Napoléon Ier m'attend derrière un nuage pour me tirer l'oreille dans très peu de temps.

J'ESPERE QUE TU NE FERAS PAS TROP DE BETISES QUAND TU SERAS PLUS GRANDE ?
NAPOLEON III
SIM

De Thiers à Lebrun

Frégoli, vous connaissez ? De son prénom Léopoldo, c'était un acteur italien qui interprétait de véritables comédies en miniature sur des canevas dont il était l'auteur. Dans ses pièces, il incarnait parfois plus de soixante rôles différents. Il se métamorphosait en quelques secondes, grâce à des truquages de vêtements et de maquillage qui avaient lieu derrière un paravent posé sur la scène, à la vue des spectateurs.

Pour jouer la pièce en quatorze actes intitulée *De Thiers à Lebrun*, qui a duré soixante-neuf ans, je vais employer la méthode Frégoli. Les héros de la Troisième République ne sont plus que des acteurs de courts métrages par rapport aux rois, reines, ou autres empereurs, qui donnaient plutôt dans la tragédie antique. De nos jours, le café-théâtre a supplanté la Comédie-Française, et le système de consommation fabrique beaucoup plus d'étoiles filantes que de Sarah Bernhardt.

Les trois coups sont frappés et j'émerge du paravent.

— Bonsoir, mesdames et messieurs ! Excusez-moi si je suis obligé de monter sur un tabouret pour qu'on me voie du dernier rang de la salle, mais je suis le plus petit de vos présidents de la République. Thiers est mon nom, et il me manque quelques centimètres pour avoir les trois tiers d'une taille normale.

C'est vrai mais, si je suis un petit avocat par les mensurations, j'ai un gros noyau d'intelligence. Quelques-uns pourront penser, en voyant le volume de mon crâne, que la bosse de la politique y est pour quelque chose. Je leur dirai non. La bosse qu'on voit sur mon occiput est due à ma petite taille car, lorsque je suis assis sur la cuvette des WC, le couvercle me tombe sur la tête.

La fantaisie en moins, je suis une sorte de de Funès avant la lettre. Oui, mes biches ! Je sautille de Marseille, où je suis né, à Aix, où je deviens avocat. Je « monte » à Paris pour me faire des relations, et fonde *Le National*, journal de l'opposition constitutionnelle libérale. J'ai longtemps pensé à l'appeler *Pif de Chien* pour attirer la clientèle des jeunes, mais Talleyrand m'en dissuade.

Avantagé par mon mètre cinquante, je m'infiltre partout en gesticulant autant du corps que de la parole. Je suis conseiller d'État, mes biches ! Député, ministre, et président de la République. Il n'y a pas d'heure pour posséder le bâton de berger...

Deux ans après, alors que je négocie un virage à gauche au carrefour de l'Assemblée nationale, un chauffard venu de la droite me renverse, le coffre s'ouvre et je perds mon gouvernement dans le caniveau. Lorsqu'on établit le constat d'accident, je découvre son nom. Il s'appelle Mac-Mahon... Un étranger !...

Hop ! Je disparais derrière le paravent. Trois habilleuses, deux maquilleuses, me mettent le grappin dessus et je ressors, quelques secondes après, sous vos applaudissements frénétiques. Me voici habillé en général de hussards.

— Qu'est-ce qu'il a dit, le petit Thiers ? Moi ! Mac-Mahon... un étranger ! On ne va pas commencer à se taper sur les origines ! Si j'ai le poil blond irlandais par mon père, j'ai le cœur tricolore et je flanque une tripotée aux Algériens pour occuper leur pays. Ensuite, je m'occupe des Autrichiens, en Italie, et, en tant que maréchal de France, je suis élu président de la République en 1873, après avoir pris la pâtée des Prussiens, à Sedan.

Quand j'arrive à la tête de l'État, j'ai soixante-cinq ans, l'âge de la retraite. A ma place, beaucoup de petits vieux sont déjà en train de bourrer leur pipe, dans un fauteuil, avec le chat sur les genoux, non ? Moi, pas ! Pendant six ans, je me débats dans le potage d'une politique qui me fait prendre un bouillon et je rends ma cuiller à soupe en 1879.

Quelques railleurs diront que j'étais un spécialiste de la gaffe. Je dois peut-être cela au franc-parler des militaires, plus habiles en tactique qu'en dialectique, et je ne me suis jamais embarrassé de formules de politesse qui font souvent perdre un temps fou dans les rapports humains. Tel ce court dialogue avec Mme Gambetta, à l'issue d'un déjeuner auquel elle m'avait invité :

— Vous prendrez bien un café, Monsieur le Président ?

— Non merci, chère madame. Seulement après un bon repas...

En visitant un hôpital militaire, je m'adresse à un soldat qui se remet lentement d'une fièvre typhoïde :

— Rassurez-vous, moi aussi j'ai eu la typhoïde. On en meurt ou on reste idiot !

Une pirouette et me voilà derrière le paravent. Vous comptez jusqu'à trois, et c'est Jules Grévy qui apparaît. Je n'ai pas perdu de temps en maquillage car ce troisième président est aussi chauve que moi. Un superbe collier de barbe rétablit l'équilibre pileux d'un visage rondouillard souligné par un beau nœud papillon.

— Français ! Françaises ! Bonsoir !... Y en a marre du nationalisme revanchard, et je ne veux plus qu'on aille passer nos vacances dans les colonies. Nous resterons chez nous pour planter les choux dans le recueillement qu'inspire la belle campagne qui m'a vu naître. Non mais !... Ça alors !... C'est pas beau, la France ? Et si ça ne plaît pas à Gambetta, il n'a qu'à aller se faire voir ailleurs, avec Jules Ferry, d'ailleurs ! Je ne vais pas me laisser monter sur la colline par les bûcherons de la République ! Moi, ce que j'aime, c'est le calme, nom de Dieu !... Quoi, mon gendre ?... Qu'est-ce qu'il a, mon gendre ?...

On vient m'apprendre que le mari de ma fille trafique

dans les décorations et qu'il a ouvert en douce un petit commerce de Légion d'honneur. Le scandale éclate, ma boutonnière aussi, et je perds mes distinctions dans le panier aux crabes.

Je me prends les pieds dans le grand cordon qui me vient de Bonaparte, et je donne ma démission de la présidence. Que voulez-vous ? C'est le revers de la médaille !

Et de trois ! Voici le quatrième patron républicain qui arrive sous les projecteurs.

Oh ! là, là ! la barbouse !... Quand j'étais petit, je le confondais souvent avec Landru en voyant son portrait dans mes livres de classe. Avant de savoir lire, la phonétique de son nom augmentait la peur que j'avais de lui : Sadi Carnot était, pour moi, le sadique Arnaud.

— Vive la République, mesdames et messieurs ! Malgré mon prénom oriental, je suis un pur Français et je remercie mon père, Lazare-Hippolyte, de ne pas avoir été plus loin dans son goût de l'exotisme. Si je m'étais appelé Mohammed Carnot, serais-je président de la République française ? Dans le civil, je suis avocat (encore un !), polytechnicien et ingénieur des Ponts et Chaussées. Après avoir été député, je deviens un ministre des Finances intègre et effacé... ce qui n'est pas courant car, à ce poste, on efface surtout le pognon des contribuables qui réintègre les caisses du ministre.

Malgré Clemenceau qui tente de démolir ma réputation, le général Boulanger qui me met des bâtards dans les flûtes, et le scandale du canal de Panama qui fait couler beaucoup plus de petits porteurs que de gros bateaux, la vie passe, paisible. Je pose les premières pierres, et visite les dernières expositions.

Pourquoi n'ai-je pas inventé un prétexte lorsqu'on m'a demandé d'aller présider l'expo 87 de Lyon ? J'étais bien tranquillement en train de goûter les produits régionaux quand un anarchiste italien m'a fait déguster ses pralines.

Tchao ! Grâce à lui la place est libre. A toi, Casimir !

La lumière revient sur quelqu'un qui va moins traîner à l'Élysée que derrière le paravent de Frégoli. Il s'agit de Casimir Perier, petit bonhomme aux faibles intentions et à forte indécision. Porté au pouvoir par le Rital Casério qui vient d'étaler Sadi à la foire de Lyon, le voilà devant vous, encore plus hésitant à cause du trac qui lui noue la cravate.

— Mes amis m'ayant dissuadé de chanter la Marseillaise, je vous dirais bonsoir si nous étions en soirée, mais, puisque nous sommes seulement en fin d'après-midi, je vais vous dire bonjour... Est-ce ma faute si je ne suis pas pauvre ? ou, si vous préférez, suis-je responsable de ma richesse ? Oui, dans une certaine mesure, et non dans une autre. Les mines que je possède à Anzin sont toutes petites, à vrai dire... elles ne sont pas grandes du tout... et je m'en débarrasserais bien si j'avais envie de les vendre. La gauche est contre moi, c'est vrai. Elle me plonge dans un embarras qui fait naître le doute au seuil de mes hésitations, et le flottement produit par ces incertitudes ne peut que me conduire à l'indécision. C'est donc pour ces raisons que je vous quitte à reculons, pour ne pas vous faire croire que je suis trop en avance.

Le virulent discours de Jaurès me fait sortir de scène plus vite que prévu. Mon mandat n'aura duré que six mois. Casimir Perier, le président qui fait « Pschitt », est décapsulé par le fondateur de *L'Humanité*.

Un petit tour à l'abri du paravent, et je reviens sous les traits du cinquième président de la Troisième, lequel — le premier — arrive en caleçon devant vos yeux étonnés : Félix Faure. Il y a bien longtemps que la République ne donne plus matière à des histoires de fesses. Le temps où les rois caleçaient les bergères et les marquises s'est obscurci dans la grisaille des nouvelles institutions, et il nous faut remercier Félix le chat d'avoir poussé son dernier soupir en se tapant une souris.

— Ho!... Ho!... Minute, papillon! Mme Steinheil n'est plus une musaraigne de l'année. En remerciement de services rendus à son mari, elle vient de temps en temps me retrouver dans mon bureau pour me prouver sa reconnaissance.

Depuis toujours j'ai travaillé sur le tas, élevé par un père qui fabriquait des fauteuils rue du Faubourg-Saint-Denis, et qui m'a appris à tester les ressorts des canapés. Je suis entré dans la politique par la petite porte, moi, messieurs-dames! Quand je suis élu à la magistrature suprême, je symbolise la réussite de l'ouvrier, l'exemple même du travail qui peut mener très loin.

C'est moi qui ai lancé l'entremets franco-russe en invitant le tsar Nicolas II à Paris, et maintenu les modérés au pouvoir. A part l'affaire Dreyfus, on ne peut pas dire que les soucis m'ont encrassé les artères, pendant quatre ans... Allez savoir ce qui se passe dans ma tuyauterie, le soir où Mme Steinheil vient à l'Élysée après la fermeture des services!

Comme d'habitude, elle arrive par une porte dérobée pour honorer le contrat d'entretien qui la lie à moi depuis trois ans, et je la reçois dans mon bureau, avec feu de bois, petits fours et champagne.

Comme d'habitude, elle pose sa culotte sur les dossiers en instance, et s'installe sur le tapis dans la position que je préfère : celle de la rainette sauteuse. J'enlève mon costume de président après avoir retourné le buste de Marianne qui trône sur la cheminée et, seulement vêtu de mon caleçon long et de mes fixe-chaussettes, je pars à la pêche à la grenouille.

A la première touche, j'ai l'impression d'avoir du mou dans la gaule. Mme Steinheil s'inquiète et me demande pourquoi j'ai du mal à ferrer. Je vérifie mes viroles, tâte le scion, et lance à nouveau la ligne. Et là... le trou! Le profond, l'ultime, celui d'où personne n'est jamais remonté.

Je vous quitte avec un 14-Juillet dans la tête, en pleine retraite aux flambeaux.

Félix disparu derrière le paravent, c'est Émile Loubet qui en sort. Bien rassurant, avec un visage à la Victor Hugo, Mimile, spécialiste du contact humain, vous parle.

— D'abord, chers Français et Françaises, je voudrais vous serrer la main. Je vais me permettre de passer dans vos rangs pour embrasser vos enfants, être présenté à vos amis, caresser le chien, le chat, donner la becquée au serin... bref, tâter, palper, toucher, pour mieux connaître mes électeurs.

Venant d'une famille de cultivateurs, j'ai l'habitude de trinquer dans le cellier et de veiller dans les chaumières. Cette pratique conviviale me conduit à vous présider ainsi pendant la totalité de mon mandat qui se passe sans trop d'ennuis. Comme je veux continuer à vivre dans le calme, je vous quitte pour profiter de vingt-trois ans de retraite après ma mission, et mourir à quatre-vingt-onze ans.

Au revoir, mesdames et messieurs, et bises aux enfants.

Le temps de troquer ma barbe contre une autre de forme différente, d'enfiler un trois-pièces, de gonfler un peu mon ventre dans le gilet, et je gicle du paravent.

Me voici en Fallières Armand, avocat lui aussi, comme tous les présidents de la série.

Enfant, j'ai cru que cet Armand-là était l'inventeur de la Phosphatine Fallières, une bouillie pour bébés dont j'étais friand.

— Mesdames et messieurs les Français, je serai aussi bref que Mimile Loubet. Il ne m'est rien arrivé de spécialement intéressant à vous raconter, si ce n'est que j'ai été ministre de tout ce qui peut être ministré, avant d'être le Grand Élyséen.

Je ne laisserai peut-être pas le souvenir d'un grand homme d'État, mais ce n'est pas de ma faute. Pour cela, il faut se fourrer dans les emmerdements afin d'être applaudi quand on en sort, et j'aime trop ma tranquillité. Mon talent est de choisir d'excellents collaborateurs qui règlent mes affaires : Clemenceau, Briand et Poincaré. Je passe le pouvoir à ce dernier en lui disant : « La place n'est pas mauvaise, mais il n'y a pas d'avancement. »

Excusez-moi, la guerre de 14 va éclater, et je vais me mettre à l'abri.

Boum ! Ça pète dans tous les coins et je sors de ma tranchée avec les bandes molletières de Raymond Poincaré, le nouveau président de la République en danger. Je me couche à plat ventre contre la rampe de la scène pour éviter les éclats de lumière des projecteurs allemands. Ça barde, de la cour au jardin, et on m'a flanqué la barbiche dans le bromure pour éviter que mes poils se redressent.

Pendant quatre ans je dirige une France qui tente d'enrayer la venue des touristes boches qui déferlent en rangs serrés dès le début du mois d'août 1914. Ah ! si j'avais eu la chance de voir mes paysans se révolter — comme ils le feront plus tard — en déversant le trop-plein de leur production sur les routes des Ardennes, les Allemands ne seraient pas arrivés si vite sur la Marne. Les chevaux auraient glissé sur les tomates et les Fridolins se seraient enlisés dans la betterave.

Plus patriote que moi, tu meurs ! Ma belle tête de vieillard en bonne santé incarne la nation éprouvée, et je m'entoure d'autres barbus et moustachus : Clemenceau, Joffre, Foch, qui reprennent du poil de la bête.

— C'est ainsi, Français et Françaises, dis-je en battant en retraite vers mon paravent, qu'à partir du 11 novembre 1918 on peut croire que la guerre de 14 est « la der des ders »...

Je m'efface avant que vous ne me lanciez les tomates citées plus haut.

Pour incarner Paul Deschanel, notre dixième président, il me faudrait un entonnoir sur le crâne, et des bananes dans les oreilles. Mais, attention !... il n'était pas si fou qu'on a bien voulu le dire.

D'abord, il naît à Bruxelles pour détourner l'attention des psychiatres, et se fait élire à l'Académie Française au cours d'une sieste des vieillards qui la composaient, en ce temps. Puis, élu député de Beauce par les producteurs de grains, celui qu'il a dans la tête passe donc encore inaperçu. Ensuite, il devient président de la Chambre où d'autres malades s'insultent pendant les séances, ce qui lui permet d'être porté à la présidence par aliénation, c'est-à-dire à titre gratuit. En effet, Popol Deschanel n'a jamais été ministre. A la seule vue d'un portefeuille ministériel, il avait peur d'entrer en crise.

— Français, Françaises, le fait d'être tombé d'un train en pyjama ne veut pas dire que je déraille. J'ai simplement ouvert la fenêtre du compartiment pour poser ma valise dans le filet. Comme il s'agissait d'un filet d'air frais, j'en ai profité pour le prendre, vu la chaleur intérieure du wagon. Ayant chu au milieu d'un troupeau de vaches, j'ai pensé être dans mon environnement habituel et, après les avoir saluées, je me suis dirigé vers la charmante maisonnette d'un garde-barrière.

Le brave homme, lui-même en pyjama, ne m'a pas paru surpris. Quand je lui ai dit être le président de la République, le bon sens français est sorti de sa bouche : « Ça ne m'étonne pas ! les voyageurs jettent n'importe quoi par les fenêtres... »

Mon titre de transport gouvernemental n'aura duré que six mois.

Paul Deschanel vous fait un clin d'œil et souffle dans une trompette. Il regagne le paravent en imitant le petit train. A présent, tous les présidents voyagent en avion, et c'est parfois bien dommage que les hublots soient condamnés...

C'est au tour d'Alexandre Millerand de profiter du voyage. Pour lui, la transformation m'amuse car c'est une sorte de Groucho Marx aux cheveux blancs, col cassé et nœud pap. L'accident de chemin de fer de Deschanel surprend le nouveau président au saut du lit. Il a juste le temps d'enlever son pyjama avant la prise des pouvoirs.

— Français, Françaises ! Surprise sur prise !... Si je m'attendais à ça ! Prendre le train en marche sans réservation risque de vous faire voyager debout. On ne s'étonnera pas, après cela, que les oscillations du convoi me fassent aller de gauche à droite...

Député radical, je suis dans le couloir du journalisme quand un coup de frein me projette vers le Cabinet. Celui de Waldeck-Rousseau, président du Conseil. Je me rattrape à la poignée et m'enferme. Pour satisfaire aux besoins de la France, je fais adopter plusieurs lois, mais les socialistes frappent à la porte en me demandant si j'en ai pour longtemps, là-dedans. Je sors au moment où mes décrets produisent des cahots, et me voilà propulsé un peu plus à droite pour trébucher sur un passager assis sur un strapontin de gauche... un nommé Jules Guesde.

Il m'arrache mon billet du parti socialiste, et me pousse dans le soufflet. Après m'être accroché à une rampe encore plus à droite, j'arrive près de la loco et c'est moi qui conduis au moment où Deschanel tombe du train.

Un coup de sifflet, et j'emmène Groucho Millerand retrouver mes costumières. Elles frégolisent à toutes pompes pour me faire chausser celles de Gaston Doumergue. Son accent chantant met enfin un peu de musique dans les discours monocordes de ses prédécesseurs.

Fils d'un petit vigneron du Gard, les Français ont un peu l'impression qu'il lève son verre à leur santé, chaque fois qu'il prend la parole. En prime, il possède l'allure rondouillarde et rassurante des gens qui aiment bien vivre. Un bon sourire naturel, de petits yeux noirs vifs et légèrement coquins, c'est un président que tous les maris de Marianne aimeraient avoir pour beau-père.

— Français, mes enfants, méfiez-vous des politiciens. Quand ils boivent, c'est vous qui trinquez. Si je suis né dans le raisin du Midi, j'ai fait mes études d'avocat afin de vous éviter de trouver trop de pépins dans le rosé.

Comme on dit chez moi : « Dans les sillons de la vigne, on cueille à droite comme à gauche. » Nous allons essayer, ensemble, de faire de bonnes vendanges pendant sept ans, malgré le mildiou qui attaque souvent le raisin. A notre santé !

Un triomphe ! Je n'ai jamais été aussi ovationné que dans le rôle du « Gastounet » populaire, que je range dans mon placard aux bons souvenirs.

Mon avant-dernière apparition me sape le moral. Ma barbe blanche et ma moustache de même couleur me donnent l'air grave du type né sous une étoile qui ressemble aux clignotants du danger.

Paul Doumer, fils d'un poseur de rails, a pourtant mérité de finir sa vie dans le calme. Hélas ! les voies du destin ne sont pas balisées et, depuis son arrivée à Paris où il vit seul avec maman, Doudou aura bossé comme un lampiste pour y voir plus clair.

Commençant par des cours du soir, il arrive au bac, se licencie ès lettres et professe les maths. Pas mal, non ? La guerre de 14 lui raye quatre fils de la table familiale, ce qui ne l'empêche pas de rester patriote devant les couverts vides. Après avoir été ministre et gouverneur d'Indochine, il est élu président de la République en 1931.

J'arrive à l'avant-scène avec mon drapeau le jour de mon investiture.

— Vive la France ! Nous sommes aujourd'hui le 13 mai 1931, et je suis votre treizième président. Avec de tels chiffres, je devrais me méfier ! Tout à l'heure, en passant sous l'échelle des salaires, j'ai eu un chat noir dans la gorge, et j'ai renversé la salière du banquet. Vive la France !

Oui, je n'ai plus qu'un an devant moi avant de faire ma dernière dédicace. A l'hôtel Rothschild, je participe à une signature de livres d'anciens combattants, lorsqu'un énergumène m'envoie au cimetière à coups de revolver. Un Russe, Paul Gorgulov, fasciste recherché par mes services, était à Paris depuis treize jours pour m'assassiner.

Quand je vous disais que le chiffre 13 portait malheur !

Je m'enterre derrière le paravent et ressuscite pour donner naissance au quatorzième et dernier président de la Troisième : Albert Lebrun. Celui-là, je m'en souviens un peu plus que des autres car il a marqué mon enfance plongée dans la guerre. Mon père disait qu'il n'avait pas son pareil pour inaugurer les chrysanthèmes.

Pauvre Albert ! Parce que, dans le fond, il n'a pas eu de chance ! Tomber sur un salopard d'Hitler en pleine forme, qui le force à refiler ses billes à Pétain, n'est pas vraiment ce qu'il faut pour laisser un bon souvenir. Ministre de la Guerre, des Colonies et... du Blocus (!), il aura été le président de l'Effondrement. Arrêté par les Allemands, il passe des vacances forcées au Tyrol et, à la Libération, tente de se réinstaller à l'Élysée. Mais la France a d'autres chats à caresser...

Pour une fois, je n'ai pas besoin de faire un discours. Albert est fatigué, la vieille Marianne va finir ses jours dans une maison de retraite, et moi, je n'ai pas envie de jouer Pétain. Cela me rappellerait quatre ans de mon enfance qui n'ont pas été les meilleurs. Alors, je vous salue momentanément, et replie le paravent que Frégoli a eu la gentillesse de me prêter. A tout de suite...

3e REPUBLIQUE
SIM

Charles de Gaulle

Ah, enfin ! Voilà au moins quelqu'un dont la stature rappelle les grands personnages de notre Histoire. Quel rôle pour un acteur ! Tellement difficile à aborder qu'aucun producteur n'a osé monter un film sur ce conquistador du XXe siècle. Il faut attendre. Ses traits, sa voix, son allure, bref, sa personnalité entière, sont trop présents en notre mémoire pour se commettre dans une fausse bonne idée. Même avec tout leur talent, nos comédiens actuels ne pourraient pas jouer le Général.

Moi, si !... Mais un de Gaulle réduit par les indiens Jivaros, un de Gaulle de poche, portatif, qu'on peut mettre dans un sac de voyage. Avec ma petite taille et mes cinquante-six kilos, peut-être pourrai-je m'infiltrer plus facilement à travers les lignes de ses ennemis, pour changer le cours de l'Histoire à son avantage. Je connais très bien le maquilleur de Jean-Paul Belmondo, Charly Koubesserian, que de Gaulle exigeait toujours à chacun de ses passages à la télévision. Il supprimait adroitement les mauvaises ombres de son visage, gommait la fatigue de ses yeux, et avantageait son meilleur profil. Je suis persuadé qu'il pourrait faire de ma gueule celle d'un Charles de Gaulle miniature.

Voilà qui est fait. Si on prend ma carrière à l'armistice de la Seconde Guerre mondiale, j'ai la cigarette au ras de la moustache, le képi calé sur les oreilles, et je monte sur un tabouret pour embrasser Yvonne avant de quitter la France.

— Je fais un petit saut en Angleterre, Vovonne. Les vacances approchent, on va être envahis par les Allemands, et je ne supporte pas les touristes sur les routes de France.

Mme de Gaulle, qui tient les cordons de la bourse, en parfaite maîtresse de maison s'inquiète :

— J'espère que vous prenez un vol blanc, c'est moins cher.

— Je prends un vol bleu blanc rouge, chère amie. Je me ferai rembourser par les Français dès mon retour.

Arrivé en Angleterre, je retrouve quelques copains avec qui je monte l'une des premières radios libres, mais la Radiodiffusion nationale franco-allemande me brouille l'écoute[1]. Qu'importe ! Il faut que je me fasse un nom dans le show-bing si je veux y faire un boum ! Je lance donc ma fameuse émission « L'Appel du 18-Juin », et c'est tout de suite le succès. Ma série est très appréciée par un fan club qui réunit ses membres pour m'écouter, le soir, sur accompagnement de moulinette.

Les campeurs allemands n'aimant pas ce style nouveau, je laisse la France en attente pendant la tournée organisée en territoires d'outre-mer. En métropole, mes admirateurs continuent l'écoute de mes émissions où de nouveaux jeux sont inclus sous le titre « Messages personnels ». La rubrique triomphe sur les ondes courtes. Il s'agit d'énigmes proposées aux auditeurs, dans le genre : « *Des amis viendront ce soir* », « *Il va faire chaud dans le frigo* », « *Grand-père en aura deux* », etc. Le règlement du jeu est simple : l'auditeur, ayant résolu le problème en trouvant un lieu et une date cachés dans la question, se rend à cet endroit pour recevoir un cadeau qui lui est envoyé par parachute, ravitaillement, armes à feu, plans d'installations militaires, et autres babioles offertes par les Alliés qui sponsorisent l'émission.

Ce jeu radiophonique, qui dure quatre ans, contribue à me faire un nom, et la tournée organisée en France débute par la Normandie en juin 1944. Mon premier

1. Contrepèterie encore bien appréciée aujourd'hui.

concert à Bayeux reçoit un accueil triomphal. Il faut dire que j'ai un matériel de scène à toute épreuve : véhicules blindés pour la sono à toute blinde, casques américains dernier cri, micros-fusils et mitraillettes-guitares, cars et Jeep pour ma troupe, etc. Tout est si bien orchestré que les Allemands, qui n'aiment pas la musique d'outre-Atlantique, commencent à écourter leurs vacances. Nous jouons à bourreaux fermés.

Quand j'arrive à Paris au mois d'août, c'est le délire. A côté de moi, Elton John ou Johnny Hallyday à Bercy c'est du pipi de deuxième classe ! Si j'avais fait payer les places sur les Champs-Élysées, j'aurais pu mettre un troisième clocher à Colombey-les-Deux-Églises.

Je ne vous dis pas le premier gueuleton que je fais à La Boisserie ! Quatre ans de gamelle anglaise, ça vous donne envie d'un haricot de mouton. Yvonne m'a préparé tout ce que j'aime, et c'est au moment où j'allais la remercier que je reçois un coup de fil. Je range mon tabouret et je prends l'écouteur. La voix me nomme président du Gouvernement provisoire. Je reprends mon képi et boucle mon ceinturon.

— Vous repartez déjà, Charles ? demande la douce Yvonne, les yeux baissés sur un dessert que nous n'avons pas eu le temps de déguster.

— La France m'appelle, chère amie. Vous savez bien qu'entre Elle et moi, il y a une histoire d'amour.

Là, ça chauffe dans les ministères ! Je te file un foutu coup de balai sous les meubles de la Troisième République pour éliminer les poussières qui faisaient éternuer les anciens gouvernements. Rétablissant la passerelle du commandant, reconstituant l'armée française qui perdait ses boutons, donnant la fessée aux collabos, avertissant les partis politiques qui se crêpaient le chignon, je propose un fortifiant pour que la France, anémiée, ait une plus forte Constitution. Les socialistes et les communistes refusent ma médication, et me renvoient à Colombey pour finir mon dessert.

Patiente, Yvonne m'y attend, devant une camomille.

— Allez, hop ! A nous deux, Vovonne...

Peu de gens se doutent que mon épouse et moi avions des rapports plus étroits que ne le laissaient supposer les apparitions officielles. Le temps que me donne cet éloignement de la vie politique entre 1946 et 1959 me permet de faire des parties de crapette[1] mémorables avec ma femme, et de l'emmener, enfin, dans de pacifiques voyages.

Le surnom que quelques chansonniers lui avaient donné vient d'une confidence faite à mon aide de camp lorsque j'étais en Angleterre. Lui ayant dit, dans un moment de nostalgie, « Je l'aimais tant, Yvonne », mes égratigneurs ont déformé la phrase qui, grâce à la liaison, est devenue : « Je l'aimais, tante Yvonne »

Un jour, alors que je termine un chapitre de mes *Mémoires de Guerre* — qui s'adresse surtout à ceux qui n'ont guère de mémoire —, le téléphone sonne à La Boisserie.

— Allô ! mon général... ici c'est René Coty.

— Le parfumeur ?

— Non, le président.

— Le camembert ?...

Qu'on me pardonne cet écart de dialogue mais comme je suis aussi célèbre par mes saillies que par mes faits d'armes, pourquoi se priver des détails qui augmentent la célébrité ?

— Mon général, continue René Coty, si vous avez gardé votre balai, j'aimerais bien vous engager pour faire à nouveau le ménage.

— Pourquoi ? Vous ne trouvez personne ?

— Depuis votre départ, on n'arrête pas de changer de personnel. Il n'y a plus de main-d'œuvre valable dans les bureaux de placement.

Deux minutes après avoir raccroché, je prends mon chapeau et boucle ma serviette.

— Vous repartez encore, Charles ? me demande la toujours douce Yvonne, les yeux baissés sur ma biographie que je viens de terminer.

1. Jeu de cartes très ancien s'apparentant à la bataille.

— La France me rappelle, chère amie. Vous savez bien qu'entre Elle et moi, l'histoire d'amour dure toujours.

Là, ça chauffe encore plus dans les ministères. J'ai laissé tomber le balai pour l'aspirateur industriel et, sur l'étiquette de ma nouvelle Constitution, j'apparais comme le Monsieur Propre de la Cinquième République. Moi qui étais bien tranquille à l'abri des deux églises de mon Colombey, j'ignore encore que je vais me faire sonner les cloches à plusieurs reprises.

Devenu le président de Gaulle en 1959, j'essaie de redresser la France pendant que l'Algérie s'écroule. A Alger, je crie : « Je vous ai compris ! », à Mostaganem : « Vive l'Algérie française ! » Si j'avais vécu jusque dans les années 90 peut-être aurais-je dit : « Vive la France algérienne ! » Sur ma lancée, je vais au Canada... « Vive le Québec libre ! » Quand je vais me faire virer par le référendum de 1969, j'aurai envie de hurler « X.M-X-.M...[1] ! »

Trois ans après mon élection, je me fais mitrailler en me rendant à Colombey. Sain et sauf, j'arrive à La Boisserie où la famille est déjà à la fin du dîner. Ce jour-là, on avait servi de la tarte aux pruneaux.

Comme certaines grandes stars, je suis aimé ou détesté pour ma musique ou mes paroles, et beaucoup d'auteurs-compositeurs essaient de démolir mon style afin de prendre ma place dans le grand music-hall national. J'y suis en tête d'affiche jusqu'à la fin de mon premier programme qui dure sept ans, quand un chanteur de gauche veut me piquer la vedette. Un nommé François Mitterrand me met en ballottage vis-à-vis de mon public. Il me faut un autre tour de chant pour décrocher un deuxième contrat... de justesse ! C'était à peu près l'époque où Gloria Lasso s'était fait virer par Dalida.

Ne parlons pas des difficultés que l'on rencontre dans le métier. En mai 1968, c'est le grand concert dans les

1. Code secret militaire.

rues de Paris avec son et lumière. Je sens qu'il va falloir bientôt retenir ma place à Ris-Orangis, au milieu des artistes à la retraite, car je suis un peu dépassé par ce nouveau mode d'expression.

En 1969, je range définitivement mes instruments en pensant que ma batterie est en danger, et pars me mettre à l'abri dans mon colombier aux deux églises.

Un an plus tard, je dispose des cartes à jouer sur mon bureau, et je m'endors à tout jamais sur une… réussite !

EN GENERAL, MES DESSEINS SONT FORT CIVILS
SIM

Vincent, René, Georges, Valéry, François et... les autres

Cette fois, ignorant la chronologie, j'ai placé Charles de Gaulle avant certains « autres » concernés par le titre de ce chapitre. Pourquoi ? Parce que, dans la série des monstres sacrés, je n'ai pas voulu que le Général soit dilué dans la panade qui a nourri la France entre ses deux apparitions.

Comme à la fin d'un repas, je vais passer le ramasse-miettes sur les pages de ce livre pour le laisser aussi propre que vous avez désiré le trouver en l'ouvrant. Que ceux qui possèdent les prénoms cités en tête ne se vexent pas. Parmi les miettes des gueuletons, il y a encore de beaux morceaux à se taper, si l'on a encore faim...

Il m'a été donné d'être reçu à l'Élysée par Vincent, René et Georges. Vincent Auriol m'a invité à dîner, René Coty m'a donné un cigare à la fin d'un déjeuner, et Georges Pompidou m'a offert un briquet Dupont sans que je me sois assis à sa table. Ça commençait à se gâter.

Giscard d'Estaing et François Mitterrand, pensant probablement que je venais trop souvent, ne m'ont plus jamais envoyé de carton.

Évidemment, j'aurais pu jouer tous ces derniers personnages, ayant serré la main à trois d'entre eux et les deux autres voletant encore autour de moi. Mais ils sont trop présents pour que je puisse m'en servir avec l'alibi que procurent les temps lointains. L'acteur est plus attiré par les mythes que par les papillons...

Être entré dans l'intimité de Vincent Auriol, ne fût-ce que pour le temps d'un repas, détruit ma liberté d'expression. Car je ne suis pas un imitateur mais un parodiste. Les quelques détails domestiques que je connais maintenant de lui m'interdisent d'en faire le portrait fou pour l'accrocher dans ma galerie de dingues. Et pourtant...

... pourtant, j'aurais aimé être dans sa peau lorsque je l'ai vu manger avec le plus populaire des appétits, faisant fi du protocole, adressant des plaisanteries méridionales à Jean Nohain qui m'avait présenté à lui. Dans quelques-uns de mes paragraphes, on aura pu penser que j'exagérais en faisant dire ou commettre des excentricités aux rois, aux reines et consorts. Que non ! Le président Auriol s'est livré au plus beau des gestes qu'un homme puisse avoir envers une femme, donnant ainsi la garantie d'authenticité que réclament mes élucubrations d'auteur. Je m'explique :

Jean Nohain et moi avions pris congé du président et de Mme Auriol qui nous semblaient vouloir rester seuls dans la salle à manger. Après les remerciements et les salutations habituels, nous les avions donc laissés en tête à tête. Dans les couloirs menant à la sortie des appartements privés de l'Élysée, Jean Nohain, ayant découvert qu'il avait oublié un porte-documents, fit demi-tour avec moi à ses trousses. Ne pensant qu'à récupérer son objet, il rouvrit la porte sans frapper... juste à l'instant où Vincent Auriol, nous tournant de dos à l'autre bout de la grande pièce, finissait un verre qu'il s'était sans doute versé lui-même, aucun domestique n'étant plus présent. Son épouse, de dos également, se trouvait à côté de lui. Ni l'un ni l'autre ne nous avaient vus entrer.

Jean Nohain et moi, soudainement conscients de notre irruption impolie, allions signaler notre présence quand l'événement se produisit. Vincent Auriol reposa son verre et donna une grande claque sur le derrière de sa femme. La chefesse de l'État poussa un petit cri aussi amusé que reconnaissant, tandis que la louche présidentielle s'attardait sur son chaudron...

Très gêné, Jean Nohain me repoussa dans le couloir

avant de refermer doucement la porte. Quelques instants plus tard, renonçant à récupérer nous-même le porte-documents, nous quittions l'Élysée sur la pointe des pieds. Dans la voiture, un énorme éclat de rire nous saisit, et j'entends encore Jean Nohain me dire :

— Mon cher Sim, nous sommes en possession d'un secret d'État.

C'est encore mon vieil ami tant regretté qui m'a involontairement mis dans une épouvantable situation au cours d'un déjeuner avec René Coty, sa femme, Germaine, et quelques membres de sa famille. J'ai déjà tout raconté en détail dans mon premier livre[1] mais, pour ceux qui n'auraient pas eu encore la chance de le lire, en voici un bref résumé.

Nous avions eu des oranges givrées au dessert et, alors que personne ne faisait plus attention à moi, j'ai envoyé valdinguer mon fruit dans les rayons d'une bibliothèque. Le couvert destiné à le maintenir ayant mal rempli son office, je vis disparaître l'orange entre Montaigne et La Boétie. Pris par les entretiens, aucun des convives ne s'aperçut de l'accident. Il m'a fallu attendre que tout le monde déguste le café au salon pour revenir, seul, dans la salle à manger, et récupérer l'orange dont je me suis débarrassé dans les toilettes.

Trop marqué par ma mésaventure, je n'aurai pas le front de jouer le président Coty à qui je dois un respect en forme d'excuse. Il m'a fallu attendre plusieurs années avant d'être à nouveau reçu par la famille de l'ancien président. Dans sa maison havraise, je me suis livré à des aveux complets pour obtenir un beau succès de rire rétrospectif.

Même chose pour Georges Pompidou. Je n'ai plus le droit de prendre sa place après ce que je lui ai fait subir à l'occasion des fêtes de Noël de 1972, à l'Élysée[2]. Il s'est retrouvé avec la main pleine de vaseline après avoir

1. *Elle est chouette, ma gueule,* Flammarion.
2. *Ma médecine hilarante,* Flammarion.

serré celle de mon pianiste que j'avais préalablement beurrée sans qu'il s'en aperçoive, dans le but de graisser la patte d'un homme politique par intermédiaire.

Finalement, tous ces braves présidents sont de purs représentants de la véritable démocratie. Le peuple des humoristes reste heureusement souverain. Je ne me vois pas être surpris, par les gardes, en train de mater Louis XIV lutinant Mme de Maintenon, envoyer mon orange givrée dans le clavecin de Louis XV, ou tartiner la paluche de Louis XVI. Pour moins que ça, j'en aurais été réduit à écrire mes Mémoires à la Bastille.

Quant à Valéry Giscard d'Estaing et François Mitterrand, ils sont beaucoup trop vivants pour que je les crédite de mes énormités. D'ailleurs, eux-mêmes n'ayant pas encore terminé les leurs, il faut attendre. D'autres générations d'écrivains irrespectueux sauront bien les faire revivre à travers un imaginaire dont nous avons tant besoin pour avaler les pilules du réel.

Voilà, mesdames et messieurs, le clown vous quitte après ce dernier tour de piste, et retourne dans sa loge pour ôter son maquillage.

En regardant les perruques et les faux nez qui m'ont servi à écrire ces pages, un sentiment de fierté me fait pousser un ultime cocorico...

Elle était chouette, ma France !

En hommage
aux lecteurs
Sim

Cet ouvrage a été composé
par l'Imprimerie BUSSIÈRE
et imprimé sur presse CAMERON
dans les ateliers de B.C.A.
à Saint-Amand-Montrond (Cher)
en octobre 1992

N° d'édition : 14036. N° d'impression : 2724-92/436.
Dépôt légal : novembre 1992.

Imprimé en France